Das Selbsthilfebuch gegen Burnout

Das Selbsthilfebuch gegen Burnout

Michael Waadt, Jens Acker

Michael Waadt
Jens Acker

Das Selbsthilfebuch gegen Burnout

Mit Akzeptanz und Achtsamkeit den Teufelskreis durchbrechen

2., aktualisierte Auflage

hogrefe

Michael Waadt
Fäustlestrasse 8
80339 München
Deutschland
E-Mail: waadt@insas-institut.de

Dr. Jens Acker
Chefarzt
Klinik für Schlafmedizin Bad Zurzach
Badstrasse 33
5330 Bad Zurzach
Schweiz
E-Mail: jens.acker@gmx.de

Bibliografische Information der Deutschen Nationalbibliothek
Die Deutsche Nationalbibliothek verzeichnet diese Publikation in der Deutschen Nationalbibliografie; detaillierte bibliografische Daten sind im Internet über http://www.dnb.de abrufbar.

Anregungen und Zuschriften bitte an:
Hogrefe AG
Lektorat Psychologie
Länggass-Strasse 76
3012 Bern
Schweiz
Tel: +41 31 300 45 00
E-Mail: verlag@hogrefe.ch
Internet: http://www.hogrefe.ch

Lektorat: Dr. Susanne Lauri
Bearbeitung: Edeltraud Schönfeldt, Berlin
Herstellung: Daniel Berger
Umschlag: Claude Borer, Riehen
Grafiken: Angelika Kramer, Stuttgart
Satz: punktgenau GmbH, Bühl
Druck und buchbinderische Verarbeitung: Finidr s.r.o., Český Těšín
Printed in Czech Republic

Die erste Auflage erschien 2012 unter dem Titel „Burnout – Mit Akzeptanz und Achtsamkeit den Teufelskreis durchbrechen“.

2., erweiterte Auflage 2018

(E-Book-ISBN_PDF 978-3-456-95888-0)
ISBN 978-3-456-85888-3
http://doi.org/10.1024/85888-000

Inhalt

Ein wirksames Mittel gegen Stress und Burnout

Stress ist Teil unseres Lebens. Er ist nötig und allgegenwärtig. Für viele Menschen ist dieser Stress jedoch verbunden mit großem Leid. Und wenn die Stressoren dann auch noch chronisch werden, ist es häufig schwierig, sich aus dem Teufelskreis zu befreien.

Es gibt eine ganze Reihe von professionellen Anlaufstellen, die Hilfe leisten können. Leider sind diese Hilfsangebote aber nicht immer in ausreichendem Maße oder zeitnah verfügbar, und an diesem Punkt kommen dann häufig Ratgeber- und Selbsthilfebücher ins Spiel. Das Problem ist, dass diese Bücher nur in den seltensten Fällen einer wissenschaftlichen Untersuchung darüber unterzogen werden, ob sie denn tatsächlich Hilfe bieten.

Dieses Buch ist anders

Das Selbsthilfebuch von Michael Waadt und Jens Acker baut auf einem Ansatz auf, der als Akzeptanz- und Commitment-Therapie bekannt ist. Das Buch zeigt, wie Burnout verbunden ist mit eigentlich ganz normalen emotionalen Reaktionen und ganz normalen psychischen Prozessen. Es zeigt, wie diese Prozesse entgleisen können. Und es zeigt, dass Fertigkeiten wie Achtsamkeit und Akzeptanz dabei helfen, mit schwierigen Gedanken und Emotionen besser umzugehen, sodass wir auch mit all dem Stress wieder ein erfülltes, selbstbestimmtes und glückliches Leben führen können.

Die Wirksamkeit dieses Ansatzes wurde – im Gegensatz zu den meisten anderen Selbsthilfebüchern – in einer sogenannten randomisierten kontrollierten Studie (englisch „randomized controlled trial" oder kurz RCT) überprüft. RCTs unterliegen einem bestimmten Versuchsdesign, bei dem besondere Qualitätsstandards angelegt werden.

Ähnliche Effekte wie bei der Behandlung durch einen Psychotherapeuten

Die Wirksamkeitsstudie zu diesem Buch wurde von einem Team der Universität Basel durchgeführt, das dazu Personen aus unterschiedlichen Berufsgruppen mit moderaten und schweren Stresswerten untersuchte. Die Studie lieferte überzeugende Ergebnisse: Die Personen, die mit dem Selbsthilfebuch gearbeitet hatten, zeigten eine deutlich stärkere Verbesserung in den Bereichen Stress, Burnout, Depressionssymptome und Wohlbefinden als die Personen in der Kontrollgruppe. Damit wurden für das Selbsthilfebuch ähnliche Effekte hinsichtlich Stressreduktion und sogar eher stärkere Effekte in Hinsicht auf die Reduktion von Burnout erzielt, als dies in Meta-Analysen über verschiedene Interventionen mit Therapeuten für die Behandlung von Stress und Burnout berichtet wird. Und diese Verbesserung war offensichtlich nicht nur ein kurzfristiger Erfolg, sondern wirkte nachhaltig weiter: Auch drei Monate nach der Arbeit mit dem Selbsthilfebuch berichteten die Studienteilnehmer von einer weiteren signifikanten Abnahme von Stress, Burnout und Depressionssymptomen.

Prof. Dr. Andrew Gloster ist Psychotherapeut und Leiter der Abteilung Klinische Psychologie und Interventionswissenschaft an der Universität Basel.

Der Artikel von Patrizia Hofer et al., in dem die Durchführung und die Ergebnisse der Evaluationsstudie beschrieben sind, wurde in der Fachzeitschrift Work & Stress veröffentlicht.

Zurück zu Vitalität und Lebensfreude

Trotz all der positiven Ergebnisse: Ein Buch kann und soll insbesondere in schwereren Fällen den Therapeuten nicht ersetzen, und ein Selbsthilfebuch ohne Therapeutenkontakt ist auch nicht für alle Personen geeignet. Bei langen Wartezeiten oder begrenzten Zugangsmöglichkeiten zur Psychotherapie kann das vorliegende Selbsthilfebuch aber ein wichtiger erster Schritt im Sinne eines gestuften Versorgungskonzeptes sein.

Wie gesagt: Stress gehört zu unserem täglichen Leben. Aber wir haben die Wahl, wie wir damit umgehen wollen. Dieses Buch bietet Ihnen einen wirkungsvollen, systematischen Ansatz, gezielt die Fertigkeiten zu verbessern, mit denen Sie das Leiden verringern und wieder zu mehr Vitalität und Lebensfreude kommen.

Andrew Gloster

Es ist Ihr Leben!

Dieses Buch ist eines der ersten, die die Fortschritte der Akzeptanz- und Commitment-Therapie (ACT) systematisch auf das Thema „Burnout" anwenden. Es definiert, was Burnout bedeutet; es bietet eine klare konzeptionelle Struktur, um die Kernpunkte von Burnout zu verstehen; und es gibt Ihnen eine detaillierte Methodik an die Hand, um mithilfe von Achtsamkeit, Akzeptanz und Besinnung auf die eigenen Werte diese Kernpunkte Schritt für Schritt zu verändern.

Burnout ist ein ernstes Problem in der modernen Welt. Wir werden immer hektischer und hektischer, und damit wird es umso schwerer für uns, ein Gefühl der Verbundenheit, des inneren Friedens und ein Gefühl für den Sinn unseres Lebens zu finden. Das Problem besteht nicht nur darin, dass uns die Anforderungen der modernen Gesellschaft psychisch immer mehr abverlangen. Das Problem ist vielmehr, dass wir gelernt haben, mit diesen Anforderungen in einer Weise umzugehen, die alles nur noch schlimmer macht.

Ein Beispiel: In unserer Gesellschaft herrscht die Tendenz, Burnout als Ausdruck von Schwäche zu sehen. Wir lassen uns von der unausgesprochenen Botschaft leiten, dass normale Menschen ganz selbstverständlich in der Lage sein sollten, schier endlose Mengen von Arbeit und Stress zu bewältigen, und dass mit all denen, die das nicht können, irgendetwas nicht stimmt. Und so fangen die Menschen an, sich selbst wie Maschinen, wie leblose Objekte zu behandeln und sich gnadenlos auf Linie zu trimmen. Wir unterdrücken die schwierigen Emotionen, die in unserer hektischen Welt ganz natürlich entstehen, und schleppen uns weiter, empfindungslos geworden für tiefere Bedeutung und Sinnhaftigkeit. Wir sind „stark", wir trotten weiter, wir werden das irgendwie in den Griff bekommen.

Das ist kein Heilmittel gegen Burnout – im Gegenteil. Es führt uns tiefer und tiefer in den verhängnisvollen Kreislauf hinein. Ein sinnentleertes, emotionsvermeidendes Sich-Vorwärtsschleppen erzeugt Gefühle von Hilflosigkeit und Hoffnungslosigkeit. Das zu ertragen, dafür sind unser Körper und unser Geist nicht gemacht.

Es gibt einen besseren Weg. Dieses Buch zeigt Ihnen eine sanftere, behutsamere und selbstbestimmtere Herangehensweise, bei der unsere Emotionen es wert sind, dass wir sie ernst nehmen; bei der wir unseren Gedanken Aufmerksamkeit schenken, manchmal aus ihnen lernen, aber niemals zulassen, dass sie unser Leben diktatorisch bestimmen; bei der unsere innersten Werte und Zielvorstellungen die Leuchttürme sind, an denen sich unser Leben orientiert. Burnout löst sich auf, wenn wir offener werden, wenn wir bewusster und ganz im Hier und Jetzt leben und wenn wir beginnen, mit ganzem Engagement unsere selbst gewählten Werte zu verwirklichen. Dieses Buch zeigt Ihnen, wie Sie dahin gelangen.

Steven C. Hayes ist einer der Begründer der Akzeptanz- und Commitment-Therapie und unter anderem Autor des Buches „Get out of your mind and into your life".

Wenn Sie auf diesem Weg sind, können auch viele der üblichen Ratschläge, die man bei Burnout erteilt, ihre Wirksamkeit entfalten. Ja, wir müssen darauf achten, was wir essen, wie wir schlafen, wie wir uns körperlich fit halten und dergleichen mehr. Aber all diese Empfehlungen funktionieren am besten dann – und wir folgen ihnen eher –, wenn sie Teil einer unbeschwerteren, lebendigeren Reise durchs Leben sind.

Dieses Buch zeigt Ihnen, wie Sie die einzelnen Teile zusammenbringen. Die beste Behandlung gegen Burnout ist keine Behandlung oder Therapie im eigentlichen Sinn. Es ist eine Haltung sich selbst und der Welt gegenüber, die es Ihnen erlaubt, kraftvoll und selbstbestimmt endlich das Leben zu führen, das Sie sich selbst gewählt haben.

Steven C. Hayes
Professor für Psychologie an der Universität von Nevada

Worum es geht

Es stand nicht gut um Thomas B.: „In ihm war es leer, und er sah keinen anregenden Plan und keine fesselnde Arbeit, der er sich mit Freude und Befriedigung hätte hingeben können. Sein Tätigkeitstrieb aber, die Unfähigkeit seines Kopfes, zu ruhen, seine Aktivität, […] sie hatte ihn nicht verlassen, er war ihrer weniger Herr als jemals, sie hatte überhandgenommen und wurde zur Marter, indem sie sich an eine Menge von Nichtigkeiten verzettelte. Er war gehetzt von fünfhundert nichtswürdigen Bagatellen, […] die sein Kopf nicht beieinander zu halten vermochte und mit denen er nicht in Ordnung kam, weil er unverhältnismäßig viel Nachdenken und Zeit daran verschwendete."

Thomas Mann, „Die Buddenbrooks", Seite 521

Die Rede ist von Thomas Buddenbrook, der kurz zuvor eine Reihe geschäftlicher Rückschläge erleiden musste. Thomas war der älteste Sohn des großen Senators Buddenbrook, und auf ihm lastete die schwere Aufgabe, das traditionsreiche Familienunternehmen durch turbulente Zeiten zu steuern, Zeiten, die geprägt waren von weitreichenden kulturellen, technischen und sozialen Veränderungen.

Thomas Buddenbrook ist eine Figur aus einem Roman von Thomas Mann, der in der Mitte des 19. Jahrhunderts spielt, einer Zeit, als der Begriff „Burnout" noch nicht erfunden war. Heute ist „Burnout" in aller Munde und als Stresserkrankung der modernen Zeit in den Medien nahezu täglich vertreten. Die Symptome: ausgebrannt und überfordert sein, körperliche Begleiterscheinungen wie Bluthochdruck oder Rückenbeschwerden bis hin zu Depressionen, Zusammenbrüchen und Suizidgedanken.

Auch wir leben in turbulenten Zeiten. In unserer Gesellschaft gibt es Prozesse, die nicht aufzuhalten sind, wie die Globalisierung, die Technisierung und parallel dazu eine Entspiritualisierung. Allenthalben herrscht wirtschaftliche Unsicherheit, und klare Strukturen, die uns früher Halt und Sicherheit gegeben haben, gehen mehr und mehr verloren. Was wir alle merken: Der Stress wächst und die Anforderungen an uns steigen ständig. Gleichzeitig sind wir kaum noch in der Lage, abzuschalten und zu entspannen; viele von uns bewegen sich ständig am Limit. Kommt dann noch eine größere Veränderung im Berufs- oder Privatleben hinzu, zum Beispiel mehr Verantwortung, die Pflege eines Angehörigen oder der Tod eines nahestehenden Menschen, so kann dies dazu führen, dass wir uns überfordert fühlen, schlecht schlafen und andere Stresssymptome entwickeln. Damit ist bereits Burnout der Stufe eins erreicht. Wer sich in einer solchen Situation befindet, aber nicht reagiert, läuft Gefahr, nach und nach einen vollständigen Burnout zu entwickeln, der in Depression und schwere Erkrankungen münden kann.

Das Problem ist nur: Was helfen Ihnen Erklärungen des großen Ganzen, der Rekurs auf gesellschaftliche oder technische Umwälzungen, wenn Sie als Einzelner vom Erschöpfungssyndrom bedroht oder betroffen sind? Die äußeren Bedingungen sind, wie sie sind, und nur Sie selbst können eine Veränderung in Gang setzen. Das belegen auch die aktuellen wissenschaftlichen Ergebnisse der Stressforschung. Zur Entwicklung einer Krankheit aufgrund von Stress trägt in hohem Maß das eigene Verhalten bei. Hinzu kommen die eigenen Grundannahmen und Gedanken, die es zu hinterfragen und zu bearbeiten gilt. Und genau da setzen wir mit diesem Buch an.

Die Methode, die wir dafür gewählt haben, ist die sogenannte Akzeptanz- und Commitment-Therapie, kurz ACT, gesprochen in einem Wort und nicht als drei einzelne Buchstaben. Die Grundidee der ACT ist folgende: Wir Menschen versuchen immer wieder erfolglos, auch unsere psychischen Probleme auf rationaler Ebene in den Griff zu bekommen. Wir wollen in jeder Situation die Kontrolle behalten – ein sinnvoller Ansatz in der Vergangenheit, als dies das Überleben sicherte. Doch das Streben nach Lösungen, die uns die Kontrolle ermöglichen, wird oftmals selbst zum Problem, denn die meisten von uns stecken in einem Wirrwarr aus alten Verhaltens- und Erklärungsmustern, die negativ wirken und nicht zur aktuellen Situation passen. Darüber hinaus verändern Angst und Stress unsere Wahrnehmung, was zu weiterer Konfusion führt. ACT hilft, sich aus diesem Dickicht zu befreien. Die Methode fußt auf sechs Pfeilern, die wir Ihnen in diesem Buch genau erklären werden: Achtsamkeit, Akzeptanz, Auflösung fester Beziehungen zwischen unseren Gedanken und uns selbst, Ausbruch aus starren Selbstkonzepten, den eigenen Werten und selbstbestimmtem Handeln. Wir stellen Ihnen hierzu ganz praktische Übungen vor, die Sie im Alltag selbst durchführen können.

Das Ziel ist, dass Sie einen neuen Weg beschreiten. Wir begleiten Sie dabei. Lassen Sie sich ein auf Gedankenspiele und neue Ideen, auf praktische Übungen und ein wenig Innenschau. Machen Sie sich mit uns auf den Weg, und erfahren Sie mehr darüber, wie und warum Stress entsteht, wie er zu Erschöpfung, Depression und Burnout führt und wie Sie aus diesem Teufelskreis ausbrechen können.

Doch Vorsicht! Wir möchten Sie warnen. Die Wirksamkeit von ACT ist inzwischen durch eine Fülle von Studien wissenschaftlich belegt. Aber vieles von dem, was Sie hier lesen werden, widerspricht der Intuition, widerspricht unserer gewohnten Art zu denken. Deshalb halten Sie kurz inne und beantworten Sie zuerst folgende Frage: Wenn ACT Ihnen die Chance bietet, aus der Burnout-Falle zu entkommen – und das tut ACT –, sind Sie dann bereit, sich darauf einzulassen, auch wenn Ihr Verstand dagegen protestiert? Sind Sie bereit, sich auf etwas Neues einzulassen und dabei ausschließlich Ihrer unmittelbaren Erfahrung zu vertrauen – auch wenn Ihr Verstand versucht, Sie vom Gegenteil zu überzeugen?

Wenn Sie jetzt mit Ja geantwortet haben, dann lesen Sie weiter. Dieses Buch kann Ihnen eine große Hilfe sein. Wenn Ihre Antwort allerdings Nein war, so ist es besser, Sie legen das Buch zur Seite und machen weiter wie bisher. (Aber warum haben Sie dieses Buch gekauft, wenn das, was Sie bisher gemacht haben, so erfolgreich war?)

Noch ein zweiter Hinweis ist uns an dieser Stelle wichtig: Bitte beachten Sie, dass ACT wie jede andere Form der Psychotherapie in der Selbstanwendung an Grenzen stößt. Wenn Sie von starken körperlichen Symptomen betroffen sind, sich ständig schlecht fühlen oder an Selbstmord denken, empfiehlt es sich, einen Arzt aufzusuchen. Ebenso ist es sinnvoll, sich die Unterstützung von anderen Fachleuten wie einem Psychotherapeuten oder Coach zu sichern, um den Prozess mit ACT voranzubringen, wenn Sie merken, dass Sie alleine nicht weiterkommen. Sie können sich außerdem zu den Übungen, die Sie in diesem Buch bearbeiten werden, von erfahrenen ACT-Therapeuten fundiertes Feedback per

E-Mail geben lassen oder auch eine telefonische Beratung in Anspruch nehmen. Näheres dazu finden Sie auf der Website www.act-gegen-burnout.de.

Wir wünschen Ihnen viel Erfolg und viele interessante Erfahrungen mit sich selbst und den Menschen in Ihrer Umgebung.

Michael Waadt und Jens Acker

1 Burnout aus medizinischer Sicht

Sicher haben Sie in den letzten Monaten einiges über Burnout gehört und gelesen. Dabei ist Ihnen vermutlich aufgefallen, dass in Zeitschriften, Radio und Fernsehen zwar viel über Burnout gesprochen und geschrieben wird, das Verständnis davon jedoch recht unterschiedlich sein kann. In diesem ersten Kapitel stellen wir für Sie die grundlegenden Fakten über Burnout zusammen und schaffen so ein gemeinsames Verständnis dafür, wovon wir hier reden. Eine gewisse begriffliche Klarheit ist nämlich notwendig, um zu verstehen, wie man dem Teufelskreis Burnout entkommen kann.

Die Schulmedizin, die in weiten Bereichen unseres Lebens die medizinische Versorgung von Krankheiten bestimmt, hat gerade erst begonnen, sich stressbezogenen Erkrankungen zu nähern. Mediziner werden vorwiegend für die Behandlung von bereits aufgetretenen Erkrankungen ausgebildet. Nur wenige von ihnen befassen sich mit der Vorbeugung und Verhinderung von Neuerkrankungen. Aus diesem Grund hat man die Entwicklung von wirkungsvollen Präventionsstrategien lange Zeit versäumt. Viele Ärzte erkennen Burnout noch nicht als eigenständige Erkrankung an, weil eine genaue wissenschaftliche Definition fehlt. Burnout wird einerseits als eigenständiges Problem schlicht weggeleugnet; andererseits herrscht in der öffentlichen Diskussion die Tendenz vor, alle Krankheiten, die in Verbindung mit der Arbeitssituation und Arbeitsbelastung auftreten, undifferenziert in die große Schublade „Burnout" zu packen. Es gibt aber eine ganze Reihe körperlicher und seelischer Erkrankungen, die zu ähnlichen Symptomen führen, beispielsweise zu Erschöpfung, allerdings eine ganz andere Ursache haben und medizinisch abgeklärt werden müssen. Obwohl psychische Erkrankungen sehr häufig sind – jedes Jahr entwickeln 38 Prozent der Menschen in Deutschland eine psychische Störung, die anhand der gängigen Klassifikationssysteme Krankheitswert besitzt –, haben sie in unserer Gesellschaft immer noch einen schlechten Ruf. Psychisch erkrankte Menschen werden häufig stigmatisiert und man fasst ihre Erkrankung als Schwäche, Faulheit oder Disziplinlosigkeit auf. Manche Experten befürchten deshalb, dass das Modewort „Burnout" eine Stellvertreterfunktion für andere psychische Erkrankungen übernimmt und in Zukunft die Akzeptanz zum Beispiel von Depressionen weiter behindern könnte.

Im aktuellen internationalen medizinischen Diagnosenkatalog (ICD 10) können Ärzte „Burnout: Ausgebrannt sein – Z 73", nur neben einer anderen Hauptdiagnose nennen.

Woher kommt der Begriff „Burnout"?

Der Begriff „Burnout" wurde erstmals in den 1970er-Jahren in den USA verwendet und in den 1980er-Jahren von dem deutsch-amerikanischen Psychoanalytiker Herbert J. Freudenberger genauer gefasst und mit Inhalt gefüllt. In seinen Veröffentlichungen beschrieb er, was er an ehrenamtlichen Mitarbeiterinnen und Mitarbeitern von Selbsthilfe- und Kriseninterventionseinrichtungen beobachtet hatte. Ihm war aufgefallen, dass sie alle hohe Erwartungen an ihre Arbeit knüpften, jedoch vielfach Frust und Enttäuschung erlebten. Für ihre Bemühungen erhielten sie nicht die erwartete offizielle Anerkennung; stattdessen mussten sie sich mit einem nicht enden wollenden Strom von Problemklienten befassen. Nach einiger Zeit in diesem Job fühlten sich anfangs hoch motivierte Mitarbeiterinnen und Mitarbeiter erschöpft und müde, sie klagten über körperliche Symptome wie Kopfschmerzen, Störungen des Verdauungsapparats sowie Schlaflosigkeit. Zudem waren viele im Alltag schneller gereizt und wirkten auf ihr Umfeld ungeduldig und angespannt.

Wenn Sie die Originalarbeit lesen wollen: H. J. Freudenberger (1974): Staff burn out. In: „Journal of Social Issues" 30 (1), Seite 159–165.

Was war Freudenberger aufgefallen? Vor allem die engagierten Mitarbeiterinnen und Mitarbeiter hatten den Eindruck, den erhofften Gestaltungsspielraum und die Kontrolle über ihr berufliches Umfeld zu verlieren. Mit dieser Beobachtung hatte Freudenberger das Thema „Ausgebranntsein im Job" als einer der Ersten konkret aufgegriffen und es in die psychologische Forschung sowie ins Bewusstsein der Menschen gebracht. Fortan verwendete man den Begriff „Burnout" vorrangig in der Arbeits- und Organisationspsychologie.

Eine nicht mehr ganz aktuelle, aber gute Übersicht finden Sie im Buch von Christina Maslach und Michael P. Leiter: „Die Wahrheit über Burnout – Stress am Arbeitsplatz und was Sie dagegen tun können", Springer Verlag 2001.

Im Anschluss an Freudenberger untersuchte die US-amerikanische Burnout-Forscherin Christina Maslach Stress und Erschöpfung im Arbeitsumfeld. In den Arbeiten, die sie in den 1980er-Jahren veröffentlichte, geht sie davon aus, dass Burnout das Resultat eines Prozesses ist, der durch chronische Belastung und Stress bei der Arbeit angestoßen und aufrechterhalten wird. Zwei Jahrzehnte später korrigierte sie allerdings ihre Ansicht, dass die Ursache von Burnout ausschließlich in der Arbeitssituation zu finden wäre, und erweiterte ihr Modell auf weite Bereiche des privaten Lebens. Wesentlich ist aber, dass dem Burnout eine anhaltende Belastung zugrunde liegt. Nicht das zeitlich begrenzte Projekt ist ein Problem, auch wenn es noch so fordernd ist, sondern die länger dauernde Überforderung, sowohl im Job als auch im Privatleben.

Burnout ist eine Stresserkrankung

In vielen Dingen sind sich die Wissenschaftler bis heute in Bezug auf Burnout uneins; in einem Punkt jedoch stimmen sie überein: Es ist eine Stresserkrankung. Wenn wir also das Phänomen Burnout besser verstehen wollen, kommen wir nicht umhin, uns genauer damit zu beschäftigen, wie eine Stressreaktion abläuft und warum in unserer heutigen Zeit Stresserkrankungen besonders häufig auftreten.

Stress spielt vom ersten Moment unseres Lebens an eine Rolle. Heutzutage weiß man, dass bereits die Stresshormone im Mutterleib das menschliche Gehirn beeinflussen. Schon zu diesem Zeitpunkt schreibt sich fest, wie wir mit Umweltfaktoren umgehen. Durchlebt die Mutter während der Schwangerschaft problematische Lebenssituationen, so wirkt sich dies auch auf ihr ungeborenes Kind aus. Die mütterlichen Stresshormone hinterlassen Spuren im Gehirn des noch nicht geborenen Kindes, deren Auswirkungen teilweise erst viel später im Leben sichtbar werden. Heute wissen wir, dass in diesen Fällen im Erwachsenenleben häufiger Angsterkrankungen und Depressionen auftreten.

Stress und Entspannung wechseln sich im Idealfall ab, wenn die Eltern ihr Kind gut versorgen und es lieben. Das Kind kann sich gut entwickeln. Sind die Voraussetzungen im Elternhaus jedoch weniger günstig, kann es bereits im Kindesalter zur Entwicklung von Stresssymptomen kommen (zum Beispiel beim Hinzutreten von schulischen Anforderungen), die sich im Erwachsenenalter weiter fortsetzen.

Guter Stress – schlechter Stress?

Wir alle können ohne Stress nicht leben. Auch Dinge, die wir als positiv wahrnehmen, sind für unseren Körper erst einmal Stress. Erinnern Sie sich zum Beispiel an Ihre erste Beziehung: Ständig an einen Menschen denken, mit ihm zusammen sein wollen und das Getrenntsein als Last empfinden kann eindeutig als Stress gemessen werden, obwohl Liebe an sich etwas Schönes ist. Früher verwendete man in diesem Zusammenhang häufig die Begriffe „positiver" und „negativer Stress". Wenn Sie zum Beispiel an Ihre Hochzeit denken, werden Sie zuerst die Assoziation „positiver Stress" haben. Wenn Sie jedoch an Ihren Ehevertrag denken, an schwierige Schwiegereltern, die Organisation der Hochzeitsfeier, das Erstellen der Gästeliste (Sitzordnung), wird sich gegebenenfalls auch ein Gefühl der Anspannung einstellen. An diesem Beispiel wird klar, dass das gleiche Ereignis positive und auch negative Gefühle hervorrufen kann. Deshalb hat man die Einteilung in guten und schlechten Stress aufgegeben. Wichtig ist allein, wie wir auf die jeweilige Situation reagieren. Dies kann je nach unseren Fähigkeiten und Möglichkeiten durchaus unterschiedlich sein. Dazu ein anderes Beispiel: Stellen Sie sich vor, Sie müssen für einen erkrankten Kollegen einspringen und einen Vortrag vor unbekanntem Publikum halten. Mit dem Thema haben Sie im Alltag fast nie zu tun, die Zeit ist knapp. Wie fühlen Sie sich? Unsicher? Nervös, angespannt? Eine negative Stressreaktion kann die Folge sein. Anders sieht es aus, wenn Sie eine derartige Situation bereits früher erfolgreich gemeistert haben. Ist die Aufgabe mit hoher Anerkennung verbunden? Liegt Ihnen das Thema? Dann kann Ihr Auftritt eine willkommene Abwechslung bieten und sogar Spaß machen.

Wenn Sie das Thema „Stress und Gehirn" interessiert: „Biologie der Angst – wie aus Stress Gefühle werden" von Gerald Hüther bietet auf weniger als 150 Seiten einen gut lesbaren Überblick.

Unser Stresssystem

Das System, das uns Menschen die Auseinandersetzung mit Stress ermöglicht, hat sich vor weit mehr als hunderttausend Jahren entwickelt und findet sich in ähnlicher Form auch im Tierreich. Sehr viel später hat das menschliche Gehirn einige zusätzliche Fähigkeiten und Bereiche ausgeprägt, durch die wir uns maßgeblich von dem Großteil der Tiere unterscheiden. Wir sprechen deshalb davon, dass wir ein „neues" und ein „altes" Gehirn besitzen, die allerdings untrennbar

Der 2011 viel zu jung verstorbene David Servan-Schreiber erklärt die menschliche Stressreaktion sehr anschaulich in seinem Bestseller „Die neue Medizin der Emotionen".

miteinander verwoben sind. Stark vereinfacht lässt sich das so darstellen: Wir Menschen verfügen über ein einfaches und sehr zuverlässiges Alarmsystem, das sich in vielen hunderttausend Jahren bewährt hat. Diese alten Teile des Gehirns sind zuallererst auf das Überleben bedacht und stehen in engem Kontakt zum Körper. Sie kontrollieren oder regulieren fast alle Körperfunktionen, die für unser Leben wichtig sind, zum Beispiel die Atmung, den Appetit, den Herzrhythmus, den Blutdruck, Schlafen und Wachen, sexuelle Aktivität, Ausschüttung von Hormonen und Immunreaktionen. Und ganz wichtig: Auch Emotionen werden hier erzeugt und erlebt.

Wenn wir ein Modell des menschlichen Gehirns betrachten, können wir diesen uralten Teil des Gehirns jedoch nicht sehen, weil sich ein neuer Gehirnteil entwickelt und ihn überformt hat: das Denkhirn, der sogenannte Neokortex, all die vielen grauen Windungen, die ein menschliches Gehirn ausmachen und auf die wir so stolz sind. Unser Gehirn ist im Verhältnis zu unserer Körpergröße deutlich größer als das der Tiere, und es verleiht uns einzigartige Fähigkeiten: Planung der Zukunft, Entwicklung einer Sprache, Unterdrückung von sofortigen Impulsen und Instinkten, um nur einige zu nennen. Es kann erstaunlich komplizierte Aufgaben vollbringen, kann zum Beispiel ein vertrautes Gesicht in einer Menschenmenge wiedererkennen oder in einem vollen Lokal ein weit entferntes Gespräch belauschen und sich Sekunden später wieder dem gegenübersitzenden Tischpartner zuwenden.

Stellen Sie sich vor, wie viele Evolutionsschritte das Gehirn in den letzten hunderttausend Jahren bis zu seinem jetzigen Reifegrad durchlaufen musste. Und halten Sie sich vor Augen, dass uns die Technik des Informationszeitalters mit seinen Smartphones, E-Mail-Konten und der ständigen Erreichbarkeit erst seit dreißig Jahren zur Verfügung steht!

Man kann sich denken, dass unser Gehirn diesen Anforderungen zeitweise ziemlich hilflos gegenübersteht. Es braucht seine Ruhephasen, um gut zu funktionieren. Dazu gehört zum Beispiel vollständiges Abschalten von der Arbeit, regelmäßiger Schlaf, wenig sozialer Stress und eine gewisse Sicherheit in der Berufs- und Privatwelt. In Kapitel 11 bieten wir Ihnen eine ganze Reihe von Hinweisen, wie Sie Ihr Gehirn mit einfachen Maßnahmen dabei unterstützen können, gesund für Sie zu arbeiten.

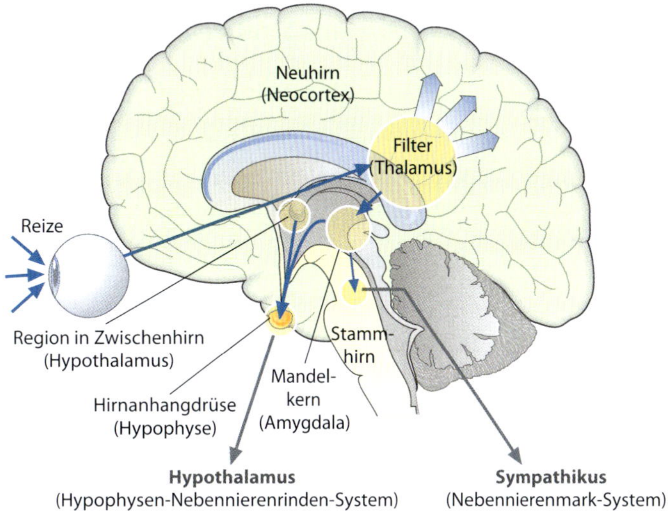

Abbildung 1:
Ablauf der Stressreaktion. Bevor eine körperliche Stressreaktion ausgelöst wird, erfolgt die Verarbeitung von neuen Sinneseindrücken im Gehirn. Jede neue Wahrnehmung wird mit Erfahrungen und Informationen aus der Vergangenheit abgeglichen. Erst nach diesem größtenteils automatisiert ablaufenden Prozess werden Informationen bewusst und in unserer Hirnrinde weiterverarbeitet (Neocortex) ggf. wird eine organisierte Antwort auf den Reiz eingeleitet. Besonders wichtige Informationen, die mit Gefühlen in Verbindung stehen, werden im Mandelkern (Amygdala) weiterverarbeitet und können auch direkt zu ungerichteten Stress- oder Angstreaktionen führen.

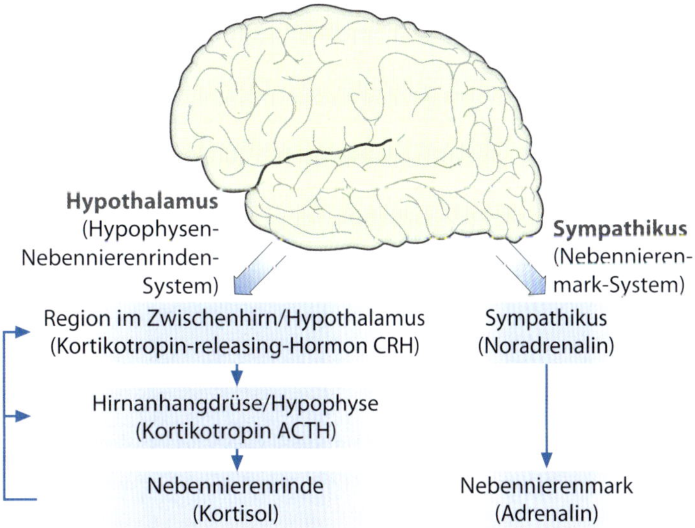

Abbildung 2:
Nach der zentralen Verarbeitung erfolgt ggf. eine Aktivierung der Stress-Systeme: Hypothalamus-Hypophysen-Nebennierenrinden-System (HHNR): über eine Region im Zwischenhirn (Hypothalamus) wird in der Hirnanhangsdrüse (Hypophyse) die weitere Abgabe von Hormonen stimuliert. Diese verursachen in der Nebennierenrinde eine Ausschüttung des Stress-Hormons Kortisol. Ein hoher Kortisol-Spiegel hemmt beim gesunden Menschen die weitere Aktivierung der Stresskaskade. Bei langerfristig erhöhten Kortisolwerten kommt es zur Beeinträchtigung von Immunfunktion und körpereigenem Abwehrsystems – hier liegt ein wichtiges Bindeglied zwischen psychischem Stress und körperlicher Krankheit. Sympathikus-Nebennierenmark-System: direkte nervliche Aktivierung setzt im Nebennierenmark die Ausschüttung der Stresshormone Noradrenalin und Adrenalin in Gang. Adrenalin führt zu einer Beschleunigung des Herzschlags und zu einer vermehrten Bereitstellung von Energie, Noradrenalin führt zu einer Verengung der Blutgefäße und erhöht damit den Blutdruck.

Wie läuft eine Stressreaktion ab?

Auch der Ablauf einer Stressreaktion ist etwas, das sich im Verlauf der Evolution entwickelt hat. Deshalb möchten wir Sie gern zu einer kleinen Reise in die Vergangenheit einladen.

Stellen Sie sich vor: Der noch einfach entwickelte Mensch sitzt mit seiner Partnerin nach einem anstrengenden Tag in der Höhle, das Kind schläft, das Feuer knistert, beide sind sehr müde, und ihnen fallen fast die Augen zu. Plötzlich hören sie ein Geräusch, ein lautes Knacken, wie wenn ein am Boden liegender Ast unter der Pfote eines Säbelzahntigers zerbricht.

In Sekundenschnelle springt der Mann auf, greift seine Waffe und stürmt aus der Höhle. Er muss nachschauen, ob seine kleine Familie in Gefahr ist. Wenn das der Fall ist, muss er diese Bedrohung sofort abwehren, also kämpfen. Ist der Gegner übermächtig, muss er vielleicht mit Frau und Kind fliehen. Nur Bruchteile von Sekunden dauert es, bis sein Körper aus dem Ruhemodus in den kampfbereiten Überlebensmodus schaltet. Wo ist das Raubtier? Seine Augen suchen das Dunkel unter den Bäumen ab, die um die Höhle stehen. Sein Herz schlägt schneller und stärker, der Blutdruck steigt, die Muskulatur wird vermehrt durchblutet. Verdauungsprozesse pausieren, sämtliche Energiereserven des Körpers werden mobilisiert. In der akuten Stressreaktion wird der Mund trocken, die Pupillen vergrößern sich, und die Atemfrequenz steigt. Die Muskeln spannen sich an. Verantwortlich für diese Alarmreaktion sind die Botenstoffe Adrenalin und Noradrenalin, die teils durch direkte Nervenbahnen, teils durch andere Hormone gesteuert in die Blutbahn ausgeschüttet werden.

Was passiert nun bei unserem Steinzeitmann? Er gleicht die Geräusche der Umgebung mit seinen Erinnerungen ab. Droht Gefahr? Das alles läuft in wenigen Augenblicken ganz automatisch ab, jede Verzögerung kann das Überleben gefährden. Vom Gesichtspunkt der Evolution aus betrachtet bedeutet das, dass hohe Reaktionsbereitschaft in gefährlichen Situationen ein unschätzbarer Überlebensvorteil ist. Diejenigen Stresstypen, die schneller auf Gefahr reagieren, hatten eine bessere Überlebenschance und konnten sich eher fortpflanzen. Diejenigen aber, die besonders entspannt am Feuer lagen, fraß der Tiger.

Was bedeutet das für die heutige Zeit? Diese Art von akuter Stressreaktion war früher sinnvoll. Sie ist es nicht mehr, seit wir selbst an der Spitze der Nahrungskette stehen und körperliche Bedrohungen nicht mehr Teil unseres Alltags sind. In einer modernen Firma mit ihren Büroarbeitsplätzen, Computern und Meetings sind diese Reaktionen natürlich nicht mehr angemessen. Glücklicherweise werden die meisten von uns heutzutage nicht mehr von Säbelzahntigern bedroht. Unser Alarmsystem als ältester Teil unseres Gehirns jedoch ist seit seiner Entstehung nicht mehr aktualisiert worden und heute noch unverändert in Funktion. Viele unserer Stressreaktionen laufen noch genau so ab wie vor hunderttausend Jahren. Auf eine E-Mail, die Stress in uns auslöst, reagieren wir zum Beispiel mit einer Kampf- und Fluchtreaktion.

- Plötzliche starke Aktivierung des Gehirns (vermehrte Durchblutung)
- Beschleunigung des Herzschlags (Erhöhung des Blutdrucks)
- Erhöhte Spannung der Muskulatur (Verbesserung der Reflexe)
- Vermehrte Durchblutung der Muskuatur
- Verdauungsprozesse werden pausiert
- Trockener Mund (reduzierter Speichelfluss)
- Energiebereitstellung aus körpereigenen Reserven (Erhöhung der Blutfette, Erhöhung des Blutzuckers)
- Kurzfristige Erhöhung der Toleranz gegenüber Schmerzen
- Kurzfristig Erhöhung der Immunkompetenz

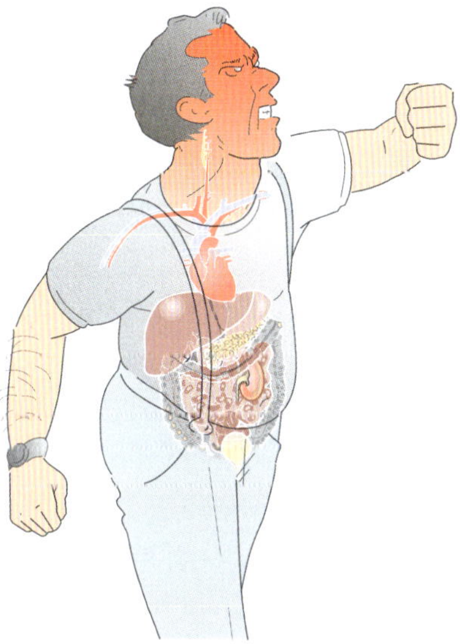

Abbildung 3: Akute körperliche Stressreaktion: Es erfolgt eine unspezifische Aktivierung des Körpers, um eine wahrgenommene Gefahrensituation erfolgreich bewältigen zu können.

Wie geht nun die Nacht unseres Steinzeitmannes zu Ende? Er wartet noch einige Zeit vor seiner Höhle und stellt bald fest, dass sich nichts Außergewöhnliches tut. Seine Muskulatur entspannt sich, seine Atmung wird langsamer, die Verdauung setzt wieder ein. Er schaut sich noch ein wenig um, geht hin und her. Als er sich überzeugt hat, dass wirklich keine akute Gefahr droht, kehrt er zurück an das

Feuer und legt sich neben seine Frau. In den nächsten Stunden kann er ganz entspannt schlafen. Die Energievorräte des Körpers werden nun wieder aufgefüllt. Auf die kurzen Momente der Bedrohung folgt eine längere Phase der Erholung. So wird eine vollständige Regeneration möglich. Die im Körper verbliebenen Stresshormone bauen sich am nächsten Tag durch normale körperliche Aktivität ab: Nahrungssuche, Beschäftigung mit der Familie; der Alltag bringt die normalen körperlichen Anstrengungen mit sich.

Und noch etwas ist für uns und unser Verhalten von Bedeutung: Die Natur hat es so eingerichtet, dass erfolgreiche Reaktionen auf Stressreize im Gehirn gespeichert werden. So stehen sie als Strategie in Zukunft wieder zur Verfügung. Grundlage dafür ist, dass bestimmte Hormone, nämlich Noradrenalin und Adrenalin, die bei Stress verstärkt ausgeschüttet werden, das Wachstum von Nervenzellen anregen. Unerwünscht ist hingegen, dass unwirksames Verhalten als Reaktion auf Stressreize gespeichert wird. Um das zu verhindern, hemmt die Natur mit dem Hormon Kortisol die Abspeicherung der erfolglosen Strategie.

Die biologische Stressreaktion

An dem Ablauf einer Stressreaktion hat sich seit der Steinzeit nichts Wesentliches verändert. Wird ein Muster erkannt, zum Beispiel ein Geräusch oder ein optischer Eindruck, und als bedrohlich eingestuft, so löst das im Gehirn eine biochemische Kettenreaktion aus. Eine akute Alarmreaktion findet statt, die auf Kampf oder Flucht hinzielt. Am Ende der Alarmreaktion wird durch Kortisol die verloren gegangene Energie wieder aufgebaut: Die körpereigene Abwehrreaktion, die durch Adrenalin und Noradrenalin kurzfristig gesteigert werden kann, wird nun gehemmt.

Akuter Stress in der modernen Zeit

Wie gesagt: Am Ablauf einer Stressreaktion hat sich seit der Steinzeit nichts Wesentliches geändert. Wird ein Muster erkannt, zum Beispiel ein Geräusch oder ein optischer Eindruck, und als bedrohlich eingestuft, löst das im Gehirn eine biochemische Kettenreaktion aus. Bestimmte Botenstoffe werden im Gehirn ausgeschüttet und zur Hirnanhangdrüse transportiert. Dort wird über hormonelle Signale und über Nervenbahnen die Nebenniere stimuliert. Bei akuter Stressreaktion werden dort Adrenalin und Noradrenalin und auch Kortisol ausgeschüttet. Diese drei Botenstoffe erreichen nun über die Blutgefäße alle Bereiche des Körpers und versetzen ihn in Alarmbereitschaft. Der Blutdruck steigt, das Hungergefühl wird ebenso unterdrückt wie Müdigkeit und Sexualtrieb, der Körper stellt sich ganz auf Überlebenskampf ein. Schnellerer Herzschlag, höherer Blutdruck und höhere Atemfrequenz sorgen dafür, dass mehr Sauerstoff in den Körper gelangt. Die Leber stellt Zucker zur Verfügung, sodass mehr Energie für Gehirn und Muskulatur zur Verfügung steht. Blut wird in die Muskulatur umgeleitet, Schweißdrüsen werden angeregt. In allen Körperteilen, die weder für Kampf noch für Flucht nötig sind, wird die Energiezufuhr gedrosselt und die Durchblutung vermindert.

Unser Nervensystem ist dazu da, mit einer Sofortreaktion einen möglicherweise tödlichen Reiz zu bewältigen und das Überleben zu sichern. Weder im Büro noch im Privatleben ist es aber hilfreich, mit einer starken Stressreaktion auf wenig bedrohliche Wahrnehmungen zu reagieren. Wir verteidigen unseren Sicherheitsbereich mit einer biochemischen Überreaktion.

Eine ganz normale Konsequenz aus der archaischen Art, auf Stress zu reagieren, ist beispielsweise folgende Situation aus dem Arbeitsleben: Sie starren gebannt auf den Computerbildschirm, die Deadline für die Abgabe Ihres Berichts rückt immer näher. Das ist moderner Stress, und der verstärkt sich noch, wenn Sie der schlechten Laune eines Kollegen ausgesetzt oder vielleicht im Streit mit Ihrem Büronachbarn sind. Konzentriertes Arbeiten erscheint Ihnen unmöglich. Die Anspannung und das Bewusstsein, diese Aufgabe unbedingt erledigen zu müssen, scheinen Ihr Gehirn buchstäblich zu lähmen. Denn bei einer Alarmreaktion verliert man den Blick für Details und die Konzentration auf Kleinigkeiten – wie dies zum Beispiel für Ihre Büroarbeit notwendig wäre. Jeder, der einmal in einer Prüfung versagt hat, kennt diese Situation: Der Kopf scheint plötzlich komplett leer zu sein, der Körper ist angespannt. Es stellt sich ein Gefühl ein, als ob man die Kontrolle über das Geschehen verliert. Früher war es bei Gefahren wichtig, die gesamte Umwelt im Blick zu haben. Der Körper hat in der Prüfungssituation leider den hier benötigten Konzentrationsmodus ausgeschaltet und ist in den vor Urzeiten überlebenswichtigen Kampf- oder Fluchtmodus übergewechselt. Kämpfen oder Fliehen ist in einer Prüfung jedoch überhaupt nicht gefragt.

Wenn der Stress chronisch wird

Unser auf akute Bedrohungen angelegtes Stresssystem kann eine erhöhte Beanspruchung durchaus einige Zeit aushalten. Bei beruflichem Stress dauert diese Überbeanspruchung jedoch häufig mehrere Monate bis Jahre. Wir gewöhnen uns daran, immer aktiver zu werden und uns immer weniger Zeit für Erholung und Entspannung zu gönnen. Wird das ursprünglich auf Kampf oder Flucht angelegte Stresssystem ständig beansprucht, kehrt der Körper nicht mehr in den Ruhemodus zurück. Es entsteht chronischer Stress. Dies ist zum Beispiel regelmäßig der Fall, während in einer Firma umstrukturiert wird oder während ein naher Angehöriger krank ist und zu Hause gepflegt wird.

In solchen Situationen werden Erholungsphasen seltener. Meist stellen wir auch Hobbys oder Beschäftigungen zurück, die einen Ausgleich darstellen könnten, wie zum Beispiel das Aufsuchen eines Sportvereins. In der Folge werden Stresshormone im Körper nicht mehr vollständig abgebaut und verbleiben im Blutkreislauf – mit zum Teil dramatischen Folgen. Kurzfristig können Muskelverspannungen oder Kopfschmerzen chronischen Stress anzeigen. Auf lange Sicht kann der Zustand einer dauerhaft erhöhten Alarmbereitschaft zu dauernden Veränderungen im Körper führen. Die folgende Tabelle gibt Ihnen einen Überblick darüber, welche Krankheiten man mit chronischem Stress in Verbindung bringt.

Was passiert bei chronischem Stress in unserem Körper?	
Gehirn	Depression Störung der Konzentration Schlafstörungen Emotionale Erschöpfung
Sinnesorgane	Tinnitus und Hörsturz
Herz und Kreislauf	Erhöhter Blutdruck Gefäßverkalkung Erkrankung der Herzkranzgefäße Herzinfarkt

Verdauungsapparat	Magen- und Darmgeschwüre (Ulcera)
Muskulatur	Chronische Verspannungen Fibromyalgie / Muskelschmerzen
Immunsystem	Verminderte Widerstandskraft gegen Infektionserkrankungen Vermehrtes Auftreten von Allergien
Sexualität	Vermindertes Lustempfinden Impotenz Störung des weiblichen Zyklus

Das Stresshormon Kortisol

In der Publikumspresse genießt das zum Überleben notwendige Hormon Kortisol einen schlechten Ruf, da es mit vielen Stresserkrankungen in Verbindung gebracht wird. Ganz zu Unrecht, denn wenn der Kortisolspiegel im normalen Bereich liegt, hat Kortisol keinerlei negative Auswirkungen auf unsere Gesundheit.

Kortisol, das der Körper vor allem in den frühen Morgenstunden ausschüttet, bereitet uns jeden Morgen auf die Anforderungen des Tages vor und hilft uns beim Aufwachen und beim Start in den Tag. Beim gesunden Menschen nimmt bis in die Nachmittagsstunden die Ausschüttung des Botenstoffes ab, bis sie in den Nachtstunden vor dem morgendlichen Erwachen wieder ansteigt. Die Kortisolmenge in unserem Körper ist also einem täglichen Rhythmus unterworfen und fällt in der Erholungsphase normalerweise deutlich ab, um pünktlich vor der nächsten Leistungsphase wieder anzusteigen. Am Abend sind nur noch 10 Prozent des Morgenwertes im Blut nachweisbar. Unter Dauerstress hingegen ist der durchschnittliche Spiegel von Kortisol im Körper erhöht. Der natürliche Rhythmus mit Anstieg und Abfall des Hormons ist deutlich verändert. Dabei spielt es keine Rolle, ob der Stress im Körper entsteht (zum Beispiel bei einer Entzündung oder bei mangelhafter Ernährung) oder von der Außenwelt herrührt (zum Beispiel Stress am Arbeitsplatz, übermäßige Beanspruchung durch zu viel Sport und zu wenig Erholung, zu wenig Schlaf). »

» Im Körper wirkt sich das Stresshormon auf unterschiedliche Weise aus. Es ist vor allem für die Bereitstellung von Energie in beanspruchenden Situationen zuständig. Kortisol führt zur Anhebung des Blutzuckers und zum Abbau von körpereigenen Eiweißen, die ebenfalls in schnell verwendbare Energie umgewandelt werden. Darüber hinaus setzt der Körper vermehrt Fette aus den Fettdepots frei und hebt so den Blutfettspiegel an. Kortisol unterdrückt zudem die normale Immunabwehr und im Nervensystem die Neubildung von Nervenzellen. Ein dauerhaft erhöhter Kortisolspiegel kann deshalb zu einem Risiko für die Gesundheit werden: Die Gefahr einer Infektion steigt, die Blutfettwerte und die Blutzuckerwerte verschlechtern sich. Und Kortisol hat noch eine weitere Wirkung: Es führt zu einem Abbau von Nervenzellen. War dieser Mechanismus früher durchaus sinnvoll, um zu verhindern, dass erfolglose Strategien auf gefährliche Situationen im Gehirn abgespeichert werden, so wirkt er im modernen Dauerstress äußerst negativ. Das erklärt auch, warum ein erhöhtes Stressniveau der Mutter für das noch ungeborene Kind schädlich ist: Stresshormone der Mutter hemmen die Entwicklung des kindlichen Gehirns.

Das Stressmodell von Lazarus

In seinem 1984 erstmals erschienenen Buch „Stress, Appraisal, and Coping“ stellt Richard Lazarus seine zuerst im militärischen und schließlich im zivilen Umfeld erhobenen Forschungsergebnisse dar.

Sie wissen jetzt, wie eine Stressreaktion abläuft. Doch wie wird sie eigentlich in Gang gesetzt? Der Psychologe Richard Lazarus hat in den 60er-Jahren des letzten Jahrhunderts in mehreren Experimenten zeigen können, dass unsere Gedanken einen erheblichen Einfluss auf unser Gefühlsleben haben. Man zeigte Versuchspersonen Filmaufzeichnungen von rituellen Genitalverstümmelungen bei den Ureinwohnern Australiens. Wurde dazu ein verharmlosender Kommentar gesprochen, fiel die Stressreaktion während der Betrachtung des Films deutlich geringer aus: Eine veränderte Bewertung milderte die „Bedrohung“ durch den schockierenden Inhalt des Films. Lazarus hat daraus ganz richtig den Schluss gezogen: Was wir über unsere Umwelt denken und wie wir sie einschätzen, das bestimmt unser Anspannungsniveau. Diesen Zusammenhang hat er in seinem

Stressmodell genauer ausgearbeitet. Er betrachtet vier Ebenen, die in Bezug auf die Stressreaktion wichtig sind und voneinander unterschieden werden müssen.

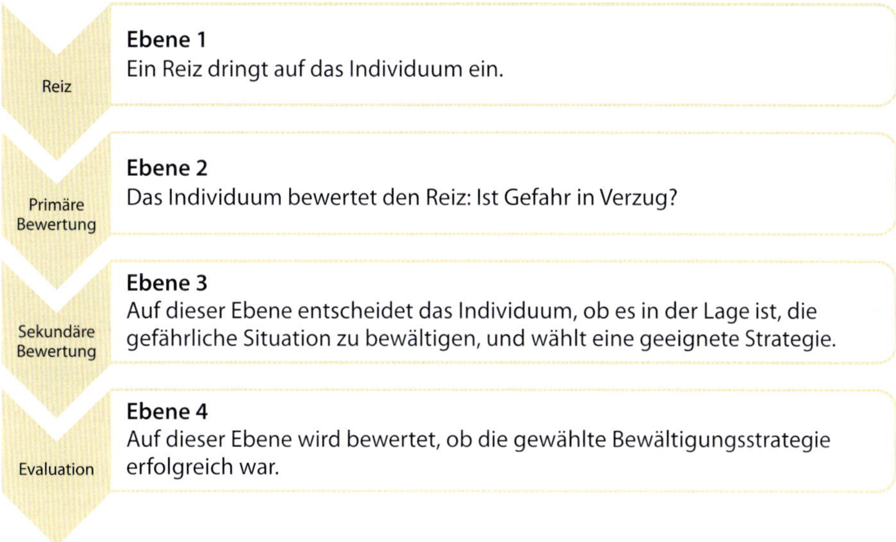

Abbildung 4: Stressmodell nach Lazarus (vereinfacht)

Nach diesem Modell ist Stress ein Wechselwirkungsprozess zwischen den Anforderungen der Situation und der handelnden Person. Die **Ebene 1** bezeichnet die Umweltkomponente. Wir sind ständig irgendwelchen Reizen ausgesetzt, die auf uns eindringen, sei es der Wecker, der in der Früh rasselt, der Geschmack heißen Kaffees im Mund beim Frühstück oder das Klingeln des Telefons später im Büro. Auf dieser Ebene ist das Ganze noch neutral. Wir wissen nicht, wer da anruft, und erst die Gedanken, die wir damit verbinden, machen den Vorgang zu einem potenziellen Stressor. Natürlich kann es aber auch sein, dass das Telefon unaufhörlich klingelt, und dann wird es unabhängig von meinen Gedanken selbst zum Problem.

Die Bewertung, ob sich mit dem Reiz eine unangenehme Situation oder eine Gefahr ankündigt, erfolgt bei Lazarus auf der **Ebene 2**. Hier kommen die Gedanken ins Spiel. Wenn das Telefon klingelt, so hängt meine Reaktion ganz wesentlich davon ab, was ich dabei denke. Vielleicht gehe ich davon aus, dass es mein Chef ist, der mir eine Gehaltserhöhung ankündigen will, oder aber ich befürchte, dass er mich anschreit, weil ich mit meinem Bericht schon wieder in Verzug bin. Nur im zweiten Fall löst der Reiz „Klingeln des Telefons" Stress aus. Was bei diesem Beispiel auch deutlich wird: Ob Stress entsteht oder nicht, kann von der objektiven Situation ganz unabhängig sein. Schließlich weiß ich im Augenblick noch gar nicht, wer der Anrufer ist und was er von mir will.

Wenn nun meine Bewertung ergeben hat, dass der Reiz eine Gefahr ankündigt, so ist eine Stressreaktion in Gang gesetzt, die mich auf die **Ebene 3** führt: Ich muss entscheiden, ob ich die Situation beherrschen kann, und ich muss dafür eine geeignete Strategie wählen. Im Beispiel mit dem Anruf gäbe es mehrere Möglichkeiten. So könnte ich mir, während ich nach dem Telefonhörer greife, eine Rechtfertigung überlegen, warum mein Bericht noch nicht fertig ist. Ich könnte auch in den Hörer brüllen, dass ich nicht gestört werden möchte, ich habe schließlich einen Bericht fertigzustellen. Oder aber ich entschließe mich, so zu tun, als wäre ich gar nicht da, und warte ab, bis das Klingeln aufhört. Die Entscheidung für eine bestimmte Strategie hängt nicht nur von den objektiven Anforderungen der Situation ab, sondern auch von meiner Persönlichkeit. Sie ist abhängig von meinen Erfahrungen und dem System von Regeln, das ich mir im Laufe meiner Entwicklung angeeignet habe. Besonders schwierig wird das Ganze dann, wenn ich aufgrund meiner Erfahrungen zu der Überzeugung gelangt bin, dass ich die bedrohliche Situation mit meinen Mitteln gar nicht bewältigen kann. Das Problem: In irgendeiner Form muss ich mich ja verhalten, und in diesem Fall habe ich nur die Wahl zwischen unzureichenden Möglichkeiten. Das Gefühl, hilflos ausgeliefert zu sein, das dabei entsteht, verstärkt den Stress zusätzlich.

Unabhängig davon, wie ich mich verhalte, ob ich die bedrohliche Situation aktiv in Angriff nehme oder versuche, mich durch Flucht zu entziehen: Am Ende steht die Bewertung, ob erfolgreich war, was ich getan habe. Im Lazarus-Modell ist das die **Ebene 4**. Diese Ebene ist sehr wichtig, weil es hier darum geht, aus den Erfahrungen zu lernen. Komme ich zu dem Ergebnis, dass meine Strategie zum Ziel geführt hat, werde ich sie das nächste Mal wieder einsetzen, wenn nicht, werde ich das nächste Mal eine andere Strategie wählen. So funktioniert das zumindest in der Theorie.

Tatsächlich stellen wir aber fest, dass wir alle mitunter an Strategien festhalten, die sich immer wieder als ungeeignet erweisen. Statt eine Handlungsalternative zu wählen, versuchen wir, mit der ungeeigneten Strategie zum Erfolg zu gelangen, indem wir einfach unseren Einsatz erhöhen und uns noch mehr anstrengen. Ein solches Verhalten spielt bei der Entstehung von Burnout eine große Rolle; wir kommen im nächsten und den folgenden Kapiteln darauf zurück.

Die positive Botschaft des Lazarus-Stressmodells aber lautet: Eine Veränderung der eigenen Bewältigungsstrategien ist möglich. Dies setzt allerdings voraus, dass wir uns mit unseren Bewertungen, unseren Gedanken und dem Regelsystem, das unser Handeln bestimmt, aktiv auseinandersetzen. Wir schaffen so die Voraussetzung, unser Verhalten nachhaltig zu ändern, und wir erhöhen damit unseren Erfolg und unser Wohlergehen. Das Burnout-Risiko sinkt.

Wie erkenne ich Burnout?

Aber wie kann man erkennen, ob man von Burnout betroffen oder gefährdet ist? Darüber sind eine Fülle von Büchern erschienen, deren Aussagen einander zum Teil widersprechen.

Matthias Burisch hat in seinem Standardwerk *Das Burnout-Syndrom. Theorie der inneren Erschöpfung* eine Liste von 130 Symptomen zusammengestellt, die in der Literatur mit dem Thema „Burnout" in Zusammenhang gebracht werden. Für die Praxis ist dies natürlich untauglich. Es gibt aber eine Reihe von Faktoren, über die bei den Fachleuten Einvernehmen herrscht. Das sind zunächst drei Kernsymptome, die Christina Maslach definiert hat:

Matthias Burisch, „Das Burnout-Syndrom. Theorie der inneren Erschöpfung" (4. Auflage 2010 im Springer Verlag erschienen)

- Emotionale Erschöpfung („Ich habe keine Kraft mehr" – „Ich fühle mich leer" – „Was tue ich hier eigentlich?" – „Ich brauche dringend Urlaub")
- Zynismus (Verbissenheit schleicht sich ein)
- Schlechtere Bewertung der eigenen Leistung

Viele Betroffene berichten folgende Symptome:

- Erschöpfung
- Müdigkeit
- Verringertes Einfühlungsvermögen
- Gleichgültigkeit
- Gefühl von weniger Kontrolle (im eigenen Umfeld)
- Gefühl von Versagen
- Schlafstörungen

Diese Auflistung vermittelt einen ersten Eindruck davon, was unter Burnout zu verstehen ist. Ein grundsätzliches Problem aber besteht darin, dass wir anhand der Symptome nicht zweifelsfrei entscheiden können, ob es sich tatsächlich um einen Fall von Burnout handelt oder nicht. Wenn Sie die Liste aufmerksam durchlesen, werden Sie erkennen, dass sich viele der Symptome nicht objektiv messen lassen, weil sie auf subjektiver Wahrnehmung beruhen. Hinzu kommt, dass manche dieser Empfindungen in bestimmten Stresssituationen vollkommen normal sind. Jeder von uns kennt das Gefühl, müde, angestrengt und überfordert zu sein. Niemand würde sich Sorgen machen, wenn zum Beispiel die Geburt des eigenen Kindes diese Müdigkeit hervorruft, weil es den gewohnten Rhythmus durcheinanderbringt. Treten die gleichen Symptome jedoch im Rahmen der gewöhnlichen Alltagsbelastung auf und verschwinden am Erholungswochenende nicht mehr vollständig, erschöpfen sich nach und nach unsere Reserven. Die Alltagssorge schleicht sich auf leisen Sohlen in unser Leben und nistet sich in unseren Köpfen ein. Aus diesem Grund ist man dazu übergegangen, nicht nach typischen Symptomen zu suchen, sondern Burnout als einen Prozess zu betrachten.

Erschöpfung hat viele Ursachen

Mediziner kennen viele Ursachen von Erschöpfung, die überhaupt nichts mit einem Burnout-Syndrom zu tun haben. Daher ist bei anhaltender Erschöpfung und Müdigkeit immer eine medizinische Untersuchung sinnvoll, um derartige Erkrankungen auszuschließen. Erst nach Ausschluss körperlicher Erkrankungen sollten psychische Erklärungsmodelle herangezogen werden. Körperliche Ursachen von Erschöpfung sind zum Beispiel: Blutarmut, Eisenmangel, Unterfunktion der Schilddrüse, erhöhte Blutzuckerwerte, Schwäche des Herzmuskels, verminderte Nierenfunktion, entzündliche Körpererkrankungen jeglicher Art. Häufig sind auch Störungen des Schlaf-Wach-Rhythmus, Schnarchen mit Atempausen oder das Syndrom der unruhigen Beine (Restless-Legs-Syndrom) der Grund für körperliche Erschöpfung.

Darüber hinaus gibt es Erkrankungen wie zum Beispiel depressive Störungen, den Missbrauch von schädlichen Substanzen wie Alkohol oder Schlafmitteln sowie Angststörungen, die mit Erschöpfungszuständen einhergehen können.

Phasen im Prozess des Ausbrennens

Eine gute Beschreibung der typischen Phasen eines Burnout-Syndroms gibt wiederum Matthias Burisch. Diese Phasen müssen nicht strikt aufeinanderfolgen, einzelne können auch übersprungen werden oder wiederholt auftreten. Wenn Sie wollen, überprüfen Sie doch beim Lesen gleich, was Ihnen bekannt vorkommt. Vielleicht erkennen Sie sich oder einen Angehörigen, Freund oder Ihren Partner in der einen oder anderen Phasenbeschreibung wieder.

Phase 1: Chronischer Stress

In dieser Phase treten erste Warnzeichen auf. Sie fühlen sich erschöpft, neigen zu Überreaktionen und arbeiten trotzdem mehr als sonst. Häufig stellt man bei steigenden Anforderungen zuerst die eigenen Bedürfnisse zurück. Die angefangene Aufgabe soll endlich fertig werden, auch wenn man dafür bis in die Nacht arbeiten muss. In der Folge gesellen sich Schlafstörungen hinzu, Sie fühlen sich in der Früh nicht mehr richtig erholt, verspüren einen allgemeinen Mangel an Energie, können sich jedoch noch ganz gut darüber hinwegsetzen.

Phase 2: Reduktion der eigenen Anstrengung

Es fällt Ihnen unerklärlich schwer, sich so zu engagieren wie früher. Für die Arbeit und für soziale Aktivitäten bleibt weniger Energie übrig. Arbeiten, die früher Spaß gemacht haben, führen zu Widerwillen und Überdruss. Die Lockerheit im Alltag geht verloren, Sie scheinen gegen einen Widerstand anzukämpfen: „Es läuft einfach nicht mehr frei von der Hand."

Phase 3: Depressive Symptomatik

Während dieser Phase herrschen Leere, Hoffnungslosigkeit und das Gefühl von Hilflosigkeit vor. Sie neigen dazu, sehr emotional zu reagieren, schwarzzusehen und anderen oder „dem System" die Verantwortung für das Leiden anzulasten. Das Gefühl schleicht sich ein, selber den Anforderungen nicht mehr zu genügen.

Phase 4: Abnahme von kognitiven Fähigkeiten
Spürbar wird, dass es Ihnen immer schwerer fällt, sich zu motivieren und kreativ zu sein. Das Denken scheint anstrengender zu werden, Fehler schleichen sich ein. Der Überblick über die Gesamtsituation geht verloren. Veränderungen erscheinen bedenklich. Sie leisten auch gegen an sich sinnvolle Vorschläge Widerstand. Wieso eigentlich? Sie wissen es nicht.

Phase 5: Abflachen des emotionalen und sozialen Lebens
Sie stellen fest, dass nicht nur Arbeit anstrengt, sondern auch soziale Aktivitäten jeglicher Art schwerer werden. Das Treffen mit Freunden, der Abend im Kino, der Besuch im Fitnessstudio strengen Sie an. Die Beziehung zu Ihrem Partner und Ihrer Familie wird weniger intensiv, Sie gehen auf Abstand.

Phase 6: Psychosomatische Spannungen
Sie fühlen sich körperlich nicht mehr wohl. Schmerzen unterschiedlichster Art treten auf, Verdauungsbeschwerden können hinzukommen. In der Freizeit ist keine Erholung mehr möglich. Verführerisch ist jetzt der Griff zu Substanzen, die schnelle Entspannung versprechen, beispielsweise Alkohol, Tabletten oder gar Drogen.

Phase 7: Akute Krise – Verzweiflung – klinische Depression
Diese Phase steht ganz am Ende der Burnout-Spirale und wird häufig als ein „Zusammenbruch aus heiterem Himmel" beschrieben. Das Gefühl von Sinnlosigkeit ist stark ausgeprägt, existenzielle Verzweiflung und eine negative Lebenseinstellung prägen den Alltag. Suizidgedanken können auftreten. Wichtig ist, dass die akute Krise, also Stufe 7 des Burnout-Prozesses, von vielen Fachleuten wie zum Beispiel Ärzten und Psychologen als Depression bezeichnet wird. Nur diese letzte Stufe des Burnout-Prozesses ist in der Medizin eindeutig definiert.

Wo stehen Sie?

Anhand seines Phasenmodells hat Burisch eine Checkliste erarbeitet, mit der Sie bestimmen können, wo Sie selbst stehen. Kreuzen Sie bei jedem der folgenden Warnsignale an, ob es in den letzten vier Wochen bei Ihnen aufgetreten ist. (Die

Checkliste ist der Broschüre „Burnout erkennen, verstehen, bekämpfen" der Verwaltungs-Berufsgenossenschaft Hamburg entnommen. Der Abdruck erfolgt mit freundlicher Genehmigung der VBG und des Autors Matthias Burisch.)

Checkliste

1. Warnsignale der Anfangsphase

Quälende Grübeleien über Probleme, ohne zu einem Ergebnis zu gelangen (nicht zu verwechseln mit problemorientiertem Denken)	ja / nein
Einschlaf- und Durchschlafschwierigkeiten	ja / nein

2. Aufmerksamkeits- und Konzentrationsstörungen

Zunehmende Zerstreutheit, Flüchtigkeitsfehler	ja / nein
Zunehmende Schwierigkeiten, sich auf eine Sache zu konzentrieren	ja / nein
Aussetzer im Kurzzeitgedächtnis („Filmrisse"), Vergesslichkeit	ja / nein
Verlegen von Gegenständen (Akten, Schlüsselbund …)	ja / nein
Verzettelung in Kleinigkeiten	ja / nein

3. Gefühl von Zeitnot und Gehetztheit

Chronische innere Unruhe, sichtliche Nervosität	ja / nein
Unfähigkeit zur Entspannung	ja / nein
Zunehmende Unfähigkeit, unwesentliche Signale (E-Mails, Voice-Mails, SMS) auszublenden oder zeitversetzt zu bearbeiten	ja / nein

4. Sozialer Rückzug

Meidung von Kontakten mit Kunden und Kollegen	ja / nein
Kurzangebundensein	ja / nein
Fernbleiben von geselligen Anlässen wie Betriebsausflügen, Feiern etc.	ja / nein
Zunehmende Schwierigkeit, anderen zuzuhören	ja / nein
Austrocknen des Bekanntenkreises	ja / nein

5. Verringerte Emotionskontrolle

Erhöhte Reizbarkeit, Wutausbrüche	ja / nein
Verstärkte Neigung zu Tränen	ja / nein
Starre Mimik („Pokerface")	ja / nein

6. Leistungsabfälle

Erhöhter Zeitaufwand für Routineaufgaben	ja / nein
Unnötige Überstunden	ja / nein

7. Krankheitsanfälligkeit

Erhöhte Fehlzeiten wegen Erkältung oder Ähnlichem	ja / nein

Haben Sie in mehreren Symptombereichen ein Ja angekreuzt? Dann sind Sie von Burnout zumindest akut bedroht, vielleicht auch schon in den verhängnisvollen Prozess hineingezogen. Bei der Checkliste von Burisch gibt es keinen Schwellenwert, ab dem man von Burnout sprechen kann. Jedes einzelne Warnsignal kann von Bedeutung sein, und je öfter Sie ein Ja angekreuzt haben, umso wichtiger und dringlicher ist es, jetzt gegenzusteuern.

Wenn viele der genannten Warnsignale auf Sie zutreffen, ist das ein Indiz dafür, dass Sie bereits unter einem fortgeschrittenen Burnout leiden. In diesem Fall sollten Sie erst einmal zu einem Arzt gehen und sich genau untersuchen lassen.

Ein Gesundheits-Check-up steht in Deutschland seit über 20 Jahren für alle gesetzlich Krankenversicherten zur Verfügung, die das 35. Lebensjahr vollendet haben. Die Vorsorgeuntersuchung dient v. a. der Früherkennung körperlicher Erkrankungen.

Was passiert bei einem medizinischen Check-up?

Erschöpfung oder Müdigkeit ist das am häufigsten beklagte Symptom in der Allgemeinbevölkerung – eine vollkommen unspezifische Störung des Befindens. Daher ist es ratsam, bei Erschöpfung, die länger als einen Monat anhält, einen Arzt aufzusuchen, der sich für eine körperlich-seelische Erhebung der Krankengeschichte („Anamnese") Zeit nimmt. Er wird eventuell ergänzend Laboruntersuchungen und apparative Untersuchungen veranlassen. »

» Die folgende Liste gibt Ihnen einen Überblick darüber, was bei einer Check-up-Untersuchung üblicherweise passiert:

- Zunächst fragt der Arzt Sie genau nach Ihrer Krankengeschichte. Er erkundigt sich sowohl nach Ihrer medizinischen Vorgeschichte als auch nach Ihren früheren und aktuellen Krankheiten.
- Anschließend erfolgt eine Anamnese, die sich auf soziale und berufliche Bereiche des Lebens bezieht. Berufliche und private Stressquellen werden erfragt.
- Der Konsum von Zigaretten, Alkohol, Drogen und Medikamenten wird erhoben.
- Der Arzt führt eine umfassende körperliche Untersuchung durch (allgemeinärztliche Basisuntersuchung).
- Ein psychosomatischer / psychiatrischer Befund wird erhoben, gegebenenfalls unterstützt durch psychometrische Testverfahren, zum Beispiel Stressfragebogen oder das Maslach-Burnout-Inventar.
- An Laboruntersuchungen führt Ihr Arzt ein Basislabor mit Bestimmung der Schilddrüsenwerte durch, gegebenenfalls ergänzt durch zusätzliche Hormonuntersuchungen: bei Männern Bestimmung des Testosteronspiegels, bei Frauen in den Wechseljahren Bestimmung der weiblichen Hormonwerte.

Wenn die Untersuchung abgeschlossen ist und Ihr Arzt alle Werte vorliegen hat, wird er geeignete weitere Maßnahmen mit Ihnen besprechen.

Vielleicht haben Sie anhand der Checkliste auch den Eindruck gewonnen, dass Sie am Anfang eines Burnout-Geschehens stehen. Auf jeden Fall geht es darum, dass Sie Ihre eigenen Handlungskompetenzen ausbauen, damit Sie in Zukunft besser mit den schwierigen Situationen in Ihrem Leben umgehen können. Bevor wir Ihnen zeigen, wie Sie das mit ACT erreichen können, erfahren Sie im nächsten Kapitel, wie sich Burnout entwickeln kann und welche psychologischen Hintergründe dabei wichtig sind.

Ein guter Ratgeber zum Thema Depression: „Depressionen überwinden – niemals aufgeben" von Günter Niklewski

Das deutsche Bündnis gegen Depression ist aus einem Forschungsprojekt hervorgegangen. Unter www.buendnis-depression.de finden Sie auch regionale Angebote und fundierte Informationen zum Thema „Depression".

Burnout versus Depression

Eine klinische Depression kann das Ende eines Burnout-Prozesses markieren; sie kann sich aber auch ganz unabhängig davon entwickeln.

Depression beschreibt den Verlust von Interesse und Freude, meistens verbunden mit schnellerer Ermüdbarkeit. Häufig geht die Energie verloren, etwas zu unternehmen. Das Aktivitätsniveau lässt nach.

Meistens liegen Nebensymptome vor, zum Beispiel geschwächte Konzentration, vermindertes Selbstwertgefühl, Schuldgefühle, negative und pessimistische Zukunftsgedanken. Bei einigen Menschen treten zudem körperliche Symptome auf: frühmorgendliches Erwachen, ein Stimmungstief am Morgen, innere Unruhe, Appetitverlust, Hemmung des Antriebs sowie weniger Interesse an Sexualität.

Der medizinischen oder psychologischen Fachperson stehen klare Kriterien zur Verfügung, mit denen sie den Schweregrad einer Depression bestimmen kann. Da diese Kriterien allgemein gelten, ist gewährleistet, dass mit der Diagnose Depression weltweit das gleiche Krankheitsbild gemeint ist.

Wenn Ihnen im Alltag die Lebensfreude gänzlich abhandengekommen ist und Sie vielleicht sogar schon darüber nachgedacht haben, nicht mehr leben zu wollen, sollten Sie unbedingt einen Fachmann, eine Fachfrau zurate ziehen. Als ersten Schritt empfehlen wir die Kontaktaufnahme mit Ihrem Hausarzt, der Sie gegebenenfalls an einen Experten überweist (zum Beispiel eine Psychiaterin oder einen Psychotherapeuten).

Ein gutes Informationsangebot zum Thema stellt das Bündnis gegen Depression bereit; hier finden Sie auch regionale Hilfsangebote und weitere Anlaufstellen in Ihrer Nähe (www.buendnis-depression.de).

2 Wie entsteht Burnout?

Sie haben nun gelesen, wie sich Burnout aus medizinischer Sicht darstellt; Sie kennen die Warnsignale und haben vielleicht einige an sich selbst festgestellt. Wenn das der Fall ist, stellen wir uns unweigerlich die Frage: Wie ist es dazu gekommen? Oder auch: Wieso leidet mein Partner / meine Partnerin oder mein Vater / meine Mutter an Burnout? Viele Menschen – Psychologen, Soziologen, Pädagogen und andere Wissenschaftler – haben versucht, eine Antwort auf die Frage zu finden, wie und warum Burnout entsteht.

Puzzleteil Nummer 1: Die Umwelt

Dass beim Entstehen von Burnout Einflüsse aus der Umwelt eine Rolle spielen, ist unbestritten. Wir haben diesen Punkt bereits im ersten Kapitel angesprochen. In der Forschung hat man nun verschiedene Aspekte des menschlichen Lebens genauer daraufhin untersucht, inwiefern sie als Auslöser für ein Burnout infrage kommen.

Die Belastungen im Beruf

Wir finden hier die Ansatzpunkte, die man häufig auch in den Medien in den Vordergrund stellt: den Druck, den negativen Stress und die Anforderungen, mit denen sich der Einzelne oftmals im Berufsleben konfrontiert sieht. Viele Menschen stehen unter einem enormen Erfolgsdruck, müssen schnell viel leisten und immer erreichbar sein. Diese Faktoren führen dazu, dass sich die Betroffenen konstant überfordert und angespannt fühlen; Erschöpfungszustände und Störungen unterschiedlichster Art stellen sich ein. Oftmals beginnt diese Entwicklung mit einem bestimmten Anlass, zum Beispiel mit einer Beförderung in die Führungsetage, einem Positionswechsel oder einem neuen Vorgesetzten. Damit verändert sich die persönliche Situation, die Verantwortlichkeiten verschieben sich, und häufig wandelt sich auch der Umgang mit den Menschen in der unmittelbaren Umgebung. Wer vorher direkt mit seinen Kollegen kommunizieren konnte und im Team gut klarkam, sieht sich als deren Chef plötzlich damit konfrontiert, dass er jetzt die Richtung vorgeben soll und auch einmal unliebsame Entscheidungen treffen muss.

Manchmal ist es aber auch einfach die pausenlose Überflutung durch äußere Reize, mit der eine verhängnisvolle Entwicklung beginnt.

Fallbeispiel

Peter H. und das neue Handy

Natürlich hat sich Peter H. gefreut, als er zum stellvertretenden Abteilungsleiter ernannt wurde und von seinem Arbeitgeber zu diesem Anlass ein Smartphone zur privaten Nutzung auf Firmenkosten bekam.
Der Nachteil ist nur, dass auf diesem Smartphone auch sämtliche E-Mails auflaufen, und seit seiner Beförderung sind das viel mehr geworden. Viele Mitarbeiter haben ihn als „Vize" bei ihren Mails obligatorisch auf „cc" gesetzt. Die Kollegen arbeiten international zusammen, einige sitzen in Deutschland, andere in Amerika oder China, und so erhält Peter H. rund um die Uhr E-Mails aus der ganzen Welt. Die meisten betreffen ihn zwar gar nicht, aber immer wieder sind auch welche dabei, auf die er sofort reagieren muss. Anfangs hat ihn das nicht gestört, aber irgendwann begann das richtig zu nerven. Inzwischen merkt Herr H. immer häufiger, dass seine Hände zu schwitzen beginnen, wenn sich sein Telefon meldet, und er entwickelt eine regelrechte Abneigung dagegen, die eingehenden Mails zu öffnen. Wenn er sich nach einiger Zeit dann doch überwindet, hat sich ein riesiger Berg von Nachrichten angehäuft, die er abarbeiten muss, und das setzt ihn noch mehr unter Druck.

Auch sein Privatleben hat sich verändert. Seine Freundin, die als Grafikerin kreativ arbeitet, hat kein Verständnis dafür, dass sein Job ihn so absorbiert. Sie will intensive Zeiten mit ihm verbringen, will Genuss beim Essen und Zusammensein und macht ihm Vorwürfe, weil sie sich vernachlässigt fühlt. Immer öfter kommt es deshalb zu Spannungen und Streit, obwohl doch die freie Zeit und die Beziehung zu seiner Partnerin für Herrn H. so wichtig wären, um sich von seinem beruflichen Stress zu erholen und Kraft zu tanken, damit er den nächsten Tag übersteht.

Aber obgleich der äußeren Situation unleugbar eine große Bedeutung bei der Entstehung von Burnout zukommt, ist die Wissenschaft bislang daran gescheitert, daraus ein allgemeingültiges Modell abzuleiten, das Burnout erklärt. So weiß man beispielsweise, dass es in den unterschiedlichen Berufsgruppen ganz verschiedene Faktoren sind, die Burnout begünstigen. Inzwischen gibt es spezielle Burnout-Theorien beispielsweise für Lehrer, für Manager, für Krankenschwestern. Matthias Burisch hat ganz richtig darauf hingewiesen, dass die notwendige Differenzierung kein Ende nimmt, wenn man versucht, das Phänomen von der äußeren Situation her zu verstehen. So unterscheidet sich etwa die berufliche Situation von Sozialpädagogen, die in einer festen Einrichtung arbeiten, erheblich von der Situation anderer Sozialpädagogen, die in einer selbstständigen Beratungspraxis tätig sind. Doch wo führt die Ursachensuche hin, wenn die Entstehungsfaktoren von Burnout nicht einmal in ein und derselben Berufsgruppe homogen sind?

Die Gesellschaft, in der wir leben

Andere Ansätze stellen die gesellschaftlichen Entwicklungen in den Vordergrund. Meist führt man hier den gesellschaftlichen Wertewandel ins Feld, die Allgegenwart der modernen Informations- und Kommunikationsmedien sowie nicht zuletzt die Konkurrenz am Arbeitsmarkt, die zu stärkerer Angst und Anspannung führt. Tatsächlich lassen sich Zusammenhänge zwischen diesen Faktoren und der Verbreitung psychischer Krankheiten wie Burnout feststellen. Angst scheint fraglos ein Faktor zu sein, der in einen Burnout führen kann. Ebenso das Gefühl, immer mehr als Einzelkämpfer agieren zu müssen, ohne die Unterstützung und den Rückhalt, den einem das Team, die Familie oder andere gesellschaftliche Bezugsgruppen geben könnten.

Wachsender Druck im Privatleben

Die Umstände in der Arbeitswelt und in der Gesellschaft bestimmen auch darüber, wie wir privat leben. Gerade im Privatbereich verfestigt sich das Denken in hochgesteckten Idealvorstellungen. Frauen und Männer sollen die perfekten Eltern, Partner und Geliebten sein und gleichzeitig die Doppelbelastung in Privatleben und Beruf spielend bewältigen. Der Druck von außen ist hoch. Auch seinen Kindern will man die besten Voraussetzungen für den Start ins

Leben ermöglichen, denn die Chancen werden in unserer Gesellschaft immer früher verteilt. So lernen die Kleinen oft schon im Grundschulalter, dass sie besser, schneller und klüger sein müssen als die anderen. Obwohl so viel und so oft von Sozialkompetenzen und integrativen Bildungsformen die Rede ist, steht doch häufig der Kampf um den ersten Platz im Vordergrund. Paare stehen vor einer Riesenauswahl an Ratgebern, wie Frauen und Männer zu sein haben, wie eine Beziehung in partnerschaftlicher und sexueller Hinsicht zu sein hat. Auch in Zeitschriften, Magazinen, in Radio und Fernsehen teilt man uns oftmals mit, wie die Dinge sein sollten. Der Einzelne steht dem überfordert gegenüber und vergisst ganz zu fragen, was er oder sie selbst denn für richtig hält.

Hinzu kommt, dass die Menschen immer älter werden. Immer mehr Menschen geraten dadurch in die Situation, dass sie sich auch noch um kranke und pflegebedürftige Angehörige kümmern, sie vielleicht sogar bis zum Tod begleiten müssen. Die anderen Rollen, in denen sie agieren, sollen sie dennoch perfekt ausfüllen. Eltern fühlen sich hin- und hergerissen zwischen dem Wunsch nach Selbstverwirklichung im Beruf und dem Wunsch, der Familie gerecht zu werden. Keine leichte Aufgabe, wenn das in den Medien verbreitete Bild suggeriert, dass es doch wohl eine Selbstverständlichkeit ist, all diese Aufgaben und Anforderungen gleichzeitig zu erfüllen. Über die echten Gefühle dabei wird kaum gesprochen; stattdessen tun viele so, als hätten sie alles im Griff und kämen bestens zurecht.

Fallbeispiel

Sandra D.

Sandra D. ist 39 Jahre alt und Juristin. Sie arbeitet in einer Bank. Ihre Aufgabe besteht darin, im Bereich Finanzdienstleistung die Ergebnisse zu verbessern und strengere Vorgaben für die Mitarbeiter einzuführen. Das heißt, sie muss die gesamte Abteilung durchleuchten und analysieren, was schlecht läuft, um dann die Arbeitsabläufe neu zu organisieren. Das führt manchmal sogar dazu, dass sie Mitarbeitern kündigen muss. Klar, das ist eine undankbare Aufgabe. Ihr Ehemann ist keine Hilfe. »

» Er kümmert sich kaum um die gemeinsame Tochter, weil er stillschweigend davon ausgeht, dass das die Aufgabe seiner Frau ist, und wenn Sandra von ihrer Belastung in der Bank erzählen möchte, nimmt er sie nicht ernst und entzieht sich dem Gespräch mit Allgemeinplätzen: „Das wird schon wieder" oder „Ja, ja, da muss man durch".

Sandra D. wird uns im Folgenden durch das Buch begleiten.

Sandra D. fühlt sich zerrissen. Sie leidet unter den Spannungen mit den Kollegen, die ihre Aufgabe häufig mit sich bringt. Gleichzeitig kämpft sie ständig mit schlechtem Gewissen, weil sie den Spagat zwischen beruflichen Anforderungen und ihrer Rolle als Mutter nicht so meistert, wie sie selbst es von sich verlangt. Oft brodelt es in ihr. Sie fühlt sich überfordert, traurig und vor allem wütend. Doch nach außen hin signalisiert sie: Es gibt keinerlei Schwierigkeiten, und sie hat alles im Griff.

Puzzleteil Nummer 2: Das Individuum im Netz der Gedanken und Regeln

Leider existieren keine belastbaren Zahlen darüber, in welchem Maße sich die eben skizzierten gesellschaftlichen Entwicklungen auf die Entwicklung von Burnout in Westeuropa auswirken. Auf jeden Fall ist festzustellen, dass der Druck auf die Menschen steigt und die Gesellschaft ihre stützende Funktion für den Einzelnen immer mehr verliert. Wie aber gehen diese Einzelnen damit um?

Jeder reagiert anders auf Stress. Befinden sich zwei Menschen in genau der gleichen Situation, so kommt es vor, dass der eine an Burnout erkrankt, der andere aber nicht. Es reicht also nicht aus, bei den äußeren Umständen anzusetzen, um zu verstehen, wie Burnout entsteht. Wir müssen vom einzelnen Betroffenen, vom Individuum mit seinen ganz bestimmten Verhaltensmustern und Lebensregeln ausgehen. Wir müssen die ganz spezifische Art und Weise jedes Einzelnen betrachten, in seiner jeweiligen Situation zu agieren und zu reagieren. Sehen wir uns also genauer an, wie es dazu kommt, dass wir in bestimmten Situationen auf eine typische Weise reagieren.

Die Macht der Gedanken

Auf dem See

Sie fahren mit einem Boot auf dem See. Überall hängt dichter Nebel, sodass Sie nur ein paar Meter weit sehen können. Auf einmal bemerken Sie, wie sich ein anderes Boot dem Ihren nähert, es kommt direkt auf Sie zu, wenn es so weiterfährt, werden Sie in wenigen Augenblicken kollidieren. Sie rufen und gestikulieren, um den anderen zu warnen, doch der kümmert sich nicht um Sie und behält unbeirrt seinen Kurs bei. Er kommt näher und näher, und jetzt spüren Sie, wie er Sie rammt. Fast wären Sie umgekippt. Sie sind außer sich vor Zorn über diese Rücksichtslosigkeit, wollen den anderen Fahrer anschreien, als Sie auf einmal bemerken: Das andere Boot ist leer. Sie sind von einem leeren Boot gerammt worden!

Was ist jetzt mit Ihrem Zorn?

Wie wirklich ist die Wirklichkeit? So genau können wir das gar nicht sagen, weil wir die Wirklichkeit sozusagen niemals pur wahrnehmen, sondern immer gefiltert durch die Linse unserer Gedanken. Unsere Gedanken formen unsere Welt, sie färben sie ein, sie bestimmen Perspektive und Krümmung wie diese Zerrspiegel, über die man auf manchen Jahrmärkten lachen kann. Doch in unserem Alltag wird uns das kaum jemals bewusst.

Gedankenübung

Wie Gedanken wirken

Stellen Sie sich vor, Sie sind auf einer Party. Es ist schon etwas später, und eine gewisse Spannung liegt in der Luft. Ein Gast wird noch erwartet, er hat sich ein wenig verspätet. Ihr Gastgeber kommt auf Sie zu und erzählt Ihnen, dass gleich eine ganz besondere Frau erscheinen wird: äußerst attraktiv, geistreich, mit einer immens starken Ausstrahlung. Und schon sind Sie angesteckt von der Spannung, die überall in der Luft liegt. Sie schnappen Gesprächsfetzen auf: „Sie war letztens im Fernsehen, und sie hat die anderen Gäste der Talkshow einfach in die Tasche gesteckt …" – »

» „Sie hat diesen Lehrstuhl in Sankt Gallen, über den immer wieder in der Zeitung berichtet wird …" – „Trotz ihrer Intelligenz ist sie aber eine so sinnliche Frau. Sie war ja auch mit diesem berühmten Musiker liiert …"

Ihre Erwartungen steigen, doch als die lang erwartete Dame den Raum betritt, sind Sie maßlos enttäuscht. Na gut, sie ist hübsch. Aber ihr Kleid ist – wohlwollend gesagt – sehr schlicht, na ja, eigentlich ist es ein bisschen bieder, und Sie hätten auch nicht gedacht, dass sie so klein ist. Auch von der geistreichen Art merkt man nicht viel, weil die Dame sich kaum an den Gesprächen beteiligt, und wenn, dann auch noch in einer leicht dialektgefärbten Sprache …

Was ist passiert? Alles, was Sie gehört haben, hat sich mit dem verbunden, was Ihr Verstand in diesem Zusammenhang hergibt. Sie haben wahrscheinlich Superwoman erwartet bzw. eine Frau, die so aussieht und so auftritt, wie Sie sich Superwoman vorstellen. Und Ihre Vorstellungen davon, wie die Dinge zu sein haben, sind so mächtig, dass Sie wahrscheinlich die echte Superwoman nicht erkennen würden, wenn sie Ihnen zufällig beim Einkaufen in Jeans gegenüberstünde.

Schon vorher auf dieser Party haben Sie übrigens Ihre Vorstellungen und Erwartungen mit der Wirklichkeit verwechselt: Der Mann im Armani-Anzug, der alle wichtigen Menschen aus der Finanzbranche kennt und den Sie vorhin umschmeichelt haben in der Hoffnung auf einen Anlagetipp vom Insider, war nämlich nicht der mächtige Hedge-Fonds-Manager, für den Sie ihn gehalten haben, sondern ein Friseur.

Und hier ein weiterer Beleg dafür, wie tiefgreifend unser Denken unsere Wahrnehmung verändert. Dieses Beispiel hat auch Steven Hayes, einer der Psychologen, die ACT grundlegend entwickelt haben, in seinen Büchern verwendet; es ist sehr einprägsam.

Gedankenspiel

Ein ganz besonderer Saft

Sprechen wir an dieser Stelle über Speichel. Eine tolle Flüssigkeit: farblos, ein bisschen dickflüssig manchmal und sehr hilfreich, wenn es um die Nahrungsverdauung geht. Speichel wird in der Mundhöhle produziert und ist immer vorhanden, wir schlucken ihn die ganze Zeit. »

Dieses Beispiel finden Sie auch im Buch „In Abstand zur inneren Wortmaschine" von Steven Hayes.

» Er hält die Schleimhäute feucht, sodass wir sprechen, schlucken und schmecken können. Und er ist unter anderem auch für die Gesundheit unserer Zähne von Bedeutung. Speichel ist eine ganz wunderbare Flüssigkeit, und wir haben sie jederzeit im Mund.

Stellen Sie sich jetzt bitte vor: Vor Ihnen auf dem Tisch steht ein Glas, randvoll mit Ihrem eigenen Speichel. Sehen Sie das Glas deutlich vor sich? Ja? Dann stellen Sie sich jetzt bitte vor, Sie nehmen es in die Hand, führen es zum Mund, und jetzt nehmen Sie einen kräftigen Schluck …

Dreht sich Ihnen der Magen um? Ja, uns auch, aber warum? So groß ist die Macht unserer Gedanken, dass wir diese Reaktion gar nicht hinterfragen oder uns darüber wundern. Wir nehmen sie einfach hin.

Unsere Gedanken sind so mächtig, dass sie den Nocebo-Effekt auslösen können: Falsche Diagnosen, Medikamente ohne Wirkstoffe oder auch Flüche können dazu führen, dass Menschen krankhafte Symptome entwickeln, unter starken Beschwerden leiden und sogar sterben – obwohl körperlich keine Ursache bei ihnen zu finden ist.

Sie sehen an diesen wenigen, aber eindrucksvollen Beispielen, wie stark unsere Gedanken wirken. Zwar sind sie nicht die Wirklichkeit, aber sie konstruieren die Wirklichkeit für uns. Gedanken sind wie ein Filter, durch den wir die Wirklichkeit aufnehmen. Mithilfe unserer Gedanken ordnen wir unsere Welt, machen sie uns verständlich und voraussagbar. Was dabei wichtig ist, spiegelt sich in unseren Haltungen und Meinungen, in unserem Verhalten wider. Kritisch ist, dass dies über kurz oder lang zu einem Tunnelblick führen kann. Und genau damit kann Burnout beginnen. Unsere Gedanken können nämlich auch krank machen.

Gedanken sind allgegenwärtig

30 000 bis 50 000 Gedanken gehen uns den Erkenntnissen der Hirnforschung zufolge pro Tag durch den Kopf, eine Zahl, die schwer nachzuprüfen ist. Aber auch Ihnen ist bestimmt schon aufgefallen, dass unser Verstand ohne Unter-

lass quatscht – auch wenn wir das die meiste Zeit über gar nicht wahrnehmen. Dieses Geschwätz läuft ganz automatisch ab, gerade so wie körperliche Reflexe, zum Beispiel das Blinzeln der Augen oder das Schlucken. Doch es geht auch anders. Probieren Sie einmal aus, ob Sie sich Ihren Gedankenstrom bewusst machen können. Widersprechen Sie dem Gesagten, verhalten Sie sich anders als vorgeschlagen, oder hören Sie Ihrem Verstand, dem alten Geschichtenerzähler, einfach zu. Die folgende Gedankenübung hilft Ihnen dabei.

Gedankenübung

Spaziergang mit Ihrem Verstand

Stellen Sie sich vor, Sie und Ihr Verstand gehen zusammen spazieren, vielleicht in einem grünen Park oder in einer schönen Berglandschaft. Ihr Verstand quatscht und quatscht. Nehmen Sie wahr, was er sagt? „Jetzt ist da schon wieder ein Mensch mit Hund. – Wieso tragen eigentlich alle Outdoor-Klamotten? – Da vorne geht es rechts ab. – Wie weit ist es wohl noch bis zum nächsten Gasthof? – Meine Füße tun weh. – Habe ich überhaupt schon die Sporttasche für morgen gepackt? – Ob Karsten gestern wohl beleidigt war, als alle über seine neue Frisur gelacht haben? …" Ja, und so könnte es ständig weitergehen.

Die ganze Zeit über teilt Ihnen Ihr Verstand etwas mit, Sie hören es aber nicht. Dennoch richten Sie sich danach: Sie biegen rechts ab, wollen Karsten vielleicht am Abend anrufen, um ihn zu fragen, wie es ihm geht, spüren plötzlich, dass Sie hungrig sind. Das wird Ihnen jetzt doch zu viel? Tja, daran wird sich nichts ändern. Schließlich ist es die Aufgabe Ihres Verstandes, Gedanken zu produzieren. Ihnen bleibt nur, Ihrem Verstand dabei zuzuschauen und ihm dafür zu danken, dass er so rege ist. Sie müssen aber nicht alles tun, was Ihr Verstand Ihnen sagt, genauso wenig wie beim Navigationssystem in Ihrem Auto. Biegen Sie zum Beispiel einfach einmal links statt rechts ab, um die automatischen Abläufe zu unterbrechen. (Verirren Sie sich aber bitte nicht!) Und entscheiden Sie sich bewusst dafür, bei nächster Gelegenheit etwas Gutes zu essen. Übrigens: Da doch Ihr Verstand Ihr täglicher Begleiter ist – warum geben Sie ihm nicht einen Namen, damit Sie ihn direkt ansprechen können?

Wenn Sie wollen, können Sie sich bei der Übung auch mit einer Person Ihres Vertrauens zusammentun. Einer spielt den Verstand des anderen und quatscht ständig vor sich hin. Der andere versucht, sich dem zu entziehen und eigenständig Entscheidungen zu treffen.

Die Übung zeigt, wie sehr wir es gewohnt sind, dass unser Verstand ständig auf uns einredet, ohne dass wir uns dessen wirklich bewusst sind. Meistens folgen wir einfach dem, was er uns vorgibt. Das hat einen guten Grund, der mit der Menschheitsentwicklung zusammenhängt: Unser Verstand war bei unserer defizitären sonstigen Ausstattung schlicht überlebensnotwendig. Die Menschen konnten nur überleben, weil ihr Verstand in der Lage war und ist, Dinge in Verbindung zu bringen, ohne dass der Einzelne die Zusammenhänge tatsächlich selbst erfahren haben muss. Erstaunlicherweise besitzen wir Menschen diese Fähigkeit noch nicht besonders lange, gerade einmal 75 000 bis 100 000 Jahre.

Diese Eigenschaft macht es möglich, dass ein Kind nicht auf die heiße Herdplatte fassen muss, um zu lernen, dass das Schmerzen verursacht, oder dass wir zum Beispiel auf fette Wurst verzichten, selbst wenn wir noch keinen Herzinfarkt wegen falscher Ernährung erlitten haben. Das Kind hat gelernt, dass „Aua machen" nichts Angenehmes ist, und einige Erwachsene brauchen nur in der Zeitung gelesen zu haben, dass ein Zusammenhang zwischen dem Verzehr ungesättigter Fettsäuren und dem Entstehen von Herz-Kreislauf-Erkrankungen besteht, um ihre Ernährung umzustellen. Die Neigung unseres Verstandes, ganz unterschiedliche Dinge miteinander in Beziehung zu setzen, kann aber zum Beispiel auch dazu führen, dass der Anblick eines wunderschönen Sonnenunterganges höchst unangenehme Gefühle in uns auslöst, etwa weil uns bewusst wird, dass wir ihn alleine anschauen müssen, oder weil wir daran denken, wie gerade jetzt der Kollege im Büro an unserem Stuhl sägt, oder weil uns einfällt, dass zu viel Sonneneinstrahlung Hautkrebs verursacht.

Unsere Gedanken sind gelernt

Schauen Sie sich bitte einmal die folgenden Satzanfänge an. Wie gehen sie weiter?

- Einigkeit und Recht und ______________________________.
- Man soll den Tag nicht vor dem ______________________________.
- Den Letzten beißen die ______________________________.

„Auf Regen folgt …“ Auch diesen Satz können Sie sicher problemlos zu Ende bringen. Richtig: „Sonnenschein“. Wie ist es mit „Jeder ist seines Glückes …“? Richtig: „Schmied“. Wie Ihrer ist fast jedermanns Kopf voll mit Sätzen, die uns so geläufig sind, dass wir sie vervollständigen können, ohne nachzudenken. Manches also läuft in unseren Gedanken automatisch ab, ohne jeglichen Aufwand.

Wie ist es, wenn Sie sich fest vornehmen, das fehlende Wort – nehmen wir „Sonnenschein“ – nicht zu denken? Gelingt Ihnen das? Und was bedeutet dieser Satz eigentlich? Deckt er sich mit Ihren Erfahrungen? Verbirgt sich dahinter eine allgemeingültige Botschaft, der Sie tatsächlich zustimmen können?

Vielleicht wundern Sie sich, warum wir hier aus einer Mücke einen Elefanten machen – auch wieder so ein Satz. Doch die Erkenntnis, dass wir sozusagen automatisch etwas zu Ende denken, gibt uns einen wichtigen Hinweis darauf, welche inneren Faktoren bei der Entstehung von Burnout eine Rolle spielen. Vielleicht haben Sie als Kind von Ihren Eltern ja immer wieder zu hören bekommen: „Aus dem wird eh nichts, der hat zwei linke Hände.“ Ist Ihnen dieser Satz genauso selbstverständlich wie die anfangs genannten?

All unsere Gedanken sind Produkte einer Lern- und Entwicklungsgeschichte. Das bedeutet auch, dass sie nicht objektiv sind, sie geben nicht die Wirklichkeit wieder, sondern sind der Spiegel eines sowohl gesellschaftlichen als auch individuellen Bewertungssystems. Trotzdem neigen wir dazu, unsere Gedanken für die Realität zu nehmen.

Das ist nicht unbedingt problematisch, wie das Beispiel der Photonen zeigt. Im Physikunterricht haben wir gelernt, dass Licht aus kleinen Teilchen besteht. Bisher hat keiner diese Lichtteilchen jemals gesehen, aber sie sind ein sinnvolles Modell der Wirklichkeit. Wenn man davon ausgeht, dass diese Teilchen existieren, kann man so nützliche Dinge wie eine Photovoltaikanlage bauen, die aus Licht Strom erzeugt.

Schwierig aber wird es dann, wenn es um Wertungen und Selbstbewertungen geht: „Peter ist einfach ein Loser." – „Ich muss alles perfekt machen, sonst bin ich nichts wert." – „Die anderen schulden mir Respekt." – „Ich könnte es niemals ertragen, wenn …" Kennen Sie solche Sätze? Sie sind reine gedankliche Konstruktion, aber wir glauben an sie, als wären es Naturgesetze. In solchen Sätzen prägt sich eine umfassende Weltsicht aus, der wir unsere direkten Erfahrungen unterordnen.

Regeln steuern unser Handeln

Natürlich ist es nicht so, dass unsere Gedanken überhaupt nichts mit der Wirklichkeit zu tun hätten (zumindest im Normalfall). Denn sie können sich auf lange Sicht nur durchsetzen, wenn sie sich im Alltag in gewisser Weise als nützlich erweisen, und das tun sie in zweifacher Hinsicht. Zum einen helfen uns Gedanken dabei, unsere Welt zu strukturieren. Sie geben uns Sicherheit, weil sie die schier unendliche Komplexität so weit reduzieren, dass wir mit ihr umgehen können. Zum anderen sind Gedanken nützlich, weil wir mit ihnen Handlungsstrategien entwickeln. Auf Grundlage einzelner Ereignisse bilden wir mit Gedanken ein Regelwerk dafür aus, wie wir in Zukunft mit schwierigen Situationen erfolgreich zurechtkommen.

Das ist ein riesiger Vorteil, allerdings nicht ganz unproblematisch, und zwar deshalb, weil wir dieses Regelwerk zu einem sehr frühen Zeitpunkt ausbilden, nämlich in unserer Kindheit. Die Welt der Kinder ist aber eine andere als die der Erwachsenen. Da ist zum einen der Umstand, dass Kinder – ganz anders als wir Erwachsene – wirklich *existenziell* auf die Liebe, Wärme und Zuwendung ihrer Eltern angewiesen sind. Aus dieser Liebe herauszufallen, ist für das Kind lebensgefährlich. Hat es einmal eine Strategie entwickelt, wie es dieser Gefahr entgehen kann, wird es sie strikt verfolgen, auch wenn es dafür einen immens hohen Preis zahlen muss. Was diese Strategie sicherstellt, ist für das Kind so wichtig, dass allein der Gedanke daran, gegen diese Strategie zu verstoßen, Angst auslöst.

Als problematisch erweist sich zudem, dass die Welt der Erwachsenen andere Anforderungen stellt als die der Kinder. Kinderregeln erfüllen deshalb im Erwachsenenleben häufig nicht mehr ihren Zweck. Weil aber diese Regeln – in der Psychologie spricht man auch von Schemata – nicht nur sehr rigide sind, sondern mit den Jahren ein Teil von uns geworden sind und sich so eingeschliffen haben, dass sie vollkommen automatisch ablaufen, gelingt es nicht ohne Weiteres, sie durch besser funktionierende Strategien zu ersetzen.

Fallbeispiel

Ein netter Typ

Jan S. war eindeutig der beste Fachmann im Team, trotzdem kein typischer Nerd, sondern sozial kompetent, ein echter Kumpel und bei den Kollegen äußerst beliebt. Mit seiner freundlichen, umgänglichen Art war er schon als Kind mit allen Menschen gut zurechtgekommen.

Nachdem man ihm die Abteilungsleitung übertragen hat, stellt Herr S. aber fest, dass einige seiner ehemaligen Kollegen sich ihm gegenüber sehr distanziert, ja fast feindselig verhalten. Sie halten sich nicht an Vereinbarungen, tun, was sie wollen, nehmen sich Freiheiten heraus und vergiften mehr und mehr die Atmosphäre im gesamten Team. Herrn S. belastet die Situation, er grübelt häufig darüber nach, manchmal kann er nachts nicht schlafen, weil ihn der Gedanke daran umtreibt. Aber je mehr er sich bemüht, auf seine Mitarbeiter zuzugehen und sie für sich zu gewinnen, umso mehr läuft das Ganze aus dem Ruder. Sein Vorgesetzter hat ihn bereits ermahnt, dass das so nicht weitergehen kann in seiner Abteilung.

Die Kritik trifft Herrn S. tief, er versteht die Welt nicht mehr: Er war doch immer nett zu seinen Leuten, was soll er denn mehr tun? Jan S. merkt immer häufiger, dass er morgens Angst davor hat, zur Arbeit zu gehen, und nachts wacht er beim Gedanken daran manchmal schweißgebadet auf. Immer weiter zieht er sich von seinem Team zurück, macht die Bürotür hinter sich zu und kommuniziert nur mehr über E-Mails mit seinen Mitarbeitern. Die Probleme werden dadurch nicht geringer. Sein Projekt ist jetzt schon außer Plan, und es ist klar, dass er den nächsten wichtigen Meilenstein so niemals erreichen wird.

Herr S. wäre selbst nie auf die Idee gekommen, die Hilfe eines professionellen Coachs in Anspruch zu nehmen, weil er der Meinung war, das wäre nur etwas für diese Top-Führungskräfte. Sein Chef hat aber mehr oder weniger darauf bestanden. Nach einigen Coaching-Sitzungen hat Jan S. folgende Strategie identifiziert, die seit seiner Kindheit sein Verhalten grundlegend bestimmt.

Nur wenn ich …

- immer auf die anderen zugehe, freundlich zu ihnen bin und ihren Erwartungen ganz gerecht werde
- und niemals eigene Wünsche und Bedürfnisse äußere, niemals den anderen Umstände mache,
- dann bewahre ich mir ihre Liebe und Zuneigung und
- vermeide, abgelehnt und ausgeschlossen zu werden.

Serge K. D. Sulz, „Strategische Kurzzeittherapie“

Die etwas sperrige Formulierung in vier Gliederungspunkten geht auf den Arzt und Psychologen Serge K. D. Sulz zurück, den Begründer der sogenannten Strategisch-Behavioralen Therapie. Von Sulz stammt der Begriff „Überlebensregel“, den er für solche Verhaltensmuster geprägt hat. Er wollte damit ausdrücken, dass diese Strategie im Kindesalter tatsächlich das emotionale Überleben gesichert hat, weil sich das Kind mit ihr die Zuwendung und Zuneigung der Eltern sichern konnte. Wir alle tragen solche Überlebensregeln in uns, die meistens vollkommen unbewusst ablaufen. Bei Herrn S. ist es offensichtlich, dass seine Überlebensregel mit seiner neuen Aufgabe als Führungskraft unvereinbar ist. Für ihn ging es deshalb darum, mit Unterstützung seines Coachs ganz bewusst neue Verhaltensstrategien zu entwickeln und einzuüben.

Fallbeispiel

Die Probleme des Chefs

Sandra D. hat eilig ihre Sachen zusammengepackt, den Schreibtisch aufgeräumt und ihre Jacke angezogen. Sie will ganz schnell nach Hause, weil sie sich um ihre kränkelnde Tochter kümmern muss. Ihr selbst geht es auch nicht besonders gut. Aber ihr Chef lässt sie nicht gehen. Sandra hat nur schnell in dessen Büro geschaut, um sich zu verabschieden, und jetzt redet er die ganze Zeit über seine eigenen Probleme. Aus irgendeinem Grund kann sich Sandra nicht einfach höflich der Situation entziehen, sie ist wie gefangen in dem Büro. Und je länger er spricht, umso wütender wird sie. Sie möchte ihren Chef anbrüllen, ihm sagen, was sie von ihm hält, am liebsten würde sie ihm mitten ins Gesicht schlagen. Doch sie beherrscht sich und nickt scheinbar verständnisvoll zu seinen Worten, während die Zeit vergeht und ihre Tochter allein zu Hause ist.

Sandra folgt ihrer Überlebensregel. Schon in der frühen Kindheit hat sie gelernt, dass sie nur dann willkommen ist, wenn sie geräuschlos funktioniert, wenn sie niemals eigene Bedürfnisse äußert und sich um alle Probleme der anderen kümmert. Und sie hat gelernt, dass sie in allem absolut perfekt sein muss, denn der kleinste Fehler macht alles kaputt.

Auch verschiedene Glaubenssätze, die sich bereits in der Kindheit in uns verfestigen, führen dazu, dass wir ein ganz bestimmtes Welt- und Selbstbild entwickeln, dem wir fortan unbedingt entsprechen wollen. Im beruflichen Kontext und im Zusammenhang mit Burnout fällt auf, dass es häufig um Kontrolle, Perfektionismus, Erfolg oder um die Hilfe für andere geht. Die Messlatte für die zu erbringende Leistung liegt oft unglaublich hoch. Typische Regeln, denen Burnout-Betroffene folgen, sind:

- Ich muss immer meine eigenen Bedürfnisse zurückstellen.
- Nur wenn ich immer gewinne, bin ich etwas wert.
- Ich muss alles hundertprozentig machen.
- Wenn ich im Beruf nicht erfolgreich bin, bin ich auf der ganzen Linie gescheitert.
- Selbst wenn es um etwas weniger Wichtiges geht: Ich muss immer mein Bestes geben, halbe Kraft reicht nicht.

- Ich muss stark sein und darf keine Gefühle zeigen.
- Keiner muss so hart für seinen Erfolg arbeiten wie ich.

Wissen Sie, nach welchen Regeln Sie funktionieren? Denken Sie doch einmal in Ruhe darüber nach, ob Sie sich selbst solche Vorgaben setzen und wie es Ihnen geht, wenn Sie darüber nachdenken. Das ist keine leichte Aufgabe, denn diese Sätze sind irgendwann einmal nützlich gewesen, und das entsprechende Verhalten gibt uns Sicherheit. Zu einem späteren Zeitpunkt werden wir hierauf noch einmal zurückkommen, und zwar in Form einer Übung.

Puzzleteil Nummer 3: Unsere Vermeidungsstrategien

An dieser Stelle möchten wir Sie gern zu einem kleinen Ausflug in die Theorie der Verhaltensanalyse einladen. Seien Sie unbesorgt, es geht nicht ins Hochgebirge, und wir dehnen den Ausflug nicht unnötig aus. Generell gilt: Jeder von uns verhält sich als komplexer Organismus auf ganz bestimmte Art und Weise. Unser Verhalten hängt davon ab, in welchem Kontext es jeweils stattfindet. Verhalten und Kontext passen zueinander wie Hohlform und Abguss.

Betrachten wir zunächst einmal die Faktoren, die eine Situation und damit unser Verhalten beeinflussen. Das sind zum einen die Bedingungen, die aktuell gegeben sind, zum anderen die zu erwartenden Konsequenzen unseres Tuns. Beides gibt uns einen Rahmen für unser Handeln. Dabei treiben uns entweder sogenannte appetitive Reize an – das sind solche, die eine Belohnung oder die Aussicht auf positive Wirkung versprechen – oder aversive Reize – darunter fallen unangenehme Situationen, die negative Gefühle oder eine Bestrafung zur Folge haben könnten. Im ersten Fall tun wir aktiv etwas dafür, damit die positive Konsequenz eintritt, im zweiten Fall liegt der Nutzen unseres Handelns darin, dass wir uns dem negativen Einfluss entziehen. So lernen wir unsere Vermeidungsstrategien.

Diese Vermeidungsstrategien sind manches Mal hilfreich, bringen aber auch Probleme mit sich. Unsere Reaktionen auf Unerfreuliches fallen regelmäßig sehr stark und eindeutig aus. Wir sind vollkommen darauf fokussiert, das Negative in der aktuellen Situation zu beseitigen bzw. es zu vermeiden. Unser Verhalten folgt dann automatisierten Mustern. Und wir denken nicht an die Zukunft. Die Folgen unseres Handelns sind nur insoweit von Bedeutung, als sie dazu beitragen, die negativen Reize auszuschalten. In manchen Fällen ist das durchaus sinnvoll: Wenn der Blitz einschlägt, wird man sich ganz darauf konzentrieren, den Brand zu löschen, falls das noch geht – oder sein Heil in der Flucht suchen. Genau das passiert sehr oft aber auch, wenn es nicht um Feuer und Blitzschlag geht, sondern um unangenehme Gedanken, quälende Erinnerungen oder negative Emotionen. Auch das führt regelmäßig dazu, dass sich die ganze Aufmerksamkeit darauf richtet und das Handeln allein darauf abzielt, das Negative abzustellen oder zu vermeiden. Das Einzige, was dann zählt, ist, diesen Gedanken, diese Erinnerung, dieses Gefühl zu beseitigen. Vermeidung macht uns also unflexibel. Und es gibt einen großen Bereich, in dem wird Vermeidung selbst zum Problem.

Die Geschichte vom Scheinriesen

Je weiter wir unsere Gefühle von uns wegschieben, umso größer und bedrohlicher werden sie. Wenn wir sie aber an uns heranlassen, bekommen sie ein menschliches Maß. Und sie können uns eine wichtige Orientierung sein.

Michael Ende, „Jim Knopf und der Scheinriese“

Eine schöne Metapher dafür erzählt Michael Ende in der Geschichte von Tur Tur, dem Scheinriesen: Jim Knopf und Lukas der Lokomotivführer haben in der Wüste die Orientierung verloren und stellen fest, dass sie nicht weiterkommen, sondern immer im Kreis herumfahren. Plötzlich entdecken sie in der Ferne eine riesige Gestalt. Jim Knopf bekommt Angst und möchte am liebsten weglaufen, doch Lukas überredet ihn, sich das Ganze genauer anzuschauen. Und wie sie dem Wesen näher kommen, erkennen sie, dass es immer kleiner wird, und als es ihnen gegenübersteht, ist es gerade so groß wie sie selbst. Wie kommt das zustande?

Herr Tur Tur, so stellt er sich vor, ist ein Scheinriese. Während normale Menschen immer kleiner erscheinen, je weiter sie entfernt sind, ist es bei Scheinriesen gerade umgekehrt: Sie werden mit der Entfernung immer größer. Als er aber Jim und Lukas in normaler Größe gegenübersteht, kann er ihnen sagen, in welcher Richtung sie ihre Reise fortsetzen müssen, damit sie ihr Ziel erreichen.

Innere und äußere Ereignisse

Stellen Sie sich einen Hund vor, der immer wieder getreten wird. Nach einer gewissen Zahl an Wiederholungen wird er Angst vor den Tritten entwickeln. Und wenn ihn immer die gleiche Person quält, wird er auch Angst vor ihr bekommen. Ein Hund hat aber keine Angst bei dem Gedanken an einen Tritt oder an die Person, die ihn tritt. Genau das ist beim Menschen anders.

Matthias Wengenroth, „Das Leben annehmen"

Dieses anschauliche Beispiel von Matthias Wengenroth, das er in seinem Buch *Das Leben annehmen* verwendet, zeigt, was es uns Menschen so schwer macht. Wir reagieren nicht einfach aktuell auf äußere Ereignisse und Situationen, sondern neigen dazu, gleichzeitig weiterzudenken und uns alles Mögliche vorzustellen. Wir haben Angst bei dem Gedanken an unangenehme Dinge, und wir haben sogar Angst vor dem Gedanken an unangenehme Dinge. Die damit verbundenen Gefühle – wir sprechen hier von inneren Ereignissen – stellen für uns einen starken aversiven Reiz dar, den wir mit aller Macht eliminieren wollen, und genau das führt uns in die Zwickmühle.

Derartige innere Ereignisse lassen sich nämlich grundsätzlich nicht willentlich beeinflussen. Ganz im Gegenteil: Wenn wir versuchen, sie in den Griff zu bekommen, verstärken sie sich noch. Je mehr wir uns bemühen, einen Gedanken nicht zu denken, umso häufiger drängt er sich auf. Je mehr wir versuchen, Schmerz nicht zu spüren, umso bohrender wird er. Und je mehr wir versuchen, unsere Gefühle zu unterdrücken, umso mehr färben sie unsere gesamte Weltsicht ein. Wer so reagiert, versteift sich auf ein Verhalten, das grundsätzlich nicht erfolgreich sein kann. Genau so arbeitet aber unser Verstand. Er hat für innere wie für äußere Ereignisse dieselbe Strategie, die er auf alle Schwierigkeiten, die auftauchen, gleichermaßen anwendet: Wenn es irgendwo ein Problem gibt, analysiere die Ursachen und eliminiere es. Doch wie wir gerade gesehen haben, funktioniert dieses Vorgehen bei den inneren Ereignissen nicht. Die meisten Menschen, die versuchen, keine Angst zu haben, nicht unglücklich zu sein oder einen quälenden Gedanken nicht zu denken, wissen das auch. Der Erfolg ihrer Bemühungen hält immer nur sehr kurz an. Selbst wenn es gelingt, die negativen Gefühle oder unangenehmen Schmerzen für eine gewisse Zeit zu beseitigen, kehren sie doch jedes Mal mit größerer Macht wieder zurück. Lösungsstrategien, die auf Vermeidung beruhen, werden damit zu einem Teil des Problems und führen nicht selten in einen verhängnisvollen Kreislauf.

Gedankenübung

Im Loch

Stellen Sie sich vor, Sie befinden sich auf einem großen Feld. Jemand hat Ihnen die Augen verbunden, eine Werkzeugtasche in die Hand gedrückt, und so sollen Sie jetzt die Umgebung erkunden. Sie wissen nicht, dass es auf dem Feld große, tiefe Löcher gibt, und es dauert nicht lange, da sind Sie auch schon in eines hineingefallen. Nachdem Sie Ihren ersten Schreck überwunden haben, öffnen Sie Ihre Werkzeugtasche. Vielleicht ist ja etwas darin, das Ihnen hilft, aus dem Loch herauszukommen.

Das einzige Werkzeug, das Sie darin finden, ist eine Schaufel. Also fangen Sie an zu graben. Aber es funktioniert nicht, Sie kommen nicht heraus aus dem Loch. Sie verdoppeln Ihre Anstrengungen, Sie legen sich ganz ins Zeug, graben schneller und schneller, aber das Einzige, was passiert, ist: Das Loch wird immer tiefer, und langsam macht sich Verzweiflung in Ihnen breit.

Vielleicht denken Sie jetzt: Wenn ich nur eine größere Schaufel hätte!

Das Puzzle ist komplett

Wie entsteht Burnout? Wir haben nun alles beisammen und können die Teile zu einem Bild zusammenfügen, das die Frage beantwortet. Der Rahmen, in dem dies geschieht, ist das Stressmodell von Lazarus, das wir Ihnen im ersten Kapitel vorgestellt haben. Nach diesem Modell erfolgt die Stressreaktion über vier Ebenen, und auf jeder dieser Ebenen kann etwas schieflaufen, sodass der Weg gebahnt ist in Richtung Burnout.

Ebene 1: Reize dringen auf uns ein

Alles beginnt damit, dass wir einen Reiz wahrnehmen, auf den wir in irgendeiner Weise reagieren müssen. Grundsätzlich kann das jedes äußere oder innere Ereignis sein, etwa das Hupen eines Autos, das Klingeln des Telefons, der Eingang einer E-Mail, das finstere Gesicht des Vorgesetzten, aber auch der Gedanke an das letzte Mitarbeitergespräch, ein unangenehmes Gefühl oder ein schmerzhaftes Empfinden im Brustbereich. Auf dieser Stufe geht es also um Umwelteinflüsse, die auf uns einwirken, und in dieser Hinsicht hat sich die Situation in der heutigen Zeit dramatisch verändert: Nicht zuletzt aufgrund der Allgegenwart von Informations- und Kommunikationsmedien sind wir praktisch ununterbrochen Reizen ausgesetzt, die wir verarbeiten müssen und die eine Stressreaktion auslösen können. Gelingt es uns nicht, Ruhezeiten und Ruheräume zu schaffen, in denen wir wieder zu uns kommen können, ist der erste Schritt Richtung Burnout getan.

Ebene 2: Wir bewerten den Reiz
Droht Gefahr oder nicht? Früher ging es um Fressen oder Gefressenwerden, heute sind die Bedrohungen deutlich subtiler und weniger greifbar geworden: Einerseits sind sie real, wie zum Beispiel die Gefahr, den Arbeitsplatz zu verlieren, andererseits betreffen sie eine eher ideelle Wirklichkeit, nämlich unser Welt- und Selbstbild, das uns Halt und Sicherheit gibt. Häufig geht es dabei darum, den eigenen Erwartungen und den Erwartungen der Umwelt zu entsprechen. Auch hier besteht in gewisser Weise Lebensgefahr, denn jede Verletzung dieser Erwartungen bedroht die Rolle, mit der wir uns identifizieren, und damit die Identität in unserer sozialen Welt. Wir sind also auf breiter Front verletzbar. Hinzu kommt, dass unser Verstand dazu neigt, alle Dinge miteinander in Beziehung zu setzen. Die Gefahr, auf die ein bestimmter Reiz verweist, wird dadurch sozusagen ansteckend und verdunkelt unsere gesamte Gegenwart und Zukunft. Burnout entsteht, wenn es nicht gelingt, sich daraus zu befreien.

Fallbeispiel

Der böse Blick

Das letzte Mitarbeitergespräch war super gelaufen, und Michael K. konnte sich eigentlich sicher sein, dass man ihn bei der nächsten Beförderung berücksichtigen würde. Aber heute Morgen war der Chef mit starrer Miene an ihm vorbeigelaufen und hatte gesagt: „Wir müssen dringend miteinander sprechen." Und dann war da noch diese E-Mail von seinem größten Kunden, die er nicht richtig einordnen konnte. Wollte der bei dem neuen Auftrag, der eigentlich schon unter Dach und Fach war, jetzt doch noch andere Konditionen aushandeln? Das würde die ganze Kalkulation über den Haufen werfen, nicht auszudenken! Dabei fällt Herrn K. ein, dass sein Kollege, der sich ebenfalls Hoffnungen auf die Beförderung macht, heute im Lift so ausnehmend freundlich zu ihm war. Wusste der schon was? Bestimmt weiß der schon was! Was wird Michaels Frau von ihm denken, wenn er ihr sagen muss, dass es wieder mal nichts geworden ist? Wahrscheinlich wären er und seine Familie auch bei den Nachbarn unten durch, die hatten ja alle schon Karriere gemacht und wurden nicht müde, sich damit großzutun.

Ebene 3: Wir wählen eine Bewältigungsstrategie

Ist eine Situation als bedrohlich erkannt, müssen wir die Wahl treffen, mit welcher Strategie wir darauf reagieren. Das Verhaltensrepertoire, das uns zur Verfügung steht, ist das Produkt unserer ganz eigenen Lerngeschichte. Wie wir gesehen haben, besteht die Gefahr, dass diese gelernten Verhaltensweisen in der aktuellen Situation nicht funktionieren. Trotzdem sind wir nicht in der Lage, sie aufzugeben, und das umso weniger, je größer der Stress ist, in dem wir uns befinden. So beginnt ein verhängnisvoller Kreislauf. Burnout entsteht, wenn wir darin gefangen sind.

Ebene 4: Wir haben Erfolg

Oder eben auch nicht. Wobei es hier nicht um einzelne Erfolgs- oder Misserfolgserlebnisse geht, sondern um viel, viel mehr. Es geht um die grundlegende Erfahrung, dass wir nicht ein Spielball äußerer Mächte sind, sondern unser Leben autonom nach unseren eigenen Vorstellungen gestalten. In der Psychologie spricht man von Selbstwirksamkeit.

Diese Erfahrung ist in sich selbst ungeheuer wertvoll. Sie führt aber auch dazu, dass wir in Zukunft Situationen tendenziell als weniger bedrohlich einschätzen (Rückwirkung auf Ebene 2), weil wir ja wissen, dass wir sie meistern können. Und sie führt dazu, dass Strategien verstärkt werden (Rückwirkung auf Ebene 3), die tatsächlich erfolgreich sind. In diesem Fall gehen wir insgesamt gestärkt aus dem ganzen Prozess hervor. Wenn wir dagegen wiederholt unsere Machtlosigkeit erleben, geht es genau in die andere Richtung. Burnout entsteht, wenn uns dauerhaft die Erfahrung der eigenen Autonomie versagt bleibt. Unsere ganze Welt wird dann zu einem einzigen Bedrohungsszenario, und unsere Strategien kennen nur noch ein einziges Ziel: die Vermeidung der damit verbundenen Gedanken und Emotionen.

Auf die Faktoren, die auf Ebene 1 zu Burnout führen, können wir im Rahmen dieses Ratgebers nicht eingehen. Sie sollten sich aber in Ruhe überlegen, wie Sie Ihre objektive Situation weniger „stressig“ gestalten können. Sprechen Sie auch mit Freunden oder anderen Vertrauenspersonen darüber, denn oft haben Außenstehende darauf einen klareren Blick. Manchmal hilft als letzter Ausweg tatsächlich nur, seine berufliche Situation komplett zu verändern, wenn absehbar ist, dass sich die Situation auf Dauer nicht entschärfen lässt. Tun Sie diesen Schritt aber bitte nicht vorschnell, sondern überlegen Sie erst, ob es wirklich in erster Linie die äußeren Ursachen sind oder ob vielleicht andere Faktoren, die mit Ihrer eigenen Person und nicht mit Ihrer Umwelt zu tun haben, eine ebenso große Rolle spielen.

Natürlich lässt sich Stress auch besser ertragen, wenn wir insgesamt freundlich mit uns selbst umgehen, das heißt für ausreichend Schlaf sorgen, auf Alkohol und Nikotin weitgehend verzichten, uns ausreichend bewegen und unsere sozialen Kontakte pflegen. Tipps dazu lesen Sie in Kapitel 11.

Hinweis

Unterstützung für Unternehmen

Wenn auch die Entstehung von Burnout mit der individuellen Stressverarbeitung des Einzelnen zusammenhängt, können Unternehmen doch sehr viel dafür tun, positive Rahmenbedingungen zu setzen. »

» Die Wissenschaftlerin Christina Maslach hat gezeigt, dass es durchaus von der Organisation abhängt, wie häufig Mitarbeiter ein Erschöpfungssyndrom entwickeln.

Für eine erfolgreiche Prävention ist vor allem zweierlei entscheidend. Erstens sollte man die Führungskräfte im Unternehmen für das Thema sensibilisieren und mit dem notwendigen Basiswissen ausstatten. Zweitens sollten die Betroffenen frühzeitig und anonym kompetente Hilfe in Anspruch nehmen können. Absolute Anonymität ist dabei eine wichtige Voraussetzung, denn nur so besteht die Chance, effektiv gegenzusteuern.

Nach Angaben des Bundesarbeitsministeriums wurden im Jahr 2010 in Deutschland 53,5 Millionen Fehltage durch psychische Störungen wie Burnout verursacht. Den Firmen entstehen dadurch Kosten in Milliardenhöhe. Hinzu kommt die im Vorfeld eingeschränkte Leistungsfähigkeit der Betroffenen. Der Umgang mit Burnout gehört deshalb heute ins Risikomanagement eines jeden Unternehmens.

Unterstützung von Unternehmen im Bereich Prävention und Intervention bei Burnout und psychischen Erkrankungen finden Sie unter www.insas-institut.de.

Wenn Sie sich als Führungskraft oder Personalverantwortlicher informieren möchten, welche Maßnahmen in Ihrer Organisation sinnvoll sind, so können Sie sich an das Münchener Institut für Arbeit und seelische Gesundheit (insas) wenden, das von den beiden Autoren geleitet wird. Unter www.insas-institut.de finden Sie ein umfassendes Unterstützungsangebot.

Was Sie mithilfe dieses Buches aber sehr wohl beeinflussen können, sind die Faktoren, die auf den Stufen 2, 3 und 4 dazu führen, dass wir in die Burnout-Spirale geraten. ACT setzt nämlich direkt an unseren gedanklichen Bewertungen und unseren Strategien an und führt uns so zu einem autonomen, selbstbestimmten, reichen Leben, in dem Burnout keinen Platz hat. Was es genauer mit ACT auf sich hat, das lesen Sie im nächsten Kapitel.

3 Was ist die Akzeptanz- und Commitment-Therapie?

In diesem Kapitel möchten wir Ihnen gern die Hintergründe der Akzeptanz- und Commitment-Therapie näherbringen, die ja die Grundlage von allem bildet, was wir hier in diesem Buch tun. Also: Worum geht es bei ACT? Woher kommt das Verfahren? Welches sind die zentralen Bausteine?

Seit 2012 gibt es auch einen deutschsprachigen Fachverband zu ACT, die Deutschsprachige Gesellschaft für kontextuelle Verhaltenswissenschaft. Infos finden Sie unter https://dgkv.info.

Damit Sie die Übungen im Praxisteil durchführen können, brauchen Sie dieses Kapitel nicht unbedingt gelesen zu haben. Wenn Sie es also sehr eilig haben, können Sie diesen Abschnitt auch überspringen, direkt zum Praxisteil fortschreiten und später auf diesen Teil zurückkommen. Aber wenn es auch nicht notwendig ist, theoretisch über ACT Bescheid zu wissen, so wird Ihnen dies doch ein tieferes Verständnis für die Übungen vermitteln, die wir gemeinsam im vierten bis zehnten Kapitel gegen Burnout anwenden möchten.

Wie sich die ACT entwickelt hat

ACT steht in der Tradition der kognitiven Verhaltenstherapie. Als kognitive Verhaltenstherapie werden psychotherapeutische Verfahren bezeichnet, die auf den US-amerikanischen Psychologen B. F. Skinner zurückgehen und in den 1950er und 1960er-Jahren vor allem von Albert Ellis (rational-emotive Therapie, RET) und Aaron T. Beck (kognitive Therapie) weiterentwickelt wurden. Grundidee der kognitiven Verhaltenstherapie ist es, dass dysfunktionales Denken und dysfunktionales Handeln zu psychischen Problemen führen.

Diese Annahme ist ganz sicher richtig. Der Zusammenhang zwischen falschem Denken und falschem Handeln auf der einen Seite und dem Entstehen von psychischen Problemen auf der anderen ist tausendfach wissenschaftlich belegt, und jeder von uns kann dies wahrscheinlich aus eigener Erfahrung bestätigen.

Ziel der kognitiven Verhaltenstherapie ist es nun, *falsche* Gedanken – Beck spricht von „automatischen Gedanken“, Ellis von „irrational beliefs“, also irrationalen Glaubenssätzen – durch *richtige* Gedanken zu ersetzen. Solche irrationalen Glaubenssätze wären zum Beispiel Überzeugungen wie „Ich muss alles perfekt machen, um anerkannt zu werden“ oder „Wenn ich auch nur einen kleinen Fehler mache, dann bin ich nichts wert“ – Sätze, wie wir sie bereits kennengelernt haben, als es darum ging, wie Burnout entsteht. Kognitiv orientierte Verhaltenstherapeuten würden nun mit dem Patienten darüber diskutieren, ob sich diese Sätze in der Wirklichkeit tatsächlich belegen lassen, und dabei zu dem Ergebnis kommen, dass sie irrational sind und der Prüfung an der Wirklichkeit nicht standhalten. Die Idee ist, dass der Patient – überzeugt von der Kraft der Argumente – seine irrationalen Glaubenssätze aufgibt und sie durch rationale ersetzt. Infolgedessen verändern sich auch die schwierigen Emotionen und dysfunktionalen Handlungsmuster, die mit diesen Überzeugungen verbunden waren.

So weit zur Theorie der kognitiven Verhaltenstherapie. (Anhänger des Verfahrens mögen uns verzeihen, dass wir die Zusammenhänge etwas verkürzt dargestellt haben.) Die Akzeptanz- und Commitment-Therapie teilt die Grundannahme, dass dysfunktionales Denken psychische Probleme verursacht. Ausgehend von dieser Grundannahme verfolgt sie aber einen radikal anderen Weg, denn sie zielt darauf ab, den Klammergriff der Gedanken und die destruktive Gewalt, die Gedanken vielfach auf uns ausüben, mit verschiedenen Techniken und Übungen grundsätzlich zu untergraben. ACT ersetzt also nicht falsche Gedanken durch richtige, sondern verhindert, dass wir uns mit unseren Gedanken zu stark identifizieren.

Die erste zusammenfassende Darstellung der Akzeptanz-und Commitment-Therapie erfolgte 1999 in dem Buch „Acceptance and Commitment Therapy“ von Steven Hayes, Kirk Strosahl und Kelly Wilson.

Auch was den Umgang mit den Symptomen psychischer Krankheiten angeht, unterscheidet sich ACT wesentlich vom Ansatz der kognitiven Verhaltenstherapie. In ACT geht es beispielsweise niemals darum, Angst, Wut oder Verzweiflung als solche in den Griff zu bekommen. Das Ziel ist nicht, diese Gefühle zu beseitigen, sondern es geht immer darum, den Menschen trotz dieser schwierigen emotionalen Zustände in die Lage zu versetzen, ein reiches, erfülltes und selbstbestimmtes Leben zu leben. Nach ACT gehören seelische Schmerzen ganz selbstverständlich zum Leben dazu, genauso wie Freude, wie Glück. Gerade der Versuch, Unglück und Leiden aus dem Leben vollständig herauszuhalten, führt dazu, dass unsere psychischen Probleme größer werden und nicht kleiner. Russ Harris beschreibt in seinem Buch *The Happiness Trap* – der deutsche Titel lautet *Wer dem Glück hinterherrennt, läuft daran vorbei* – sehr anschaulich, wie gerade die ständige Jagd nach dem Glück, nach einem unbeschwerten Dasein, dazu führt, dass wir leiden und psychisch krank werden. ACT sagt, dass es notwendig ist, psychische Schmerzen zunächst einmal anzunehmen (deshalb die „Akzeptanz“ im Namen). Dies ist nicht deshalb so, weil die Anhänger der Akzeptanz-

Russ Harris, „Wer dem Glück hinterherrennt, läuft daran vorbei: Ein Umdenkbuch“

und Commitment-Therapie Leiden und Schmerzen gut finden oder einen höheren Sinn darin sehen. Das Annehmen von Schmerzen und Leid ist einzig und allein deshalb notwendig, weil es – mitunter – die Voraussetzung dafür ist, dass wir im Einklang mit uns selbst und unseren persönlichen Werten leben können.

Damit sind wir beim dritten Punkt, der in ACT eine ganz zentrale Rolle spielt: den persönlichen Werten, denn sie verleihen unserem Leben Sinn und Bedeutung. Unsere persönlichen Werte sind es, die uns eine klare Orientierung geben und die Kraft, das Richtige zu tun – gerade auch in schwierigen Situationen und Lebensphasen.

Dem Tode die Stirn bieten

Viktor E. Frankl, „… trotzdem Ja zum Leben sagen: Ein Psychologe erlebt das Konzentrationslager“

Ein extremes Beispiel dafür, wie viel Kraft und Rückhalt die Besinnung auf die eigenen Werte geben kann, liefert Viktor Frankl, der Wiener Arzt und Begründer der Logo-Therapie. In seinem Buch *Trotzdem Ja zum Leben sagen* erzählt Frankl, der im Dritten Reich im Konzentrationslager inhaftiert war, wie sich für ihn die Gelegenheit ergab, gemeinsam mit einem Mithäftling zu fliehen. Sie hatten schon die Vorbereitungen getroffen, sich Rucksäcke und ein wenig Proviant besorgt. Doch als Frankl kurz vor der Flucht ein letztes Mal seine Patienten besucht, stellt er fest, dass er es nicht fertigbringt, sich davonzumachen. Er spürt, sein Platz ist an der Seite seiner Patienten. Das ist es, was seinem Leben Sinn verleiht und was ihn die grauenvolle Situation im Konzentrationslager ertragen und überleben lässt. Deshalb entschließt sich Frankl, seine Fluchtpläne aufzugeben und sich weiterhin für seine Patienten im Lager einzusetzen, obwohl seine Möglichkeiten, wirklich zu helfen, aufgrund der Situation verzweifelt gering sind.

Die sechs Säulen der ACT

Das Konzept der Akzeptanz- und Commitment-Therapie beruht auf sechs sogenannten Kernprozessen. Im Einzelnen sind das „Akzeptanz“, „gedankliche Defusion“, „Selbst als Kontext“, „Achtsamkeit“, „persönliche Werte“ und darauf basierend das „Commitment", das sich als „engagiertes Handeln" übersetzen lässt. Bitte stören Sie sich nicht an den etwas sperrigen Begriffen. Uns ist bewusst, dass diese Begriffe einigermaßen abschreckend wirken und nicht ohne Weiteres verständlich sind. Wir versprechen aber, dass wir sie auf den nächsten Seiten mit Leben füllen.

Vorausschicken wollen wir noch, dass die einzelnen Kernprozesse nicht unabhängig voneinander sind. Sie überschneiden sich, sie nehmen aufeinander Bezug, und sie entfalten ihre volle Wirkung dann, wenn wir sie in dieser gegenseitigen Bezogenheit verstehen.

Kernprozess 1: Akzeptanz – annehmen, was ist

Akzeptanz im Sinne der Akzeptanz- und Commitment-Therapie meint zunächst einfach, die Dinge so zu nehmen, wie sie sind. Diese Akzeptanz bezieht sich auf die äußere Situation, viel mehr noch aber auf mich selbst, auf meine Persönlichkeit und darauf, was sich in meinem Inneren abspielt, also auf meine Gedanken, Emotionen, Wünsche und Sehnsüchte. Diese Dinge sind einfach da und lassen sich nicht willkürlich verändern.

Sie bewusst anzunehmen, ist trotzdem nicht ganz leicht, und oftmals empfinden wir die Vorstellung, dass wir etwas als gegeben hinnehmen sollen, geradezu als Angriff auf unsere Freiheit und Autonomie. „Das werde ich niemals akzeptieren!", denken wir dann, und der Puls steigt beachtlich. (Zumindest bei den Verfassern dieses Buches ist das so.) In gewissem Sinn haben wir mit dieser Weigerung sogar recht, denn es steht uns in jedem Fall frei, uns fürs Verändern der Wirklichkeit zu engagieren. Trotzdem gibt es immer wieder Dinge, die wir einfach akzeptieren müssen, wie zum Beispiel den simplen Umstand, dass wir auf unserem Weg immer von dort losgehen müssen, wo wir sind, und nicht von da starten können, wo wir gern sein möchten. So gesehen ist Akzeptanz ganz leicht zu verstehen. Wir möchten im Folgenden den Begriff trotzdem gegenüber den häufigsten Falschinterpretationen abgrenzen, die sich aus einem umgangssprachlichen Verständnis ergeben können.

Akzeptanz ist nicht Resignation

„Ich kann es nicht ändern, ich muss es akzeptieren!" Wie schon gesagt, wir können uns immer dafür einsetzen, Zustände zu verändern. Die resignative Haltung, die in dem Eingangssatz zum Ausdruck kommt, ist es genau nicht, was ACT unter Akzeptanz versteht. Es geht nicht darum, die Dinge passiv zu erdulden. Akzeptanz meint das Gegenteil von Vermeidung, und das bedeutet, sich aktiv mit den Gegebenheiten auseinanderzusetzen. Natürlich wäre es schöner, keine Angst zu haben; natürlich wäre es schöner, nicht müde und erschöpft zu sein; natürlich wäre es schöner, wenn mir nicht immer diese unangenehmen Gedanken im Kopf herumgehen würden; natürlich wäre es schöner, wenn ich mich nicht immer wieder mit den lästigen Anforderungen des Alltags herumschlagen müsste. Aber ich habe die Wahl: Will ich mein Leben damit zubringen, die Realität zu leugnen? Will ich mein Leben, meine Kraft und meine Energie darin investieren, unangenehme Gefühle und Gedanken zu beseitigen? Will ich das? Oder will ich meine Kraft dafür einsetzen, meinen persönlichen Werten zu folgen? Beides gleichzeitig geht nicht – wir müssen uns entscheiden. Deshalb die Forderung nach Akzeptanz, denn nach ACT ist es die Haltung, die wir in dieser Frage einnehmen, die den Unterschied ausmacht zwischen seelischer Gesundheit und dem Verstricktsein in unsere Probleme.

Akzeptanz ist nicht Wollen oder Wünschen

Noch ein zweites Missverständnis gibt es, das immer wieder auftaucht: Akzeptanz hat nichts zu tun mit Zustimmung, mit Wollen oder Gefallen. Es geht nicht darum, unsere Einstellung oder unsere Bewertung von bestimmten negativen Ereignissen zu verändern. Es geht nur darum, diese Dinge da sein zu lassen und unsere Kraft und Energie nicht damit zu verschwenden, dass wir gegen Windmühlen kämpfen. Wenn jemand vom Arzt die Diagnose Krebs gestellt bekommt, so wird das sicherlich eine Fülle schlimmer Gefühle in ihm auslösen. Akzeptanz heißt, diese Gefühle anzunehmen und da sein zu lassen. Das hat aber nichts damit zu tun, die Krankheit als solche anzunehmen, geschweige denn damit, dass man sie sich gewünscht hätte.

Die bewusste Auseinandersetzung mit schwierigen Ereignissen

Der amerikanische Psychologe James Pennebaker hat in den 1990er-Jahren untersucht, wie sich Menschen intensiv mit schwierigen Ereignissen auseinandersetzen, indem sie darüber schreiben. Er wollte herausfinden, ob es hilft, sich ganz bewusst mit unangenehmen Gedanken und Gefühlen auseinanderzusetzen. Pennebaker und seine Mitarbeiterinnen und Mitarbeiter verglichen dazu zwei Gruppen von Arbeitern miteinander, die kurz zuvor ihren Arbeitsplatz verloren hatten. Sie kamen zu erstaunlichen Ergebnissen: Die Arbeiter aus der ersten Gruppe, die über ihre Sorgen, ihre Ängste und über die Scham geschrieben hatten, die die Kündigung in ihnen ausgelöst hat, fanden signifikant schneller eine neue Anstellung als die Arbeiter aus der Kontrollgruppe, die sich nicht schriftlich mit dem Ereignis auseinandergesetzt hatten.

Zitiert nach Kelly Wilson, „Achtsamkeit für zwei", Seite 81

Warum ist Akzeptanz wichtig?

Wie wir in Kapitel 2 gesehen haben, ist Verhalten, das auf Vermeidung oder Verdrängung abzielt, unflexibel. Unser ganzes Denken und Handeln ist dann nur darauf gerichtet, den unangenehmen Reiz zu beseitigen. Die Welt unserer Möglichkeiten wird dadurch immer kleiner und kleiner und verdichtet sich auf einen einzigen Punkt. Und was noch gravierender ist: Alle Versuche, unangenehme Gedanken und Gefühle willkürlich zu beseitigen, sie in den Griff zu bekommen, bleiben nicht nur erfolglos, sondern machen die Sache häufig nur noch schlimmer.

Warum ist das so? Das ist ganz leicht zu verstehen. Stellen Sie sich vor: Ihr Ziel ist es, einen bestimmten Gedanken nicht zu denken. Um sicher zu sein, dass Ihnen das gelingt, müssen Sie immer wieder kontrollieren, ob dieser Gedanke auch wirklich nicht mehr in Ihrem Bewusstsein auftaucht. Das bedeutet aber, dass Sie Ihre Aufmerksamkeit auf genau diesen Gedanken richten müssen, den Sie nicht denken wollen. Sie liegen also immer auf der Lauer, ob er sich nicht doch irgendwo eingeschlichen hat, und genau durch diesen Akt der Kontrolle öffnen Sie diesem Gedanken wiederum die Tür.

Mit den Gefühlen ist es genauso: Je weniger Sie bereit sind, sie zuzulassen, umso größer und drängender werden sie. Hinzu kommt, dass die Aufgabe, Gedanken oder Gefühle zu verdrängen, Sie mehr und mehr und schließlich beinahe ganz und gar absorbiert. Diese Aufgabe ist nämlich niemals erfolgreich abgeschlossen. Niemals können Sie sicher sein, Ihr Ziel tatsächlich erreicht zu haben. Das versetzt Sie in einen Zustand dauernder Anspannung, der sich immer negativer auswirkt. Denn zum einen bleiben Ihnen Erfolgserlebnisse versagt und damit die Erfahrung, autonomer Herrscher über das eigene Schicksal zu sein. Zum anderen führt dieser fortwährende Anspannungszustand dazu, dass beständig eine körperliche Stressreaktion aufrechterhalten wird, insbesondere die Ausschüttung des Stresshormons Kortisol, mit all den in Kapitel 1 diskutierten unerwünschten Folgen. Der Versuch, zu kontrollieren, wird damit immer mehr selbst zum Problem.

Das Lazarus-Modell wird ab Seite 28 erklärt.

Akzeptanz im Lazarus-Modell

Im Rahmen des Lazarus-Modells ist Akzeptanz auf der Ebene 3 wichtig, wenn es um die Wahl geeigneter Lösungsstrategien geht. Denn wenn wir nicht bereit sind, unangenehme Gedanken, Gefühle oder Körperempfindungen zuzulassen, werden wir Vermeidungsstrategien wählen, die darauf abzielen, solche unangenehmen Ereignisse in den Griff zu bekommen oder zu eliminieren. Diese Strategien sind aber höchstens kurzfristig erfolgreich. Langfristig verhindern sie eine Lösung der Probleme. Und gerade weil sie nicht nachhaltig wirksam sind, erfordern sie immer größeren Einsatz und Energie und verengen das Spektrum unserer Handlungsmöglichkeiten.

Gedankenübung

Haifische

Stellen Sie sich vor, Sie sitzen in einem Käfig, der an einer Halterung festgemacht ist und frei über dem Meer hängt. Unter sich sehen Sie einen großen Schwarm Haie. Sie wissen, gleich wird sich der Boden des Käfigs öffnen, sodass Sie sich nicht mehr halten können, ins Wasser fallen und die Haie Sie fressen. Es gibt allerdings eine Möglichkeit, dies zu verhindern: Sie dürfen nicht an einen Hai denken, und Sie dürfen keine Angst haben. Solange Ihnen das gelingt, bleibt der Boden des Käfigs verschlossen, und Ihnen kann nichts passieren. Es ist also ganz einfach: Denken Sie nicht an einen Hai, und bekommen Sie keine Angst, auf keinen Fall, denn sobald Sie das tun, nimmt die Tragödie ihren Lauf …

Gedankenübung

Reflexionen zum Thema „Akzeptanz"

Bitte denken Sie zurück an die letzte Woche und erinnern Sie sich an eine Situation in Ihrem Beruf, die für Sie emotional sehr schwierig war. Beantworten Sie jetzt für sich folgende Fragen:

- Was wollten Sie in dieser Situation unbedingt vermeiden?
- Welche Verhaltensweisen haben Sie dazu eingesetzt?
- Was war die Konsequenz daraus?

Kernprozess 2: Achtsamkeit – die Wahrnehmung im Hier und Jetzt

Was tut der Weise? Wenn er sitzt, dann sitzt er. Wenn er steht, dann steht er. Wenn er geht, dann geht er. Was tun wir oder zumindest die meisten von uns? Wenn wir sitzen, dann stehen wir schon. Wenn wir stehen, dann gehen wir schon. Wenn wir gehen, dann sind wir schon da. Unser Verstand ist immer in Bewegung. Er ist nicht in der Gegenwart zu Hause, sondern er ist bei dem, was war oder sein wird. Und er ist unaufhörlich damit beschäftigt, alle Dinge einzuteilen in gut oder schlecht, nützlich oder gefährlich, angenehm oder unangenehm.

Oft nehmen wir den Augenblick nicht wahr. Damit ist gemeint, dass wir uns alle momentanen Eindrücke entgehen lassen. Wir hören nicht das Vogelgezwitscher im Park, riechen nicht, dass unser Kollege ein neues Duftwasser ausprobiert hat, und sehen nicht, wie schön die Farben der drei Kaffeetassen im Spülbecken nebeneinander wirken. Auch in unseren Körper spüren wir nicht hinein, wir nehmen nicht wahr, wo er verspannt ist, wo es vielleicht zwickt und zwackt oder dass sich unsere Muskeln – im Gegenteil – einmal ganz besonders entspannt anfühlen.

Das hat damit zu tun, dass unser Gehirn ständig damit beschäftigt ist, Bezüge herzustellen. Was jetzt ist, muss seinen Grund in der Vergangenheit haben und wird sich in Zukunft auswirken. Wir machen uns Sorgen um die Zukunft, wir grübeln über unsere Vergangenheit, wir planen in Gedanken den Vortrag nächste Woche oder das Essen heute Abend. Aber je mehr wir uns in unseren Gedanken verstricken, umso mehr entfernen wir uns von der Gegenwart, von dem, was hier und jetzt wirklich ist. Wir spielen mit unseren Kindern und sind in Gedanken bereits beim Arbeitsmeeting am nächsten Morgen. Wir sprechen mit unserem Partner und schauen heimlich auf die Uhr, weil wir noch so viel zu erledigen haben. Wir genießen ein superbes Mahl und überlegen, ob wir nicht doch besser ein anderes Lokal ausgewählt hätten. Achtsamkeit heißt, dass wir wieder zurückkommen zur unmittelbaren Erfahrung des Augenblicks.

Stellen Sie sich vor, Sie befinden sich in schwierigen Verhandlungen mit einem wichtigen Kunden oder in einem unangenehmen Gespräch mit dem Vorgesetzten. Ständig sind Sie mit Ihren Gedanken beschäftigt: Wo sind meine Schwachstellen? An welchen Punkten könnte er ansetzen? Welche schlimmen Auswirkungen wird es haben, wenn ich einen Fehler mache? Sie denken zurück an ähnliche Gespräche in der Vergangenheit oder malen sich aus, wie sich das Ganze in Zukunft entwickeln wird. Dabei entgeht Ihnen das Hier und Jetzt. Sie nehmen nicht wahr, wie Ihr Gegenüber wirklich reagiert – die kleinen Schwankungen in seiner Stimmung, in seiner Gestik, in seinem Mienenspiel und all das, was entscheidend dafür ist, um im jetzigen Augenblick angemessen zu reagieren.

Das Lazarus-Modell wird ab Seite 28 erklärt.

Achtsamkeit im Lazarus-Modell

Im Lazarus-Modell kommt der Achtsamkeit insbesondere auf der zweiten Ebene Bedeutung zu, wenn wir die Entscheidung treffen, ob ein Reiz als gefährlich oder ungefährlich einzuschätzen ist. Im Zustand der Achtsamkeit nehmen wir die Dinge so wahr, wie sie sind, und nicht eingefärbt und verzerrt durch die Linse unserer Gedanken.

Um in schwierigen Situationen achtsam zu sein (und zu bleiben), ist es wertvoll, zunächst in einfachen Situationen zu üben. Versuchen Sie es beispielsweise einfach einmal in einem Meeting, in dem Sie keinen besonderen Part haben, sondern nur Teilnehmer unter vielen sind. Achten Sie genau auf das, was jetzt ist, auf die Geräusche, auf Mienenspiel und Körperhaltung der anderen Teilnehmer. Nehmen Sie die Stimmen und die Satzmelodie der Menschen wahr, die sich zu Wort melden, lassen Sie die ganze Atmosphäre auf sich wirken. Beabsichtigen Sie nichts weiter, als einfach nur wahrzunehmen.

Gedankenübung

Reflexionen zum Thema „Achtsamkeit"

Denken Sie zurück an die letzten ein bis zwei Wochen.

- Bei welchen Gelegenheiten – ganz egal, ob es sich um berufliche oder private Situationen handelt – haben Sie den Kontakt zum gegenwärtigen Augenblick verloren?
- Wie hat sich das auf die Situation ausgewirkt?
- Wie wäre es gewesen, wenn es Ihnen gelungen wäre, achtsam zu sein und den Augenblick in allen Facetten zu spüren?

Kernprozess 3: Defusion – den Klammergriff der Gedanken lösen

Denken Sie bitte an eine Zitrone. Lassen Sie in Gedanken Ihre Finger über die feste Schale gleiten und spüren Sie die Struktur der Oberfläche. Stellen Sie sich vor, wie Sie die Zitrone mit einem Messer in der Mitte auseinanderschneiden, wie Sie die Hälften zusammendrücken, ein wenig Saft quillt heraus, und jetzt lecken Sie mit der Zunge über die Schnittfläche … Was passiert? Ihnen läuft das Wasser im Mund zusammen, Sie meinen, den frischen Geruch und Geschmack wahrzunehmen, obwohl weit und breit keine wirkliche Zitrone zu finden ist.

Ein harmloses Beispiel. Irgendwann haben wir gelernt, dass Zitronen sauer sind, und natürlich können wir diese Erfahrung aktualisieren, wenn wir an eine Zitrone denken oder irgendwo das Wort „Zitrone" lesen. Wir haben aber auch andere Dinge gelernt, und die sind bei Weitem nicht so harmlos. Denken Sie zum Beispiel an Urteile über uns selbst, die sich von Kindheit an gefestigt haben. „Ich bin nichts wert", „Das kann ich einfach nicht", „Ich bin nicht klug genug", „Alle anderen sind besser als ich" – solche und ähnliche Gedanken kreisen in unseren Köpfen. Aus ihnen werden im Lauf der Zeit Gewissheiten. Und weil unser Verstand gewohnt ist, alle Dinge miteinander in Verbindung zu setzen, kann es passieren, dass ebendiese Gedanken durch beliebige Auslöser in Gang gesetzt werden. Dann ist es nicht wie bei der Zitrone der Mund, sondern – bildlich gesprochen – das Herz, das sich zusammenzieht.

Zitiert nach Russ Harris, „Wer dem Glück hinterherrennt, läuft daran vorbei", Seite 18

Wie tiefgreifend unsere Gedanken – oder allgemeiner: sprachliche Repräsentationen der Wirklichkeit – unsere Gefühle und unser Verhalten beeinflussen, zeigt eine Untersuchung aus dem Jahr 1996. An dieser Studie nahmen College-Studentinnen und -Studenten teil. Man sagte ihnen, gemessen werden solle, wie gut sie sich verschiedene Inhalte merken können. In Wirklichkeit ging es aber darum, ihr Verhalten im Anschluss an das Auswendiglernen bestimmter Begriffe zu testen. Zwei Wortlisten verwendete man bei dieser Untersuchung. Die erste enthielt Wörter wie: friedlich, geduldig, kooperativ, geruhsam. Die zweite bestand aus Wörtern wie: aggressiv, ungeduldig, zudringlich, rasend.

Die Studenten wurden in zwei Gruppen aufgeteilt und bekamen jeweils eine der beiden Listen zum Auswendiglernen. Im Anschluss daran sollten die Teilnehmer in ein Büro gehen und sich dort bei der Sekretärin eine Teilnahmebestätigung abholen. In Wirklichkeit saß hier eine Schauspielerin. Die Dame im Büro hielt jeden einzelnen Studenten auf, indem sie ihm lang und breit von ihren privaten Problemen erzählte. Nun ging es darum, wie lange die Studenten zuhörten, bis sie den Redefluss unterbrachen.

Das Ergebnis: Die Teilnehmer mit der ersten Wortliste blieben ruhig und hörten der angeblichen Sekretärin einfach zu, bis sie mit dem Erzählen fertig war. Hingegen wurden die Teilnehmer, die sich mit der zweiten Liste befasst hatten, schneller ungeduldig. Sie unterbrachen die Schauspielerin schon bald und forderten nachdrücklich ihre Bestätigung. Die auswendig gelernten Listenwörter entfalteten offensichtlich ihre Wirkung.

Diese Studie gibt auch einen Hinweis darauf, warum es teilweise schwierig sein kann, die negativen Auswirkungen dysfunktionaler Gedanken auf rein rationalem Weg zu eliminieren, wie es die klassische kognitive Verhaltenstherapie versucht; wir haben am Beginn dieses Kapitels darüber gesprochen. Die Wirkung von Sprache auf unser Fühlen und Handeln ist nämlich sehr unterschwellig und subtil.

Jeder kognitiv orientierte Verhaltenstherapeut kennt die Situation: Der Klient kann zwar sehr wohl nachvollziehen, dass die Glaubenssätze, an denen er sein Leben ausrichtet, rein rational nicht haltbar sind; er findet aber zu dieser grundlegenden Erkenntnis keinen emotionalen Zugang. Dieser ist jedoch die Grundlage dafür, dass die falschen Glaubenssätze ihre zerstörerische Wirkung verlieren. Deshalb setzt ACT auf erlebnisorientierte Übungen, die direkt erfahrbar machen, wie wir uns in Gedanken verstricken und welche Auswirkungen das auf uns hat. Und gleichzeitig untergraben die Übungen diese Auswirkungen, indem wir lernen (und immer wieder üben), eine gewisse Distanz zu unseren Gedanken herzustellen. Gedanken sind wie eine Brille, durch die wir die Wirklichkeit sehen. Mit ACT lernen wir, diese Brille immer mal wieder abzunehmen und uns bewusst zu machen, dass Gedanken eben Gedanken sind und nicht die Inhalte selbst, mit denen wir sie sehr oft verwechseln.

Defusion im Lazarus-Modell

Defusion wirkt auf der Ebene 2, also da, wo es um die Einschätzung der Reize hinsichtlich einer potenziellen Gefahr geht. Gedankliche Fusion ist in diesem Modell die Kehrseite der Achtsamkeit. Im Zustand der Fusion bilden unsere Wahrnehmung und unsere Kognition nicht die Wirklichkeit ab, sondern sind das Ergebnis gelernter sprachlicher Programmierung.

Das Lazarus-Modell wird ab Seite 28 erklärt.

Vom fünften Kapitel an werden Sie eine Reihe dieser Übungen kennenlernen. Nur eine sei an dieser Stelle vorweggenommen, die ganz einfach ist – so einfach, dass sie vielen, die das erste Mal davon hören, banal vorkommt; wendet man die Übung häufiger an, ist sie aber überaus wirkungsvoll. Die Rede ist vom Gedankenbenennen. Sie üben dabei einfach, bei jedem Gedanken, den Sie haben, in Ihrem inneren Monolog jedes Mal die Formel „Ich habe den Gedanken, dass …" davorzusetzen. Statt „Da vorn muss ich links abbiegen" sagen Sie sich also: „Ich habe den Gedanken, dass ich da vorn links abbiegen muss." Oder statt „Dem Vollidioten vor mir gehört der Führerschein entzogen" sagen Sie sich: „Ich habe den Gedanken, dass dem Vollidioten vor mir der Führerschein entzogen gehört." Versuchen Sie es einmal. Sie werden erstaunt sein, wie schnell sich die Wut, die Ihnen bei dem Gedanken mit dem Vollidioten die Adern schwellen ließ, in nichts auflöst.

Gedankenübung

Reflexionen zum Thema „Defusion"

Denken Sie zurück an eine für Sie schwierige Situation in den letzten Tagen.

- Welche Gedanken hatten Sie dabei?
- Waren diese Gedanken neu für Sie?
- Waren diese Gedanken in der Situation nützlich?
- Wie oft haben Sie diese Gedanken in Ihrem Leben bereits gedacht?

Kernprozess 4: Selbst als Kontext – wer bin ich?

Wer bin ich? Die Frage ist gar nicht so einfach, auch wenn wir normalerweise keine Probleme haben, darauf eine Antwort zu geben: Ich heiße Soundso, ich arbeite in der Firma ABEZE, ich bin ein liebevoller Ehemann, eine sorgende Mutter, ich treibe gern Sport, liebe Pizza und hasse Schimmelkäse. Doch wie, wenn Herr oder Frau Soundso morgen den Job wechselt, lieber ins Kino geht als zum Sport, wenn der liebevolle Ehemann seine Frau verlässt und die sorgende Mutter ungerecht zu ihren Kindern ist? Wie, wenn der knallharte Manager auf einmal Angst hat, morgens seine E-Mails zu öffnen, und wenn der Unglücksrabe in der Lotterie gewinnt? Sind sie dann jemand anders?

Sicherlich nicht. Wir sind nicht das Bild, das sich andere von uns machen. Wir sind auch nicht das Bild, das wir uns selbst von uns machen, auch wenn uns dieses Bild im sozialen Verhältnis eine gewisse Sicherheit und Stabilität verleiht. Wären wir tatsächlich identisch mit diesem Bild, so bräuchten wir nicht solche Anstrengungen zu unternehmen, um es aufrechtzuerhalten und es uns und den anderen immer wieder zu bestätigen. Aber wenn wir nicht dieses Bild sind, was sind wir denn dann? Sind wir unsere Gedanken und Gefühle? Sicherlich auch nicht: Gedanken und Gefühle sind flüchtig, sie kommen und gehen wie die Bilder im Kino. Offensichtlich *sind* wir nicht unsere Gedanken und Gefühle, sondern wir *haben* Gedanken und Gefühle.

Also die Frage noch einmal, nur aus einem anderen Blickwinkel: Wer hat heute Morgen Ihr Frühstück gegessen? Wer ist es, der gerade diese Zeilen liest? Hallo?! Wer ist denn da?

Wenn Sie Ihre Aufmerksamkeit darauf richten, können Sie den, der da aus Ihren Augen in das Buch guckt, unmittelbar wahrnehmen. Lassen Sie sich dazu ruhig einen Augenblick Zeit. Haben Sie ihn gespürt? Ja? Dieses Beobachter-Ich ist seit Ihrer frühesten Kindheit da, in jedem Alter, ganz egal, was Sie erleben, was Sie fühlen, was Sie denken, es ist immer da, und es ist sich immer gleich. Es ist dieses Beobachter-Ich, das Ihnen Dauer und Beständigkeit verleiht. Es überschreitet Raum und Zeit, es ist alles und nichts. Doch sobald Sie versuchen, es gedanklich zu fassen und in Griff zu bekommen, entzieht es sich und ist augenblicklich verschwunden.

„Selbst als Kontext" im Lazarus-Modell

Im Rahmen des Lazarus-Modells entfalten Übungen zum Selbst als Kontext vor allem auf der Ebene 4 ihre Wirkung. Denn die Wahrnehmung dieser unbegrenzten, unveränderlichen, unzerstörbaren und nicht konditionierten Dimension unseres Seins macht unsere Freiheit und Autonomie unmittelbar erfahrbar.

Das Lazarus-Modell wird ab Seite 28 erklärt.

ACT nennt dieses Beobachter-Ich auch „Selbst als Kontext", um deutlich zu machen, dass es sich dabei nicht um ein Ding handelt, das sich positiv bestimmen ließe, sondern eher um eine Perspektive, die wir der Welt gegenüber einnehmen.

Aber warum ist dieses Beobachter-Ich wichtig, wenn es um das Thema „Burnout" geht? In der ACT sind vor allem zwei Aspekte von Bedeutung.

Zunächst einmal ist es für uns eine ungemein wertvolle Erfahrung, mit diesem Beobachter-Ich in Kontakt zu kommen. Auch wenn sich diese Erfahrung nicht mitteilen oder nach objektiven Kriterien erklären lässt, so schöpfen wir daraus doch ein intuitives Wissen, nämlich dass unserem Dasein etwas zugrunde liegt, das beständig ist, unzerstörbar und unabhängig von den Wechselfällen des täglichen Lebens. Wir erleben unmittelbar den unwandelbaren Kern unseres Seins. So wie der Himmel sich nicht ändert, egal ob die Sonne scheint oder Gewitterwolken drüberziehen, so bleiben auch wir uns in unserem Innersten gleich, und dieses Wissen kann uns gerade in schwierigen Situationen sehr viel Kraft und Zuversicht geben. Dieses Wissen macht uns außerdem ein Stück weit unabhängig von den Rollen und Selbstbildern, die wir uns im Verlauf unserer (sozialen) Entwicklung zugelegt haben und die wir häufig mit unserer wahren Identität verwechseln.

Das ist der zweite Aspekt, der bei ACT im Vordergrund steht: Je enger wir in Kontakt mit unserem Beobachter-Ich sind, umso weniger müssen wir uns mit unseren Rollen und Selbstbildern identifizieren, umso weniger müssen wir darum kämpfen, in unseren Augen und den Augen der anderen mit diesen Bildern übereinzustimmen. Dieser Kampf kostet unendlich viel Kraft, er macht unsere Existenz abhängig vom Urteil der anderen, und er schränkt unsere Flexibilität und unsere Handlungsspielräume ein.

Gedankenübung

Reflexionen zum Thema „Selbst als Kontext"

- Ärgert es Sie, wenn andere ein falsches Bild von Ihnen haben?
- Was tun Sie in so einem Fall?
- Wenn Sie die Wahl hätten, entweder der Beste in Ihrem Fach zu sein, aber keiner bemerkt es, oder mittelmäßig, aber jeder glaubt, Sie seien der Beste: Wofür würden Sie sich entscheiden?
- Wer ist es, der jetzt über diese Fragen nachdenkt?

Kernprozess 5: Werte – was dem Leben Bedeutung gibt

Gedankenübung

Der Omnibus

Stellen Sie sich vor, Ihr Leben ist ein Omnibus. Sie sitzen am Steuer, hinter Ihnen die Fahrgäste: alle Ihre Erinnerungen, Gedanken, Gefühle, Lebensregeln – sie sind irgendwann eingestiegen in Ihren Bus und fahren jetzt mit.

Manche dieser Fahrgäste mögen Sie richtig gern. Es gibt aber auch welche, die Sie nicht leiden können: rohe, schmuddelige Typen, die schlecht riechen, sich nicht benehmen können und randalieren. Manche sind nicht nur unangenehm, sie machen Ihnen Angst. Sie drohen damit, aufzustehen und nach vorn zu kommen, wenn Sie nicht das tun, was sie wollen. Natürlich können Sie versuchen, die unliebsamen Fahrgäste rauszuwerfen. Aber sie werden nicht gehen. Und solange Sie sich bemühen, sie in Schach zu halten, können Sie nicht weiterfahren. Ihr Omnibus steht.

Aber wo wollen Sie überhaupt hin?

Während sich ACT in den Kernprozessen Akzeptanz und Defusion damit beschäftigt, wie wir sinnvoll mit den unliebsamen Fahrgästen umgehen, geht es in diesem Abschnitt darum, in welche Richtung wir unser Leben überhaupt steuern wollen. Diese Richtung bestimmen wir selbst, und zwar durch unsere Werte: durch das, was uns wirklich wichtig und bedeutsam ist. Um diese Richtung bewusst vorzugeben, ist es aber notwendig, dass wir uns klar darüber sind, welches unsere zentralen Werte sind. Mit diesem Thema setzen wir uns im Alltag selten auseinander, am seltensten in Situationen, die Stress verursachen. Während viele von uns in der Pubertät und vielleicht auch in der Lebensmitte darüber nachdenken oder nachgedacht haben, was der Sinn im Leben sein könnte, vergessen wir diese Frage im Alltag oft. Es geht nur noch darum, reibungslos zu funktionieren und den Anforderungen, die sich uns von allen Seiten stellen, gerecht zu werden. Wir hetzen von Termin zu Termin, vom Geschäftsmeeting zum Essen mit entfernten Bekannten, direkt aus der Arbeit in den Freizeitstress. Dabei geht oft der Blick darauf verloren, was wir ganz grundsätzlich wichtig finden.

Werte sind in ACT von zentraler Bedeutung. Doch was genau versteht man in ACT unter Werten? Um hierüber Klarheit zu gewinnen, ist es vielleicht sinnvoll, den Begriff, so wie er in ACT verwendet wird, abzugrenzen von seiner meist diffusen umgangssprachlichen Bedeutung.

Zunächst einmal sind Werte etwas anderes als Ziele. Ziele sind konkrete Ereignisse oder Zustände, die ich tatsächlich erreichen kann. So kann ich mir beispielsweise das Ziel setzen, drei Kilo abzunehmen oder mein Examen mit einer guten Note zu bestehen. Werte gehen deutlich darüber hinaus. Um in der Metapher des Omnibusfahrers zu bleiben, bestimmen Werte die allgemeine Richtung, in die ich mich bewegen will. Wie die Sterne am Himmel weisen sie mir den Weg, ohne dass ich sie jemals erreichen werde. Auf diesem Weg wiederum kann ich mir einzelne Ziele setzen. Doch diese Ziele bestimmen nie die grundsätzliche Richtung, sie markieren nur das Ende einzelner Etappen. Und auch wenn ich manchmal Umwege gehen muss und manche Ziele nicht erreichen kann, so weiß ich doch aufgrund meiner Werte immer, ob die generelle Richtung stimmt.

Werte sind auch keine Gefühle. Natürlich fühlt es sich grundsätzlich gut an, in Übereinstimmung mit seinen Werten zu leben. Viele Menschen berichten, dass sie sich in solchen Augenblicken als kraftvoll und selbstbestimmt erfahren. Leben nach den eigenen Werten ist insgesamt betrachtet ein Prozess, der sich selber verstärkt. Doch gibt es hier einen grundsätzlichen Unterschied: Die Verwirklichung der eigenen Werte kann sehr wohl auch mit unangenehmen Gefühlen verbunden sein. Ein Alkoholabhängiger fühlt sich gut, wenn er einen Drink nimmt, und wenn er es nicht tut, kämpft er mit Ängsten, Schmerzen und Entzugserscheinungen. Doch wenn es ihm beispielsweise wichtig ist, in der Beziehung ein echter liebevoller Partner zu sein, so wird er sich diesem Kampf stellen, so unangenehm es auch sein mag, und damit seinen Wert verwirklichen. Und auch wenn es Situationen gibt, in denen es ihm nicht gelingt, auf Alkohol zu verzichten, so wird doch dadurch sein Wert in keiner Weise beschädigt, solange er ihn nicht vollständig aufgibt.

Wichtig ist auch, dass sich Werte nicht rational begründen lassen. Sie sind das Ergebnis einer freien, souveränen Wahl. Sie sind die Richtschnur jeder Entscheidung und lassen sich selbst nicht mit Bezug auf etwas anderes rechtfertigen. Ich muss meine Werte nicht begründen, ich kann es aber auch nicht, denn das hieße, sie wiederum in Relation zu etwas anderem zu setzen, das über ihnen steht und selbst nicht mehr begründbar ist. Sich selbst Werte zu geben, ist ein Akt der höchsten menschlichen Autonomie und Freiheit.

Werte im Lazarus-Modell

Die Auseinandersetzung mit den eigenen Werten wirkt im Rahmen des Lazarus-Modells auf Ebene 4. Die Einschätzung, ob unser Handeln erfolgreich war, trägt einen impliziten Maßstab in sich, was Erfolg *für uns* bedeutet, und diesen Maßstab können wir autonom und willkürlich verändern. Das tun wir, indem wir uns auf unsere Werte besinnen. Als Ergebnis einer freien, souveränen Wahl sind unsere Werte – zumindest von einem idealistischen Standpunkt aus betrachtet – die Manifestation unserer absoluten, unteilbaren Autonomie. Werte wirken aber auch zurück auf die Wahl einer geeigneten Bewältigungsstrategie (Ebene 3), weil sie die Richtung und Intention unseres Handelns verändern.

Das Lazarus-Modell wird ab Seite 28 erklärt.

Die Frage nach den eigenen Werten ist allerdings nicht immer ganz einfach, und das hat verschiedene Gründe. Einer davon ist, dass wir in einer Gesellschaft leben, die bereits eine bestimmte Vorstellung davon hat, welche Werte wir haben sollen. Gerade in unserer westlichen Kultur sind das meist Dinge, die mit Leistung, Wettbewerb und Erfolg zu tun haben. Mitunter ist es ein hartes Stück Arbeit herauszufinden, ob ein Wert tatsächlich mein ganz persönlicher ist oder ob er von außen kommt. Oft entstehen auch Zweifel, wenn wir uns mit unseren Werten beschäftigen: Ist das nicht zu groß für mich? Schaffe ich das? Lässt sich das überhaupt realisieren? Gerade weil Werte das bezeichnen, was mir im Leben wirklich wichtig ist, machen sie mich auch verwundbar. Aber es geht nicht um den Erfolg, sondern es geht darum, dass wir den Mut haben, selbst zu bestimmen, in welche Richtung das Leben gehen soll.

Weniger Stress

Der amerikanische Psychologe J. David Creswell hat nachgewiesen, dass die Beschäftigung mit den persönlichen Werten einen unmittelbaren Einfluss darauf hat, wie sich Stress psychisch und körperlich auswirkt. In einer Studie hat er dazu 85 Probanden untersucht. Die Probanden wurden in zwei Gruppen aufgeteilt. Beide Gruppen mussten einen Stresstest durchlaufen, in dem sie unter anderem vor einem ausgesprochen unfreundlichen Publikum eine Rede halten sollten. Eine der Gruppen hatte sich vor diesem Stresstest anhand von Fragebogen mit ihren persönlichen Werten auseinandergesetzt. Die Ergebnisse sind frappierend. Die Studie ergab, dass die Probandengruppe, die sich mit ihren Werten beschäftigt hatte, den Stresstest nicht nur subjektiv als deutlich weniger belastend empfand, auch die Ausschüttung des Stresshormons Kortisol war in dieser Gruppe deutlich geringer als bei der Kontrollgruppe, die den Stresstest absolviert hatte, ohne sich vorher mit Werten zu beschäftigen. Die rein geistige Auseinandersetzung mit ihren Werten hat den Probandinnen und Probanden also offensichtlich dabei geholfen, die körperliche Stressreaktion deutlich abzufedern.

Gedankenübung

Reflexionen zum Thema „Werte"

Bitte beantworten Sie für sich folgende Fragen:

- Wann haben Sie das letzte Mal darüber nachgedacht, was Ihnen im Leben wirklich wichtig ist?
- Wenn das schon länger her ist: warum?
- Wenn Sie auf einer Skala von eins (überhaupt nicht) bis zehn (voll und ganz) beurteilen sollen, inwieweit Ihr Leben in Übereinstimmung mit Ihren Werten steht, welche Zahl kreuzen Sie an?
- Was müsste geschehen, damit Sie auf der Skala einen Punkt nach oben kommen?
- Wie fühlt sich das an, wenn Sie sich jetzt mit diesen Fragen beschäftigen?

Kernprozess 6:
Commitment – dem eigenen Weg folgen

Wenn wir beschließen, unseren Werten zu folgen, tauchen Hindernisse und Barrieren auf. Handelt es sich dabei um Hindernisse in der äußeren, objektiven Welt, so ist es unsere Aufgabe, diese Hindernisse zu beseitigen oder sie zu umgehen. Handelt es sich um Barrieren in uns selbst, so ist es unsere Aufgabe, sie mitzunehmen auf unserem Weg. Das ist es, was ACT unter Commitment versteht: eine Richtung wählen, sich auf den Weg machen und dabei bleiben, auch wenn es mühsam wird. Dieses engagierte Handeln ist der zentrale Punkt in ACT, zu dem alle anderen Prozesse hinführen, von denen wir in diesem Kapitel gesprochen haben. Auch hier ist es notwendig, den Begriff – Commitment – zunächst von einer naheliegenden Fehlinterpretation abzugrenzen.

Jeder kennt die alte Regel, derzufolge man sich „einfach zusammenreißen" muss, dann wird schon alles gut werden. Manchmal stimmt das ja tatsächlich. Aber jeder, der selbst Erfahrungen mit Burnout gemacht hat, weiß, dass es nichts nützt, sich zusammenzureißen, sondern dass dies die Dinge im Gegenteil meistens noch schlimmer macht. Das ist es ja gerade, was wir jeden Tag tun: Wir erbringen Höchstleistungen, weil es die Familie, der Job, die Gesellschaft von uns erwarten. Seit unserer Kindheit sind wir gewohnt, durchzuhalten und alles perfekt zu machen. Und wo führt uns das hin?

Commitment im Sinne von ACT hat mit alledem nichts zu tun. Es geht nicht um Leistung, Erfolg oder Anerkennung. Engagiertes Handeln ist einzig und allein deshalb so wichtig, weil es uns die Möglichkeit gibt, in Übereinstimmung mit uns selbst zu leben.

Commitment im Lazarus-Modell

Im Lazarus-Modell entfaltet das engagierte Handeln, das sich an den eigenen Werten ausrichtet, Wirksamkeit auf allen vier Ebenen. Es ist Ausdruck der eigenen Autonomie, wirkt zurück auf die Einschätzung der Gefahr und auf die Wahl der Bewältigungsstrategie und bildet den Ausgangspunkt dafür, die äußere Situation entsprechend den eigenen Zielen und Bedürfnissen nachhaltig zu verändern.

Das Lazarus-Modell wird ab Seite 28 erklärt.

Kelly Wilson, „Achtsamkeit für zwei", Seite 109

In seinem Buch *Achtsamkeit für zwei* vergleicht Kelly Wilson, einer der Begründer von ACT, Commitment mit einer Atemmeditation: Wir nehmen eine aufrechte Position ein und richten unsere Aufmerksamkeit auf unseren Atem. Wie strömt er aus? Wie strömt er ein? Früher oder später beginnen unsere Gedanken zu wandern. Wir denken daran, dass wir unsere Kinder vom Hort abholen müssen, wir denken an das Abendessen, die Herausforderungen des nächsten Tages, oder wir sind davon absorbiert, dass unsere Nase juckt und die Beine schmerzen. Wenn wir merken, dass unsere Aufmerksamkeit ihren Fokus verloren hat, so nehmen wir das wahr, freundlich zu uns selbst, und kehren zu unserem Atem zurück. Dieses Immer-wieder-Zurückkehren zu dem, was uns wichtig ist, beschreibt die Bedeutung von Commitment am besten.

Gedankenübung

Reflexionen zum Thema „Commitment"

Bitte beantworten Sie für sich folgende Fragen:

- Können Sie sich an Situationen in Ihrem Leben erinnern, in denen Sie einen Ihrer Werte intensiv gelebt haben? Es spielt keine Rolle, ob das erst neulich oder vor vielen Jahren war.
- Wenn nein: Denken Sie noch einmal darüber nach. Es gibt diese Situationen in Ihrem Leben. Bleiben Sie dabei, auch wenn es im Augenblick unangenehm für Sie ist.
- Wenn ja: Nehmen Sie eine dieser Situationen und vergegenwärtigen Sie sich noch einmal alle Einzelheiten. Wie war das genau? Wie fühlt sich das für Sie an?
- Denken Sie jetzt zurück an eine Situation, in der Sie sich entgegen einem Ihrer Werte verhalten haben. Wie fühlt sich das an? Vergleichen Sie es in der Erinnerung mit der Situation, in der Sie im Einklang mit Ihrem Wert standen. Was ist der Unterschied?

4 Ihr ganz persönliches Tagebuch

Bis hierher haben wir Ihnen eine ganze Menge Theorie über Burnout und ACT serviert. Nun wird es Zeit, dass wir aktiv werden – und das heißt üben, üben, üben. Damit das Ganze auch etwas mit Ihnen und Ihrem Leben zu tun hat, ist es notwendig, dass Sie zunächst Material sammeln. Die erste Übung besteht deshalb darin, dass Sie in den nächsten Tagen Ihr ganz persönliches Tagebuch der unangenehmen Ereignisse führen.

Bevor Sie anfangen, möchten wir Sie darauf hinweisen, dass Sie möglicherweise das eine oder andere komisch oder unsinnig finden werden. Vielleicht verstehen Sie auch nicht immer, warum die Übungen für Sie in Ihrer jetzigen Situation hilfreich sein sollen. Doch darauf kommt es gar nicht an. Wir, die wir diese Methode seit Jahren in unserer täglichen Praxis anwenden, wissen, dass sie außerordentlich wirkungsvoll ist. Aber wir erwarten nicht von Ihnen, dass Sie uns das einfach glauben. Wir erwarten von Ihnen nur, dass Sie offen sind für Neues und Ihrer eigenen Erfahrung vertrauen. Wenn also Ihr Verstand Ihnen sagt, dass diese Übungen unsinnig sind und Sie Ihre Zeit mit diesem Buch verschwenden, dann danken Sie ihm für diesen Beitrag – er meint es nämlich gut mit Ihnen –, und machen Sie einfach da weiter, wo Sie sich gerade befinden. Sie haben nichts dabei zu verlieren, aber viel zu gewinnen.

Hinweis

Unter www.act-gegen-burnout.de können Sie sich die Übungsmaterialien herunterladen und unseren E-Mail-Service in Anspruch nehmen.

Nutzen Sie den Downloadbereich und unseren E-Mail-Service

Wir haben im Internet einen Downloadbereich für Sie eingerichtet. Die meisten Vordrucke und Formulare, die Sie im Übungsteil benötigen, können Sie dort herunterladen. Sie finden das Material unter www.act-gegen-burnout.de. Hier stehen Ihnen auch die gesprochenen Instruktionstexte zu den Achtsamkeits- und Imaginationsübungen zur Verfügung, die in diesem Buch enthalten sind. Wir werden Sie an den entsprechenden Stellen im Buch jeweils darauf hinweisen.

Sie haben außerdem die Möglichkeit, unseren E-Mail-Service zu nutzen. Wenn Sie uns die Protokolle zu den Übungen im Praxisteil per Mail zusenden, erhalten Sie fundiertes Feedback von einem erfahrenen ACT-Therapeuten. Gegebenenfalls ist auch eine Beratung über Telefon möglich. Die Einzelheiten zu Vorgehen und Kosten sind ebenfalls unter www.act-gegen-burnout.de beschrieben.

Üben bedeutet übrigens tatsächlich üben. Es hilft nichts, wenn Sie die Anleitungen nur lesen und sich vorstellen, wie es wäre, diese Übungen zu machen. Vielleicht sagt Ihr Verstand Ihnen auch, dass es gut wäre, sich erst einmal einen Überblick über das ganze Buch zu verschaffen und die Übungen später zu machen. Auch hier gilt: Danken Sie ihm für diesen Beitrag, und beginnen Sie jetzt. Jedoch hat es auch keinen Sinn, alle Übungen der Reihe nach möglichst schnell durchzuhecheln. Lassen Sie sich Zeit. Neue Erfahrungen brauchen eine Weile, bis wir sie integrieren und für uns nutzbar machen können.

Übung

Das Tagebuch der unangenehmen Ereignisse

Was erleben Sie, und wie gehen Sie damit um? Nehmen Sie sich einige Tage Zeit, um das herauszufinden. Schreiben Sie in Ihr Tagebuch, welche Situationen Sie als ungut oder schmerzlich empfinden. Das gilt für den privaten ebenso wie für den beruflichen Bereich. Lassen Sie nichts aus, und gehen Sie den Dingen auf den Grund. Einen Vordruck wie den folgenden finden Sie im Downloadbereich unter www.act-gegen-burnout.de. Sie können sich natürlich auch selbst ein Tagebuch auf Ihrem Computer einrichten, das voll und ganz Ihrem Bedarf und Ihren Wünschen entspricht. Sie werden feststellen, dass sich Situationen im Alltag immer in die gleichen Bestandteile zerlegen lassen: die äußere Situation, die damit verbundenen Gefühle und körperlichen Empfindungen sowie die jeweiligen Gedanken und Handlungsimpulse. Wie Sie sehen, hat das Tagebuch sechs Spalten. Die letzte bleibt vorerst noch leer, sie wird später gefüllt.

Zu dieser Übung steht Ihnen unter www.act-gegen-burnout.de ein Formular im PDF- Format zur Verfügung.

Wann?	Was ist geschehen?	Was haben Sie dabei empfunden? (Emotionen und Körperempfindungen)	Welche Gedanken sind dabei in Ihnen hochgekommen?	Was haben Sie getan, um mit dieser Situation umzugehen?	

Sie können an jedem Tag etwas eintragen oder auch mehrere Einträge am Tag vornehmen – abhängig davon, wie Ihr Alltag aussieht und welche Erlebnisse geschehen. Vielleicht passiert an einem Tag auch einmal gar nichts.

Fallbeispiel

Sandra D.

Sie haben Sandra D. bereits im zweiten Kapitel kennengelernt. Die Lage von Frau D. ist mit der Zeit immer schlimmer geworden: In der Nacht kann sie kaum noch durchschlafen, weil sie ständig über die Situation in der Arbeit und in der Familie nachgrübelt; morgens ist sie regelmäßig wie erschlagen und später bei der Arbeit kaum noch in der Lage, sich auf ihre Aufgabe zu konzentrieren. Hinzu kam dann noch eine hartnäckige Kehlkopfentzündung, die sie auch mit Medikamenten nicht in den Griff bekommt. Auf den Ratschlag eines Freundes hin hat sie sich irgendwann entschlossen, die Hilfe eines Therapeuten in Anspruch zu nehmen. Bei dieser Therapie wollen wir Frau D. ein wenig begleiten. Im Folgenden finden Sie an einigen Stellen Auszüge aus den Mitschriften ihrer Therapiesitzungen, oder wir zeigen Ihnen, wie Sandra D. die verschiedenen ACT-Übungen bearbeitet hat.

Wie Sie bereits wissen, ist Sandra D. 39 Jahre alt. Nach dem Abitur wollte sie eigentlich Theaterwissenschaften studieren, konnte sich mit diesem Wunsch aber gegenüber ihrem Vater nicht durchsetzen, der einfach die besseren Argumente hatte: Theaterwissenschaften, so seine Meinung, sind eine brotlose Kunst; Sandra sollte deshalb besser Jura studieren, weil das „immer eine sichere Bank" ist.

Obwohl Sandra D. das Jurastudium immer gehasst hat, war sie doch außerordentlich erfolgreich darin: Prädikatsexamen, Promotion, danach ein Aufbaustudium in den USA, wo sie einige Jahre in einer renommierten Investmentfirma gearbeitet hat. Irgendwie ist sie dann in einer international agierenden Bank in Deutschland gelandet und ziemlich schnell in der Hierarchie aufgestiegen. Ihre Vorgesetzten schätzen sie, weil sie wissen, dass sie sich in allem hundertprozentig auf Frau D. verlassen können.

Frau D. ist verheiratet. Ihr Mann Günter – seinetwegen ist sie aus Amerika zurück nach Deutschland gekommen – ist ebenfalls Jurist, außerdem Wirtschaftsprüfer. Er betreibt eine eigene florierende Kanzlei, die ihn stark in Anspruch nimmt. Gemeinsam haben sie eine Tochter. Julia geht in die dritte Klasse Grundschule. Ihre Noten sind sehr gut. Trotzdem macht sich Frau D. Sorgen, ob Julia den Übertritt ins Gymnasium schaffen wird.

Sandras Tagebuch der unangenehmen Ereignisse (Auszug)				
Wann?	**Was ist geschehen?**	**Was haben Sie dabei empfunden? (Emotionen und Körperempfindungen)**	**Welche Gedanken sind dabei in Ihnen hochgekommen?**	**Was haben Sie getan, um mit dieser Situation umzugehen?**
07.06. 07:35	Julia will nicht in die Schule gehen. Sie hat einen Teil der Hausaufgaben vergessen und befürchtet jetzt, dafür ausgeschimpft zu werden.	Wut, Hilflosigkeit, schlechtes Gewissen; ich fange an zu schwitzen.	Ich bin viel zu spät dran. Warum kann sich nicht mal Günter kümmern? Ich bin eine schlechte Mutter.	Ich schreie Julia an und zerre sie an der Hand zum Auto.
07.06. 08:25	Ich bin zu spät. Die Sekretärin sagt, der Chef hätte nach mir gefragt. Er wollte wissen, ob ich seine Mail von gestern Abend schon gelesen habe.	Hilflosigkeit, Wut.	Jetzt muss ich mir wieder die Vorwürfe anhören. Was bildet sich dieser Affe eigentlich ein? Ich schaffe das alles nicht.	Habe erst mal die Blumen gegossen und meinen Schreibtisch aufgeräumt.
07.06. 09:15	Der Chef hat angerufen, ich soll rüberkommen.	Auf dem Weg spüre ich, wie mein Herzschlag außer Kontrolle gerät.	Was habe ich falsch gemacht? Der merkt bestimmt, dass es mir nicht gut geht.	Ich reiße mich zusammen.
07.06. 09:25	Diskussion mit dem Chef. Er möchte, dass ich Herrn H. dazu bringe, den Aufhebungsvertrag zu unterschreiben.	Druck auf der Brust. Ich spüre, wie mein Kopf ganz leer wird.	Ich will das nicht! Das ist eine Sauerei, nur weil dem Chef H.s Nase nicht passt!	Ich stimme dem Chef zu. Vielleicht ist es ja wirklich besser für das Unternehmen.

Wann?	Was ist geschehen?	Was haben Sie dabei empfunden? (Emotionen und Körperempfindungen)	Welche Gedanken sind dabei in Ihnen hochgekommen?	Was haben Sie getan, um mit dieser Situation umzugehen?
07.06. 12:45	Mail vom Chef, dass ich mir bis heute Nachmittag überlegen soll, was wir zum Jubiläum von Herrn M. veranstalten können.	Ich spüre einen Druck im Kopf und möchte am liebsten auf den Bildschirm schlagen.	Ich habe keine Zeit! Der soll sich gefälligst selbst drum kümmern! Wenn ich das nicht in die Hand nehme, passiert wieder gar nichts.	Ich maile dem Chef, dass das klar geht.
07.06. 13:30	Habe dreimal versucht, mit meinem Bericht über die Probleme in der Kreditabteilung weiterzukommen.	Ich kann mich nicht konzentrieren, die Gedanken verschwimmen mir im Kopf.	Ich sehe in Gedanken die eisigen Gesichter des Vorstands vor mir. Das Konzept muss absolut perfekt sein.	Ich starre auf den Bildschirm und scrolle immer wieder rauf und runter. Irgendwann stehe ich auf, gehe zum Waschbecken und wasche mir die Finger.
07.06. 16:00	Herr H. ruft an. Der Chef hat irgendeine blöde Bemerkung gemacht. Herr H. macht sich Sorgen und will mit mir darüber sprechen, wie es weitergeht.	Mein ganzer Körper fühlt sich an, als würde er gleich platzen.	Ich muss meinen Bericht fertig kriegen! Was sabbelt der mich jetzt voll, merkt der nicht, dass ich keine Zeit habe?	Ich wiegle ab und warte darauf, dass er aufhört.

Wann?	Was ist geschehen?	Was haben Sie dabei empfunden? (Emotionen und Körper-empfindungen)	Welche Gedanken sind dabei in Ihnen hochgekommen?	Was haben Sie getan, um mit dieser Situation umzugehen?
07.06. 16:25	Herr H. hat endlich aufgelegt.	Ich habe ein schlechtes Gewissen.	Ich will das alles nicht! Was mache ich hier eigentlich? Er macht sich Sorgen; ich hätte ihm helfen müssen!	Ich starre wieder auf den Schirm und versuche, mich zu konzentrieren.
07.06. 21.30	Günter kommt nach Hause. Seine Kanzlei hat einen wichtigen Kunden gewonnen. Darauf will er jetzt mit einem besonderen Wein mit mir anstoßen.	Ich fühle mich vollkommen fertig und ausgelaugt.	Nicht das jetzt auch noch! Ich brauche jetzt einfach nur meine Ruhe.	Ich sage ihm, wie sehr ich mich für ihn freue, und beobachte ungeduldig, wie er umständlich den Wein dekantiert.
07.06. 22.00	Günter erzählt ausführlich, wie toll er das mit dem neuen Kunden hingekriegt hat.	Druck auf den Augen; ein hohles Gefühl im Kopf.	Warum geht es eigentlich immer nur um ihn?	Ich versuche so gut es geht, Interesse zu zeigen.
07.06. 22.30	Als ich mich entschließe, ins Bett zu gehen, macht Günter nicht den Eindruck, als würde er das sehr bedauern.	Auf einmal bin ich sehr traurig.	Wo ist nur unsere Gemeinsamkeit hin? Ich bin eine schlechte Partnerin. Ob er eine andere hat?	Ich nehme eine Schlaftablette, hoffe, dass ich durchschlafen kann.

Auswertung zum Tagebuch

Wie war die Erfahrung, einmal alles aufzuschreiben? Vielleicht war die Trennung zwischen äußerer Situation, Gedanken, Gefühlen und Ihren Reaktionen darauf ein bisschen ungewohnt. Viele Menschen empfinden das anfangs als etwas Künstliches. Die Trennung zwischen diesen Ebenen hat sich aber in der Praxis als sinnvoll erwiesen, weil wir im Weiteren die einzelnen Ebenen auch getrennt bearbeiten wollen.

Übung

PDF-Formular unter www.act-gegen-burnout.de

Lesen Sie jetzt Ihr Tagebuch bitte noch einmal durch, und beantworten Sie folgende Fragen:

1. Was ist Ihnen generell aufgefallen? Gibt es Zusammenhänge zwischen den Spalten? Können Sie Muster erkennen? Tragen Sie Ihre Feststellungen hier ein.

»

»

2. Betrachten Sie nun die Gedanken, die in Zusammenhang mit den aufgelisteten Ereignissen aufgekommen sind. Welche davon sind in besonderer Weise mit unangenehmen Gefühlen wie Wut, Angst, Trauer, Verzweiflung oder Resignation verbunden? Tragen Sie diese Gedanken bitte in die folgende Liste ein, und schätzen Sie mittels einer Skala von 0 bis 10 die Emotionen ein, die in Zusammenhang mit diesen Gedanken auftauchen (0 = gleichgültig, 10 = unerträglich).

   Sind unter diesen Gedanken welche, die immer wieder in Ihrem Leben auftauchen? Wenn ja, markieren Sie sie bitte mit einem Farbstift.

   a) ______________________________ ____

   b) ______________________________ ____

   c) ______________________________ ____

   d) ______________________________ ____

   e) ______________________________ ____

3. Fallen Ihnen noch weitere Gedanken ein, die nicht im Tagebuch zu finden, aber für Ihr Leben bedeutsam sind, die immer wieder auftauchen und unangenehme Gefühle auslösen? Schreiben Sie diese bitte ebenfalls auf.

   a) ______________________________

   b) ______________________________

   c) ______________________________

   d) ______________________________

   e) ______________________________

»

»

4. Betrachten Sie jetzt die fünfte Spalte Ihres Tagebuchs: Was haben Sie jeweils getan, um mit der Situation und mit Ihren schlechten Gefühlen zurechtzukommen? Können Sie bestimmte Strategien erkennen?
   Meine Strategien, um mit den unangenehmen Situationen zurechtzukommen, sind:

   a) ______________________________

   b) ______________________________

   c) ______________________________

   d) ______________________________

   e) ______________________________

Sie haben sich nun einen Eindruck verschafft, was für Sie im Alltag schwierig ist und wie Sie in solchen Situationen reagieren und sich verhalten. Das ist das Material, mit dem Sie in den sechs ACT-Kernprozessen üben können. Aber bitte hören Sie jetzt nicht mit dem Tagebuch auf. Führen Sie es weiter, solange Sie mit diesem Buch arbeiten. Wir kommen später darauf zurück.

Fallbeispiel

So hat Sandra D. ihr Tagebuch ausgewertet

1. Was ist Ihnen generell aufgefallen? Gibt es Zusammenhänge zwischen den Spalten? Können Sie Muster erkennen? Tragen Sie Ihre Feststellungen hier ein.

   Ich fühle mich irgendwie ständig geschubst. Ich kann mich nicht um meine eigenen Sachen kümmern, weil dauernd jemand daherkommt und etwas von mir will. Es war mir gar nicht bewusst, dass ich so viel Wut in mir habe. Ich versuche immer, es allen recht zu machen, und verliere mich dabei selbst. Ich sehe, dass das nicht funktioniert, ich weiß aber nicht, wie ich es anders machen soll.

»

»

2. Betrachten Sie nun die Gedanken, die in Zusammenhang mit den aufgelisteten Ereignissen aufgekommen sind. Welche davon sind in besonderer Weise mit unangenehmen Gefühlen wie Wut, Angst, Trauer, Verzweiflung oder Resignation verbunden? Tragen Sie diese Gedanken bitte in die folgende Liste ein, und schätzen Sie mittels einer Skala von 0 bis 10 die Emotionen ein, die in Zusammenhang mit diesen Gedanken auftauchen (0 = gleichgültig, 10 = unerträglich).

   Sind unter diesen Gedanken welche, die immer wieder in Ihrem Leben auftauchen? Wenn ja, markieren Sie sie bitte mit einem Farbstift.

Ich will das nicht!	6
Ich bin eine schlechte Mutter.	9
Ich schaffe das alles nicht.	5
Jetzt muss ich mir wieder die Vorwürfe anhören.	5
Warum kann sich nicht mal Günter kümmern?	7
Ich bin eine schlechte Partnerin.	8
Der merkt bestimmt, dass es mir schlecht geht.	8

3. Fallen Ihnen noch weitere Gedanken ein, die nicht im Tagebuch zu finden, aber für Ihr Leben bedeutsam sind, die immer wieder auftauchen und unangenehme Gefühle auslösen? Schreiben Sie diese bitte ebenfalls auf.

Warum sieht keiner, was ich leiste?	7
Niemals geht es darum, was ich will.	6
Das steht mir nicht zu.	7
Wenn ich mich nicht kümmere, dann fällt alles zusammen.	7
Ich kümmere mich zu wenig.	9

»

4. Betrachten Sie jetzt die fünfte Spalte Ihres Tagebuchs: Was haben Sie jeweils getan, um mit der Situation und mit Ihren schlechten Gefühlen zurechtzukommen? Können Sie bestimmte Strategien erkennen?

   Meine Strategien, um mit den unangenehmen Situationen zurechtzukommen, sind:

   a) Ich lasse es über mich ergehen.
   b) Ich schiebe unangenehme Dinge vor mir her.
   c) Ich versuche, meine Gefühle auszublenden und die Dinge vernünftig zu betrachten.
   d) Ich versuche, durch perfekte Leistung zu verhindern, dass man mir einen Vorwurf machen kann.
   e) Ich vermeide es, zu sagen, was ich will.
   f) Ich mache alles so, dass keiner enttäuscht ist oder sauer auf mich.
   g) Ich reiße mich zusammen.

Die Reihenfolge, in der wir im Übungsteil die Kernprozesse behandeln, ist übrigens eine andere als im Theorieteil. Da grundsätzlich alle sechs Prozesse miteinander verbunden sind, ist es eigentlich gleichgültig, in welcher Reihenfolge sie stehen. Als die Akzeptanz- und Commitment-Therapie in den 1990er-Jahren entwickelt wurde, stand das Kapitel Akzeptanz immer am Anfang. Deshalb haben wir es auch an den Anfang unserer theoretischen Ausführungen zu ACT gestellt. Die therapeutische Praxis hat inzwischen allerdings gezeigt, dass es über andere Prozesse manchmal leichter ist, den Einstieg zu finden. Aus diesem Grund beginnen wir hier mit dem Thema „Defusion“.

5 Defusion – die Tyrannei der Gedanken besiegen

Kennen Sie Magritte, den surrealistischen Maler? Magritte sprach vom Verrat der Bilder, und was er damit meint, hat er folgendermaßen veranschaulicht: Er malte ein Bild von einer Pfeife und schrieb darunter: „Ceci n'est pas une pipe" – dies ist keine Pfeife. Natürlich nicht: Es ist das Bild einer Pfeife. Keiner kann diese Pfeife stopfen, genauso wenig, wie man sich in einen Sessel setzen kann, der nur in der Einbildung existiert – selbst wenn ich ihn mir noch so genau und detailreich ausmale. Na gut, sagen Sie jetzt, da ist nicht viel dahinter: Ein Bild von einer Pfeife ist ein Bild und keine Pfeife, und ein Gedanke an einen Sessel ist ein Gedanke und kein Sessel. In anderen Bereichen aber fällt es uns schwerer, diesen Unterschied zwischen dem Gedanken und seinem Inhalt zu erkennen. Der Gedanke an ein mögliches Scheitern beispielsweise lähmt uns in kritischen Situationen und führt dazu, dass wir unsere Fähigkeiten nicht mobilisieren können; der Gedanke an eine drohende Katastrophe macht uns handlungsunfähig; der Gedanke an ein leckeres Essen lässt uns das Wasser im Mund zusammenlaufen. Doch dagegen lässt sich etwas tun.

Übung

Milch!

Stellen Sie sich ein Glas Milch vor. Gerade haben Sie die Milch frisch eingeschenkt. Sie kommt direkt aus dem Kühlschrank, reine, weiße Farbe, kleine Blasen auf der Oberfläche. Stellen Sie sich vor, Sie nehmen einen Schluck von der kühlen Flüssigkeit. Der Geschmack ist vertraut, die Konsistenz auch. Wie schmeckt Ihnen die Milch, was verbinden Sie mit ihr? Vielleicht spüren Sie die Milch jetzt tatsächlich im Mund. Schreiben Sie auf, was Ihnen dazu einfällt.

____

____

____

____

»

» Und jetzt der zweite Teil der Übung: Sprechen Sie das Wort „Milch" laut aus, deutlich, immer wieder, pausenlos, wiederholen Sie das Wort „Milch" immer wieder, 30 bis 45 Sekunden lang. Fangen Sie jetzt an: „Milch", „Milch", „Milch" …

Wie ist es Ihnen damit gegangen? Vielleicht haben Sie verstärkt auf den Klang Ihrer Stimme geachtet oder dem nachgespürt, was beim Sprechen körperlich passiert. Wie hat es sich angefühlt, als Sie immer wieder „Milch" gesagt haben? Schreiben Sie auch das auf.

____

____

____

____

Wahrscheinlich haben Sie festgestellt, dass die Bedeutung des Wortes „Milch" mit den Wiederholungen immer mehr verloren geht. Das ursprüngliche Gefühl und die Körperempfindungen, die sich eingestellt haben, als Sie zuerst an die Milch dachten, sind irgendwann wie von selbst verschwunden.

Diese Übung zeigt ganz grundsätzlich, wie wir mit unseren Gedanken umgehen können, ganz egal, ob es dabei um Milch geht oder um ein mögliches Scheitern in einer Situation, die uns wichtig ist. Das Entscheidende ist ein gewisser Verfremdungseffekt, der durch die vielen Wiederholungen des Wortes „Milch" entsteht. Solche Verfremdungseffekte lassen sich mit vielfältigen Mitteln herstellen, und sie führen dazu, dass die Identifikation mit den Gedanken aufgebrochen wird.

Übung

Gedanken verdinglichen

Nehmen Sie für diese Übung die Liste der Gedanken zur Hand, die Sie vorhin bei der Auswertung Ihres Tagebuchs der unangenehmen Ereignisse erstellt haben. Welche Gedanken machen Ihnen immer wieder zu schaffen? Wählen Sie einen aus, der für Sie mit starken Emotionen verbunden ist. Wenn Sie ihn jetzt wieder denken, ist dann auch dieses Gefühl wieder präsent? Ja?

Nehmen Sie nun diesen Gedanken (und das damit verbundene Gefühl) ganz vorsichtig und stellen Sie das Gebilde vor sich auf den Boden. Wenn sich der Gedanke dagegen sträubt, so sprechen Sie mit ihm und erklären ihm, dass er keine Angst zu haben braucht. Er darf später wieder zu Ihnen zurückkehren. Steht oder liegt er nun da, vor Ihnen? Können Sie ihn sehen? Gut. Beantworten Sie nun bitte folgende Fragen:

Welche Form oder welche Gestalt hat der Gedanke?

____

Wie groß oder klein ist er?

____

Welche Farbe hat er?

____

Ist er schwer oder leicht?

____

Wie ist seine Oberfläche? Wie sieht sie aus? Wie fühlt sie sich an?

____

»

» Ist er hart oder weich?

Bewegt sich der Gedanke? Wenn ja: Wie schnell oder langsam bewegt er sich?

Nehmen Sie jetzt den Gedanken vom Fußboden wieder auf, und holen Sie ihn in sich zurück. Es ist schließlich Ihr Gedanke, er hat sonst niemanden, und Sie haben es ihm auch versprochen.

Bitte schreiben Sie jetzt auf, wie es Ihnen mit dieser Übung gegangen ist. Hat sich der Gedanke verändert? Fühlte er sich anders an?

Bevor Sie weitermachen, empfehlen wir Ihnen, eine kleine Pause einzulegen. Vielleicht machen Sie einen kleinen Spaziergang. Nehmen Sie Ihren Gedanken mit, zeigen Sie ihm die Gegend, oder unterhalten Sie sich ein bisschen mit ihm, zum Beispiel darüber, wie es ihm ergangen ist dort draußen auf dem Fußboden. Für einen Gedanken ist das schließlich keine alltägliche Erfahrung.

Fallbeispiel

Sandra D. geht auf Abstand

Therapeut: Frau D., der Satz „Ich kümmere mich nicht genug" hat anscheinend eine große Bedeutung in Ihrem Leben?

Sandra D.: Ja, das stimmt, dieser Satz begleitet mich so lange, wie ich mich erinnern kann. »

» Er taucht immer wieder auf, in ganz unterschiedlichen Situationen, etwa wenn meine Tochter weint, wenn mein Mann enttäuscht ist, weil er lieber etwas anderes zum Abendessen gehabt hätte, ja sogar letztens bei meinem Chef, als er mich im Meeting vor versammelter Mannschaft für den Mist verantwortlich gemacht hat, der in der Kreditabteilung passiert ist, obwohl er das gegen meinen Rat selbst so angeordnet hatte. Zuerst war ich sauer, aber dann dachte ich mir, er ist ja noch nicht so lange in der Position, er muss sich erst reinfinden, und er steht ja auch unter Beobachtung von seinen Vorgesetzten. Deshalb habe ich dann nichts dazu gesagt.

Therapeut: Können Sie sich noch einmal in diese Situation hineinversetzen? Stellen Sie sich vor, Sie sitzen im Meeting, Ihr Chef macht Sie gerade für seinen Fehler verantwortlich, und da kommt der Gedanke in Ihnen hoch „Ich kümmere mich nicht genug"?

Sandra D.: Ja, genau.

Therapeut: Nur dieser Gedanke, oder sind da auch noch andere?

Sandra D.: (denkt nach) Doch, da ist noch ein anderer Gedanke: „Es steht mir nicht zu."

Therapeut: Was bedeutet das, es steht Ihnen nicht zu?

Sandra D.: Alles, mich zu wehren, recht zu haben, mich in den Vordergrund zu stellen, alles das.

Therapeut: Welcher Gedanke ist stärker? „Ich kümmere mich nicht genug" oder „Es steht mir nicht zu"?

Sandra D.: „Ich kümmere mich nicht genug."

Therapeut: Fangen wir mit diesem Gedanken an. Was passiert mit Ihnen, wenn Sie ihn denken?

Sandra D.: Da ist ein ganz unangenehmes Gefühl, ich kann es gar nicht so genau sagen, was das für ein Gefühl ist, eine Art Beklemmung, die mir auf der Brust sitzt und mir die Luft abschnürt.

Therapeut: Ich möchte Sie bitten, nehmen Sie diesen Gedanken zusammen mit dem Gefühl, das er hervorruft, und setzen Sie ihn einmal hier vor uns auf den Boden. Geht das?

Sandra D.: Hier auf den Boden? Na ja, ich kanns ja mal versuchen. »

» **Therapeut:** Ja, bitte, hier auf den Boden. Wie sieht er aus, der Gedanke? Können Sie ihn beschreiben?

Sandra D.: Das ist gar nicht so einfach, er hat keine rechte Form, er verändert sich, wenn ich ihn ansehe.

Therapeut: Wie groß ist er denn? Ist er eher rund oder eckig? Hat er eine Farbe?

Sandra D.: Er ist gar nicht so groß, wie eine Schuhschachtel etwa, aber nicht eckig, sondern oval. Und er ist so komisch grau, dunkelgrau, das ist so eine Oberfläche, die das Licht absorbiert, und ich habe das Gefühl, dass diese graue Oberfläche meine ganze Energie und Lebensfreude aufsaugt.

Therapeut: Können Sie ihn anfassen? Wie fühlt sich das an?

Sandra D.: Er ist warm. Und wenn ich über seine Oberfläche streiche, fühlt sich das rau an. Es ist komisch, jetzt, wo ich ihn anfasse, ist er gar nicht mehr so schrecklich. Ich habe eher das Gefühl, der Gedanke selbst ist traurig, und ich müsste mich um ihn kümmern. (Frau D. lacht.)

Therapeut: Noch etwas, das Sie über den Gedanken sagen können?

Sandra D.: Nein, eigentlich nicht.

Therapeut: Nehmen Sie jetzt bitte den zweiten Gedanken – „Es steht mir nicht zu". Was passiert, wenn Sie das denken?

Sandra D.: Es gibt so einen Stich in mir, und irgendwie bin ich angespannt.

Therapeut: Setzen Sie bitte diesen Gedanken hier vor uns neben den ersten. Wie würden Sie ihn beschreiben?

Sandra D.: Er ist flach und rund, so ein bisschen wie eine Frisbee-Scheibe, und er dreht sich auch wie eine Frisbee-Scheibe.

Therapeut: Welche Farbe?

Sandra D.: Er ist rot.

Therapeut: Was ist, wenn Sie ihn berühren?

Sandra D.: (streckt den Arm aus) Er hört auf, sich zu drehen, wie diese Kreisel, die die Kinder haben.

Therapeut: Gut, nehmen Sie jetzt Ihre Gedanken bitte wieder in sich zurück. Vielleicht können Sie ihnen ja einen Platz geben, an dem sie sein können, an dem sie Sie aber nicht allzu sehr beeinträchtigen. »

» **Sandra D.:** (macht eine Bewegung, als nehme sie etwas vom Boden auf und behutsam in sich hinein)

Therapeut: Wie geht es Ihnen jetzt?

Sandra D.: Gut eigentlich. Es ist merkwürdig, obwohl die Gedanken wieder da sind, fühle ich mich irgendwie leichter.

Übung

Gedanken-Scrabble

Schreiben Sie alle unangenehmen Gedanken, die Sie in Ihre Liste eingetragen haben, noch einmal auf ein Blatt Papier. Zerschneiden Sie diesen Zettel so, dass Sie die einzelnen Wörter vor sich liegen haben. Bilden Sie nun aus diesen Wörtern neue Sätze, traurige, lustige oder einfach ganz sachliche Sätze, wie sie der Nachrichtensprecher im Radio sagen könnte.

Zum Ausprobieren

Wie gesagt: Es geht um den Verfremdungseffekt, den wir mit diesen Übungen erzielen, und Sie können noch viel anderes mit Ihren Gedanken machen, um eine gewisse Distanz zu ihnen herzustellen. Im Folgenden sind einige dieser Möglichkeiten aufgelistet. Wir laden Sie dazu ein, diese Methoden mit Sätzen aus Ihren eigenen Tagebuchaufzeichnungen auszuprobieren. Sie werden feststellen, dass der spielerische Umgang mit den eigenen Gedanken (selbst mit den schwierigen) auch Spaß machen kann.

- Tempowechsel: Sagen Sie den Satz, den Sie sich ausgesucht haben, ganz schnell mehrmals hintereinander. Sprechen Sie deutlich, aber erhöhen Sie das Tempo. Oder sprechen Sie ganz, ganz langsam.
- Singen Sie ein Lied: Eine andere Möglichkeit, das Gewohnte einmal anders zu machen, ist, dass Sie sich eine kleine Melodie überlegen und dazu „Ihren" Satz als Text singen. (Wenn Sie jetzt eben den Satz „Aber ich kann doch gar nicht singen" gedacht haben, probieren Sie die Übung zuerst genau mit diesem Satz aus.)

- Stimmbruch: Sprechen Sie in einer anderen Tonlage als normal, also deutlich höher oder tiefer als sonst – oder im Singsang mit extremen Schwankungen.
- Nachrichtensendung: Lesen Sie Ihre Gedanken im Stil eines Nachrichtensprechers vor. Sie können die Sätze auch mit Einleitungen wie „Das Bundespresseamt hat mitgeteilt, dass …" oder Ähnlichem erweitern.

Eine äußerst wirkungsvolle Übung in diesem Zusammenhang, die wir im dritten Kapitel schon angesprochen haben, ist das Gedankenbenennen. Sie können diese Übung bei jeder beliebigen Gelegenheit machen und sie bei allen Gedanken einsetzen, die im Lauf des Tages auftauchen. Dazu stellen Sie einfach dem Gedanken, mit dem Sie sich beschäftigen, die Formulierung voran: „Ich habe den Gedanken, dass …" Wenn Ihnen also gerade der Gedanke „Aber das ist mir jetzt wirklich zu umständlich" durch den Kopf gegangen ist, so formulieren Sie ihn für sich um: „Ich habe den Gedanken, dass mir das jetzt wirklich zu umständlich ist."

Fallbeispiel

Hausaufgabe für Sandra D.

Singen Sie im Walzertakt den Satz „Es steht mir nicht zu"!

So weit unsere Vorschläge und Anregungen. Hat es Ihnen ein bisschen Spaß gemacht? Dann denken Sie sich doch selbst weitere Methoden zur Defusion aus. Diese Methoden sind dann Ihre ganz eigenen, die besonders gut zu Ihnen passen. Das Prinzip ist ganz einfach und immer das gleiche: Wir verändern den Gedanken oder stellen ihn in einen neuen Zusammenhang, in eine ungewohnte Umgebung, in der er als Gedanke erkennbar wird. Wenn der Gedanke so exponiert ist, besteht keine Gefahr, dass wir ihn mit seinem Inhalt verwechseln. Gedanken mögen das nicht besonders. Sie wollen gern mehr scheinen, als sie sind. Aber darauf können wir an dieser Stelle leider keine Rücksicht nehmen.

Regeln und Gebote

Regeln und Gebote sind eine besondere Klasse von Gedanken, und sie sind so wichtig, dass wir ihnen hier einen eigenen Abschnitt widmen. Denn Regeln und Gebote bestimmen unser Leben, sie engen uns ein und sorgen dafür, dass wir uns immer auf derselben Bahn bewegen. Dabei sind Regeln nichts, was wir in unmittelbarer Erfahrung gelernt haben, sondern sie sind rein gedankliche Konstrukte, wir haben sie von unseren Eltern oder aus der Gesellschaft übernommen, oder wir haben sie aus anderen Regeln abgeleitet. Regeln und Gebote sind deshalb weitgehend immun gegen die Überprüfung an der Wirklichkeit.

Das Problem ist allerdings nicht, dass wir überhaupt Regeln haben, nach denen wir unser Leben gestalten. Regeln und Gebote sind hilfreich und notwendig, weil sie uns eine gewisse Orientierung geben. Das Problem ist, dass wir unsere Regeln nicht frei und bewusst gewählt haben. Wir haben sie irgendwann einmal gelernt wie das Wissen, dass die Erde eine Kugel ist, und seitdem haben wir sie nicht infrage gestellt. Wir wenden diese Regeln an, auch wenn sie in der augenblicklichen Situation unnütz sind und dazu führen, dass alles nur noch schlimmer wird.

Übung

Meine Gebote, meine Verbote

Schreiben Sie auf, welche fünf Gebote und welche fünf Verbote für Sie gelten. Vielleicht fällt Ihnen das schwer; das ist ganz normal. Denn im Alltag bestimmen unsere Regeln unser Leben implizit, wir machen sie uns kaum jemals bewusst. Doch sie sind da. Zumindest haben wir noch keinen Menschen kennengelernt, der ohne Gebote und Verbote durchs Leben ginge. Also forschen Sie nach, auch wenn es etwas länger dauert, es lohnt sich.

PDF-Formular zum Downloaden unter www.act-gegen-burnout.de

Du sollst …

a) ____________________

b) ____________________

c) ____________________

d) ____________________

e) ____________________

»

» Du darfst nicht …

a) ____________________

b) ____________________

c) ____________________

d) ____________________

e) ____________________

Lesen Sie sich selbst jeden einzelnen Satz laut vor. Wie fühlt sich das an? Achten Sie darauf, welche Gefühle dabei entstehen. Was spüren Sie in Ihrem Körper?

Bewerten Sie jeden einzelnen Satz. Sie haben jetzt die Wahl! Sie können sich jetzt entscheiden, ob jedes einzelne Gebot oder Verbot auch in Zukunft für Sie gelten soll, und zwar nicht, weil Sie es irgendwann in Ihrem Leben gelernt haben, sondern weil Sie sich jetzt bewusst entscheiden, ob Sie Ihr Leben in Zukunft nach diesem Gebot oder nach diesem Verbot ausrichten wollen. Gehen Sie also die Liste noch einmal durch, und markieren Sie *Ihre* Sätze grün.

Stellen Sie sich vor, die unmarkierten Sätze, also diejenigen, die in Ihrem Leben keine Rolle mehr spielen sollen, sind tote Falter. Spießen Sie sie mit einer Nadel auf, betrachten Sie sie so wie ein Insektenforscher seine Exponate, bevor er sie in die Vitrine stellt. Verstauen Sie jetzt diese Gedanken in einem Schrank in Ihrem Inneren. Seien Sie dabei sorgfältig. Es sind Sätze, die für Sie in Ihrem Leben einmal wichtig waren.

Noch wichtiger ist aber, wie Sie mit den anderen Regeln umgehen, mit denen, für die Sie sich bewusst entschieden haben. Setzen Sie sie vorsichtig auf Ihre geöffnete Hand wie einen Schmetterling. Sie müssen dabei ganz behutsam sein, denn sobald Sie ihn festhalten wollen, in dem Augenblick, in dem Sie die Hand schließen, ist der Schmetterling tot.

Auch jetzt empfehlen wir Ihnen wieder, eine Pause zu machen. Nehmen Sie sich etwas Zeit, betrachten Sie nacheinander jeden Schmetterling auf Ihrer Hand, sehen Sie zu, wie er die Flügel öffnet und schließt, und freuen Sie sich an seiner Schönheit.

Fallbeispiel

Die 5 Gebote und 5 Verbote von Sandra D.

Meine 5 Gebote

Du sollst alles hundertprozentig tun.
Du sollst für die anderen da sein.
Du sollst immer freundlich und zugewandt sein.
Du sollst die Verantwortung übernehmen.
Du sollst vernünftig sein.

Meine 5 Verbote

Du darfst keine Fehler machen.
Du darfst die Erwartungen der anderen nicht enttäuschen.
Du darfst deine eigenen Wünsche und Bedürfnisse nicht wichtig nehmen.
Du darfst keine Umstände machen.
Du darfst nicht schwach sein.

Sie sind keine Billardkugel

Noch eine spezielle Klasse von Gedanken gibt es, die so wichtig ist, dass wir ihr hier einen eigenen Abschnitt widmen: Begründungen. Der Zwang zur Begründung ist eine gesellschaftliche Konvention. Menschen, die Dinge ohne erkennbaren Grund tun, gelten bei uns als komisch und sonderlich. Man erwartet von uns, dass wir alles, was wir tun, erklären können. Deshalb haben wir alle eine gewisse Fertigkeit darin erlangt, immer gute Gründe zu finden.

Das Problem ist nur, dass diese Gründe eine eigene Dynamik entfalten, die unsere Handlungsfreiheit immer mehr einschränkt. Irgendwann fangen wir nämlich an, an unsere eigenen Begründungen und Erklärungen zu glauben wie an ein Naturgesetz. Es geht um Ursache und Wirkung.

Sie haben wahrscheinlich irgendwann einmal im Physikunterricht von den newtonschen Bewegungsgesetzen gehört. Nach diesen Gesetzen kann man berechnen, was passiert, wenn eine Billardkugel auf eine andere Billardkugel trifft. Sie müssen nur die Geschwindigkeit und den Aufprallwinkel kennen. Mit den newtonschen Gesetzen können Sie dann ganz genau vorhersagen, in welchen Bahnen sich die beiden Kugeln bewegen werden, und zwar in jedem Fall und ohne Ausnahme. Bei gleicher Geschwindigkeit und gleichem Aufprallwinkel bewegen sich die beiden Kugeln immer genau in derselben Bahn. Die moderne Physik hat gezeigt, dass dieses einfache Weltbild nicht einmal auf Billardkugeln zutrifft, geschweige denn auf so schwierige und komplexe Dinge wie das menschliche Verhalten. Trotzdem neigen wir dazu, unsere Handlungen genau so zu verstehen: Weil das und das passiert ist, muss ich oder musste ich das und das tun.

Einige Beispiele:

Ursache	**Wirkung**
Ich habe letzte Nacht schlecht geschlafen.	Deshalb kann ich diese schwierige Aufgabe heute nicht in Angriff nehmen.
Meine Frau war eindeutig schuld an unserem Streit.	Deshalb kann ich nicht auf sie zugehen, bevor sie sich entschuldigt hat.
Ich habe im Examen schlecht abgeschnitten.	Deshalb werde ich niemals den anspruchsvollen Job bekommen, der mich wirklich ausfüllt.
Keiner sieht hier, was ich leiste.	Deshalb lohnt es sich nicht, dass ich mich weiter engagiere.
Die Kinder haben nicht getan, was wir ihnen aufgetragen haben.	Deshalb müssen wir noch strenger mit ihnen sein und dürfen ihnen nichts durchgehen lassen.
Ich trage große Verantwortung.	Deshalb muss ich alles bis ins Kleinste kontrollieren.
In meiner Familie waren immer alle erfolgreich und haben eine glänzende Karriere gemacht.	Deshalb muss auch ich eine glänzende Karriere machen.
In meiner Familie hatten sie noch nie Erfolg.	Deshalb muss auch ich mich mit dem Mittelmaß zufriedengeben.

Übung

PDF-Formular zum Downloaden unter www.act-gegen-burnout.de

Weil

Gibt es auch in Ihrem Leben, in Ihrer aktuellen Situation solche Ursache- Wirkungs-Beziehungen? Gibt es Dinge, die Sie nicht tun können, oder Dinge, die Sie tun müssen, weil das oder das passiert ist? Nehmen Sie sich ruhig ein bisschen Zeit, dem nachzuspüren, und schreiben Sie diese Ursache-Wirkung-Beziehungen dann hier auf.

Ursache	Wirkung	Skala

Bewerten Sie nun, wie sehr Sie an diese Ursache-Wirkung-Beziehungen glauben. Vergeben Sie dafür Werte auf einer Skala von 0 bis 10 (0 = glaube ich gar nicht, 10 = stimmt zu hundert Prozent).

Sind Sie so weit, ja? Dann kommt jetzt der nächste Schritt: Bitte formulieren Sie die Ursache-Wirkung-Zusammenhänge, die Sie aufgeschrieben haben, um, und zwar so, wie es die folgenden Beispiele zeigen.

Ursache	Wirkung
Ich habe letzte Nacht schlecht geschlafen,	und ich werde diese schwierige Aufgabe jetzt in Angriff nehmen.
Meine Frau war eindeutig schuld an unserem Streit,	und ich werde jetzt auf sie zugehen und mit ihr darüber sprechen.
Ich habe im Examen schlecht abgeschnitten,	und ich werde einen Job finden, der mich wirklich ausfüllt.
Keiner sieht hier, was ich leiste,	und ich werde auch weiterhin mein Bestes geben.
Ich trage große Verantwortung,	und ich kann nicht alles bis ins Kleinste kontrollieren.
In meiner Familie waren immer alle erfolgreich und haben eine glänzende Karriere gemacht,	und ich kann das machen, was mir wirklich entspricht, auch wenn es nicht viel Geld oder Ansehen einbringt.
In meiner Familie hatten sie noch nie Erfolg,	und ich kann das erreichen, was mir wirklich wichtig ist.

»

» Jetzt sind Sie dran:

Ursache	Wirkung

Wie fühlen sich diese neuen Formulierungen an? Sperren Sie sich noch ein bisschen gegen diese neue Betrachtungsweise? Denken Sie daran: Sie sind keine Billardkugel! Wenn A ist, heißt das nicht, dass B sein muss. Ob B ist, entscheiden ganz allein Sie. Wenn Sie allerdings sehr stark an Ihre Begründungen glauben, dann probieren Sie doch einfach einmal aus, wie es ist, wenn Sie mit Ihren Begründungssätzen einige der oben beschriebenen Defusionsübungen durchführen.

Lesen Sie jetzt die Tabelle mit den neuen Formulierungen noch einmal Zeile für Zeile durch, und überlegen Sie sich jeweils: Wie wäre es, wenn Sie nicht die ursprüngliche Begründung verwenden und sich stattdessen entsprechend der neuen Formulierung verhalten würden? Bitte lassen Sie sich Zeit dazu, spielen Sie mit den Gedanken, spielen Sie mit den Möglichkeiten. Wichtig: Es geht nicht darum, die alte Begründung durch die neue zu ersetzen, es geht nicht darum, ein neues Bewegungsgesetz zu etablieren. Ganz im Gegenteil: Es geht darum, Bewegungsgesetze zu durchbrechen. Denn die Entscheidung, ob Sie so oder so handeln, liegt ganz allein bei Ihnen.

Auf ähnliche Weise beeinflussen uns viele Sätze, in denen ein „aber“ vorkommt. Auch sie funktionieren wie Regeln, weil das Wort „aber“ ausdrückt, dass zwei Dinge nicht gleichzeitig sein können. Versuchen Sie doch einmal, eine Weile auf das Wort „aber“ zu verzichten und es durch das Wort „und“ zu ersetzen; so schließt das eine das andere nicht aus. Die Beispiele zeigen Ihnen, wie das gemeint ist:

- Ich möchte singen, aber meine Stimme klingt nicht gut.
  - NEU: Ich möchte singen, **und** meine Stimme klingt nicht gut.
- Ich will mehr auf andere Menschen zugehen, aber ich bin so schüchtern.
  - NEU: Ich will mehr auf andere Menschen zugehen, **und** ich bin so schüchtern.
- Ich will mehr mit meinen Freunden machen, aber ich bin beruflich sehr stark eingespannt.
  - NEU: Ich will mehr mit meinen Freunden machen, **und** ich bin beruflich sehr stark eingespannt.

Tatsächlich sind es nicht nur einzelne Situationen, in denen die Begründungen das Regiment übernehmen. Wir konstruieren komplette Begründungsgeschichten, die unser ganzes Leben umfassen, um zu erklären, wer wir sind und wo wir heute stehen. Darauf zielt unsere nächste Übung (für Fleißige!).

Übung

Die Geschichte Ihres Lebens

Haben Sie sich schon einmal überlegt, wie es gekommen ist, dass Sie heute da stehen, wo Sie stehen? Wie ist es dazu gekommen? Welche Faktoren haben dabei eine Rolle gespielt?

Erzählen Sie die Geschichte Ihres Lebens, die Geschichte, die Sie in diese schwierige Situation geführt hat, in der Sie sich heute befinden. Nehmen Sie sich Zeit dazu. Sie können Stichpunkte notieren oder auch ganze Sätze formulieren, wie es Ihnen leichterfällt.

____

____

____

____

»

» Wenn Sie fertig sind, gehen Sie den Text von vorn bis hinten durch und unterstreichen alle Fakten, die darin vorkommen. Deutungen, Schlussfolgerungen und Interpretationen lassen Sie außen vor. Wenn Sie beispielsweise einen Satz finden, in dem das Wort „weil" vorkommt, dann handelt es sich dabei eher nicht um eine Tatsache, sondern um eine Schlussfolgerung, die Sie gezogen haben. Ebenso ist es mit Sätzen, die das Wort „deshalb" enthalten.

Und jetzt kommt die Herausforderung: Nehmen Sie die unterstrichenen Passagen aus Ihrem Text heraus, und machen Sie daraus eine Geschichte mit einem ganz anderen Ende.

Ganz wichtig: Es geht uns bei dieser Übung nicht darum, zu vermitteln, dass Sie alles erreichen können, um diese einfältige Philosophie zweifelhafter Motivationsgurus, die immer wieder predigen: Anything goes, just do it. Unserer Meinung nach ist das kompletter Unsinn. Die Übung zielt ganz einfach darauf ab, ein Gefühl dafür zu entwickeln, dass die Dinge niemals so festgefügt sind, wie sie uns manchmal erscheinen. Aufgabe ist es also nicht, eine möglichst „gute" Geschichte mit dem bestmöglichen Ende zu erzählen. Es geht einfach darum, mit den Möglichkeiten zu spielen und zu überlegen, wie etwas, das unausweichlich zu sein scheint, auch vollkommen anders ausgehen kann. Denn welche Bedeutung die Fakten bekommen, entscheiden im Endeffekt ganz allein Sie.

Eine Ursache, viele Wirkungen

- Herr K. wurde von seiner Frau verlassen, deshalb konnte er im Job nicht mehr die volle Leistung bringen.
- Herr K. wurde von seiner Frau verlassen. Um sich von dem Schmerz abzulenken, hat sich Herr K. ganz in seine Arbeit gestürzt und eine glänzende Karriere gemacht.
- Herr K. wurde von seiner Frau verlassen. Für ihn war das ein Anlass, grundsätzlich darüber nachzudenken, ob er sein Leben so eingerichtet hat, wie er es haben möchte.

Wie ist es Ihnen mit dieser Übung ergangen? Hat sie Ihnen Spaß gemacht? Dann schreiben Sie doch einfach noch eine weitere Geschichte. Wenn Sie mit der Übung fertig sind, sollten Sie wieder eine Pause einlegen. Lassen Sie die verschiedenen Varianten Ihres Lebens, die Sie gerade entworfen haben, auf sich wirken. Vielleicht überlegen Sie sich ja auch, in welchen unterschiedlichen Bahnen Ihr Leben in Zukunft verlaufen könnte.

Gedankenmeditation

Die nächste Übung stellt schon den Übergang zum nächsten Abschnitt her, denn es ist einerseits eine Übung zur Defusion, andererseits eine Übung zur Achtsamkeit. Wir möchten Sie auf eine Gedankenreise mitnehmen. Den gesprochenen Text dazu finden Sie im Downloadbereich unter www.act-gegen-burnout.de.

Gedanken im Fluss

Übung

Suchen Sie sich einen ruhigen Platz. Setzen Sie sich in bequemer Haltung aufrecht hin, und schließen Sie die Augen. Richten Sie nun Ihre Aufmerksamkeit darauf, wie Sie sitzen, spüren Sie Ihre Füße auf dem Boden, Ihre Schenkel auf der Sitzfläche, den Rücken an der Lehne, die Hände auf den Schenkeln. Richten Sie jetzt Ihre Aufmerksamkeit auf den Atem, darauf, wie er einströmt und ausströmt. Lassen Sie ihn fließen, ohne ihn zu beeinflussen.

Audio-Datei zum Downloaden unter www.act-gegen-burnout.de

Stellen Sie sich nun vor, Sie sind draußen in der Natur. Sie spazieren durch einen Wald, bis Sie auf eine Lichtung kommen. Schon während Sie darauf zugehen, hören Sie das Plätschern eines Bachs. Es ist ein warmer Sommertag, und Sie beschließen, sich ein wenig auszuruhen, und setzen sich an den Rand des Gewässers. Sehen Sie, wie das Wasser um Hindernisse herumfließt? Wie kleine Tiere und Sandpartikel mitgespült werden? Sehen Sie die Laubblätter, die der Fluss mit sich trägt? Schauen Sie zu, wie sie an Ihnen vorbeitreiben.

Achten Sie nun auf Ihre Gedanken, wie sie kommen, wie sie gehen. Wenn ein Gedanke kommt, nehmen Sie ihn ganz vorsichtig zwischen Daumen und Zeigefinger und setzen ihn auf ein Blatt. Dieses Blatt setzen Sie aufs Wasser und schauen zu, wie es samt dem Gedanken davonschwimmt. Auch Ihren nächsten Gedanken nehmen Sie ganz vorsichtig zwischen Daumen und Zeigefinger, setzen ihn auf ein Blatt, das Blatt aufs Wasser. Schauen Sie zu, wie er davonschwimmt. Lassen Sie sich nicht täuschen: Auch der Gedanke, keinen Gedanken zu haben, ist ein Gedanke. Nehmen Sie auch den ganz vorsichtig zwischen Daumen und Zeigefinger, und setzen Sie ihn auf ein Blatt, das Blatt aufs Wasser, und sehen Sie zu, wie es davonschwimmt. Setzen Sie jeden Ihrer Gedanken auf eines der vorbeischwimmenden Blätter, und lassen Sie ihn mit dem Wasser vorbeifließen.

Denken Sie nicht weiter darüber nach, bewerten Sie nichts, sondern lassen Sie die Gedanken zu und dann vorbeiziehen. Wenn Sie merken, dass Sie über das Wasser oder die Blätter nachzudenken beginnen, nehmen Sie das freundlich wahr und wenden sich wieder dem Fluss und Ihren Gedanken zu. »

» Wenn Sie merken, dass der Bach verschwunden ist und Sie sich in Ihren Gedanken verfangen haben, nehmen Sie das freundlich wahr und kehren wieder zum Bach zurück. Wenn der nächste Gedanke auftaucht, nehmen Sie ihn ganz vorsichtig zwischen Daumen und Zeigefinger, setzen ihn auf ein Blatt, das Blatt auf das Wasser, und sehen Sie zu, wie er davonschwimmt.

Richten Sie jetzt Ihre Aufmerksamkeit bitte wieder auf Ihren Atem. Nehmen Sie Ihren Körper wahr, Ihre Schenkel auf dem Stuhl, den Rücken an der Lehne, die Hände auf den Schenkeln, die Füße auf dem Boden. Öffnen Sie nun die Augen, und kehren Sie in die Gegenwart zurück.

Wenn Sie wieder angekommen sind, beantworten Sie bitte für sich die folgenden Fragen: Wie ist es Ihnen mit der Übung ergangen? Schreiben Sie kurz auf, was Sie erlebt haben.

Gab es Momente, in denen Sie festgestellt haben, dass Ihre Gedanken abschweifen? Dass Sie nicht mehr auf den Fluss und die Blätter achten, sondern auf einmal ganz woanders sind? Welche Gedanken waren das, die Sie vom Fluss weggetragen haben? Schreiben Sie sie bitte auf.

Sind das Gedanken, die häufiger in Ihnen auftauchen? Welche Rolle spielen sie in Ihrem Leben? Was fühlen Sie, wenn Sie sich mit diesen Gedanken beschäftigen? Nehmen Sie sich etwas Zeit, dem nachzuspüren.

So weit unsere Übungen zum Kernprozess Defusion. Bevor Sie weitermachen, möchten wir Sie bitten, sich die einzelnen Übungen noch einmal ins Bewusstsein zu rufen. Was war für Sie hilfreich? Was haben diese Übungen in Ihnen ausgelöst? Wie werden Sie diese Übungen, die für Sie hilfreich waren, in Zukunft in Ihren Alltag integrieren? Bitte schreiben Sie auf, was Ihnen zu diesen Fragen einfällt.

6 Achtsamkeit – die Wahrnehmung im Hier und Jetzt

Die Rosine

Für den einen ist Achtsamkeit buddhistische Praxis, für den anderen ganz einfach gelenkte Aufmerksamkeit. Wofür auch immer man Achtsamkeit hält, auf jeden Fall ist sie in den letzten Jahren in der Psychotherapie – und zwar in allen Therapierichtungen – immer wichtiger geworden. Studien belegen, dass sich Achtsamkeit insgesamt positiv auf uns auswirkt: Der Blutdruck sinkt, wir entspannen uns und gleichen damit Stressreaktionen aus. Und die Wirkung von Achtsamkeit geht noch weiter: Regelmäßig praktizierte Achtsamkeit bewirkt, dass sich eine bestimmte Gehirnregion vergrößert: das mittlere Vorderhirn, das für die Gefühlsregulation außerordentlich wichtig ist. Aber probieren Sie doch einfach selber aus, wie es Ihnen mit der Achtsamkeit ergeht. Für die erste Übung brauchen Sie eine Rosine.

Übung

Eine komische Beere

Nehmen Sie eine Rosine in die Hand, und schauen Sie sie ganz genau an. Wie sieht sie aus? Erforschen Sie ihre schrumpelige Oberfläche. Wie fühlt sie sich an? Betasten Sie sie, drücken Sie sie ein wenig. Halten Sie die Rosine ans Ohr: Hören Sie ein Geräusch, wenn Sie sie drücken? Führen Sie die Rosine nun zur Nase und riechen Sie daran. Können Sie den Geruch beschreiben? Nehmen Sie die Rosine jetzt in den Mund. Wie fühlt sich die Rosine in Ihrem Mund an? Spüren Sie nach, wie sich die Oberfläche anfühlt, drehen und wenden Sie die Rosine mit der Zunge im Mund. Wie fühlt sie sich am Gaumen an, wie an den Zähnen? Zerkauen Sie jetzt die Rosine ganz langsam. Wie ist ihre Konsistenz? Wie schmeckt sie? Es geht nicht darum, ob sie gut oder schlecht schmeckt.

Ganz egal, ob Sie Rosinen mögen oder nicht: Rufen Sie sich jede noch so kleine Geschmacksnuance ins Bewusstsein. Können Sie den Geschmack beschreiben? Kauen Sie langsam und gründlich. Ändert sich dabei der Geschmack? Schlucken Sie die Rosine jetzt herunter. Was spüren Sie in den Backenmuskeln, auf der Zunge, im Hals? Nehmen Sie genau wahr, wie die Rosine Richtung Magen verschwindet.

Das Rosinenessen als Achtsamkeitsübung hat Jon Kabat-Zinn populär gemacht. Jon Kabat-Zinn ist ein US-amerikanischer Molekularbiologe, der in den späten 70er-Jahren des vorigen Jahrhunderts ein Programm zur Stressreduktion durch Achtsamkeit entwickelt hat, das sogenannte MBSR-Programm; MBSR steht für „Mindfulness Based Stress Reduction". Dabei handelt es sich um einen achtwöchigen Kurs, in dem verschiedene Achtsamkeitstechniken vermittelt werden und die Teilnehmer lernen, die Achtsamkeit in ihren Alltag zu integrieren. Am Anfang des Kurses steht meistens die Übung mit der Rosine, und so kommt es, dass inzwischen auf der ganzen Welt ständig Menschen achtsam Rosinen essen und auf diese Weise den ersten Schritt tun, um mit ihrem Stress besser zurechtzukommen.

Jon Kabat-Zinn, „Gesund durch Meditation"

Sein Verfahren der achtsamkeitsbasierten Stressreduktion hat Jon Kabat-Zinn 1991 in einem Buch beschrieben, das in der deutschen Ausgabe den Titel *Gesund durch Meditation* trägt. In der amerikanischen Originalausgabe heißt das Buch *Full Catastrophe Living,* und mit diesem Titel bezieht sich der Autor auf den berühmten Film *Alexis Sorbas* von Michael Cacoyannis. In diesem Film gibt es eine Stelle, an der Alexis auf die Frage, ob er schon einmal verheiratet gewesen ist, antwortet: „Ich bin ein Mann. Natürlich war ich verheiratet … Ich hatte eine Frau, ein Haus, Kinder, einfach alles … Die ganze Katastrophe." Für Jon Kabat-Zinn bedeutet der Begriff „Katastrophe" nicht Unglück, sondern umfasst ganz einfach die ganze Komplexität des menschlichen Lebens, zu dem existenzielle Krisen genauso gehören wie all die kleinen Widrigkeiten, aber eben auch Freude und Glück. Wörtlich schreibt Kabat-Zinn: „Fertigzuwerden mit dem Druck, unter dem wir zu Hause und bei der Arbeit stehen, den Problemen, die sich uns stellen, und den Enttäuschungen, die wir verarbeiten müssen, verlangt von uns einen ständigen Balanceakt, um den Kopf über Wasser zu halten. All das ist Teil der Katastrophe." (Jon Kabat-Zinn: *Gesund durch Meditation.* Knaur, 2011, Seite 22.) Achtsamkeit ist in diesem Sturm das Zaubermittel, das es uns erlaubt, auf den Wellen zu surfen, ohne in ihnen unterzugehen.

Heute ist die Wirksamkeit des MBSR-Programms durch eine Vielzahl von Studien eindrucksvoll belegt, und wir empfehlen jedem, das Buch von Jon Kabat-Zinn zu lesen oder, noch besser – falls die Möglichkeit besteht –, selbst einen MBSR-Kurs mitzumachen (aber erst, wenn Sie mit diesem Buch fertig sind; jetzt ist Ihre Aufgabe, achtsam die Übungen zu den sechs ACT-Kernprozessen durchzuarbeiten).

Body Scan

Die nächste Übung, der Body Scan, ist ebenfalls ein fester Bestandteil des MBSR-Programms von Kabat-Zinn. Doch bevor wir dazu kommen, machen wir zur Einstimmung eine kleine Entspannungsübung.

Übung

Anspannen und loslassen

Ballen Sie die rechte Hand fünf bis sieben Sekunden lang zu einer festen Faust. Atmen Sie ruhig weiter, und spüren Sie dabei die Spannung im Arm. Entspannen Sie nun die Hand vollständig. Spüren Sie, wie die Entspannung sich im Unterarm ausbreitet? Was können Sie noch beobachten? Vergleichen Sie das Gefühl in beiden Händen.

Diese Übung geht auf den amerikanischen Arzt Edmund Jacobson zurück, der eine Technik entwickelt hat, die er „Progressive Muskelrelaxation“ nannte. Dabei werden nacheinander verschiedene Muskelpartien angespannt, die Muskelspannung wird kurz gehalten und dann wieder gelöst. Die Konzentration liegt während der ganzen Übung darauf, den Wechsel zwischen Spannung und Entspannung genau wahrzunehmen und auch die verschiedenen Körperempfindungen, die damit verbunden sind. Dadurch tritt Entspannung nicht nur auf der körperlichen, sondern auch auf der geistigen und emotionalen Ebene ein. Das Ziel der Technik ist, dass Menschen die Fähigkeit entwickeln, durch Übung jederzeit willkürlich eine muskuläre Entspannung herbeizuführen. Inzwischen ist die Technik sehr verbreitet, und Volkshochschulen und Krankenkassen bieten laufend Kurse an, in denen man sie erlernen kann.

In gewisser Weise ist die Progressive Muskelrelaxation von Jacobson eine Achtsamkeitstechnik, weil die Wirkung im Endeffekt durch eine verbesserte Körperwahrnehmung erzielt wird. Der Unterschied ist der, dass es bei den

Achtsamkeitsübungen, die man im Rahmen des MBSR-Programms oder der Akzeptanz- und Commitment-Therapie einsetzt, nicht um kurzfristige Entspannung geht, auch wenn diese Übungen manchmal sehr entspannend sein können. Achtsamkeit zielt auf viel mehr, auf eine ganzheitliche Erfahrung des Augenblicks, die gleichzeitig die Welt und die eigene Person umfasst. Wenn man sie regelmäßig übt, verändert Achtsamkeit das Bewusstsein (und auch das Gehirn) und führt zu einer nachhaltigen Heilung von Körper und Geist.

Für den Body Scan suchen Sie sich bitte einen Platz, an dem Sie nicht gestört werden. Am besten ist es, wenn Sie sich auf einer Yogamatte, einer Liege oder einem Bett auf den Rücken legen und Arme und Beine ausstrecken. Sie können die Übung aber auch im Sitzen absolvieren. Wichtig ist, dass Sie in einem bequemen Stuhl oder Sessel sitzen, in dem Sie sich anlehnen können, damit Sie keine Kraft und keine Energie aufwenden müssen, um sich aufrecht zu halten. Wenn Sie Ihre Position gefunden haben, folgen Sie einfach dem gesprochenen Instruktionstext, den Sie unter www.act-gegen-burnout.de herunterladen können. Der Body Scan dauert etwa 45 Minuten. Eine Kurzfassung haben wir hier abgedruckt.

Übung

Body Scan

Dies ist der Body Scan.
Wir nennen es Body Scan, weil Sie Ihren Körper sozusagen aufmerksam scannen. Sie gehen mit Ihrer Aufmerksamkeit Schritt für Schritt an den verschiedenen Teilen Ihres Körpers entlang.
Schließen Sie die Augen, wenn sich das gut anfühlt.
Überlegen Sie kurz, was das Ziel dieser Übung ist.
Das Ziel der Übung ist, dass Sie lernen, Ihre Aufmerksamkeit auf die verschiedenen Teile Ihres Körpers zu richten. Es kann vorkommen, dass Sie sich durch diese Übung entspannen, aber das ist nicht der Sinn der Übung.
Vielleicht beginnen Sie damit, zu spüren, wo Ihr Körper am Untergrund aufliegt.
Ist er hart oder weich?
Richten Sie nun die Aufmerksamkeit auf Ihren Atem.
Spüren Sie, wie Sie ein- und ausatmen.

Audio-Datei zum Downloaden unter www.act-gegen-burnout.de

»

» Konzentrieren Sie sich dann auf die Zehen am linken Fuß, und finden Sie heraus, ob Sie dort etwas spüren.
Vielleicht spüren Sie Wärme oder Kälte.
Vielleicht spüren Sie nichts. Auch das ist in Ordnung; es geht vor allem darum, dass Sie Ihre Aufmerksamkeit darauf lenken.
Verlagern Sie Ihre Aufmerksamkeit auf die Ferse des linken Fußes.
Vielleicht spüren Sie, wo sie den Boden berührt.
Konzentrieren Sie sich auf den ganzen linken Fuß.
Wandern Sie mit Ihrer Aufmerksamkeit zur linken Wade und dann zum linken Knie.
Bemerken Sie, wann Ihre Gedanken abschweifen. Akzeptieren Sie, dass Sie kurz abgeschweift sind, und bringen Sie dann Ihre Aufmerksamkeit auf freundliche Weise wieder zum linken Knie.
Konzentrieren Sie sich auf den linken Oberschenkel.
Spüren Sie, wo er am Boden aufliegt.
Vielleicht spüren Sie auch Ihre Muskeln oder die Umgebungstemperatur.
Auch wenn Sie nichts spüren, ist das in Ordnung.
Konzentrieren Sie sich dann auf Ihr ganzes linkes Bein.
Lassen Sie dann die Aufmerksamkeit für Ihr linkes Bein los, verlagern Sie die Aufmerksamkeit auf die Zehen am rechten Fuß, und finden Sie heraus, ob Sie dort etwas spüren.
Bringen Sie Ihre Aufmerksamkeit zur Ferse des rechten Fußes.
Vielleicht spüren Sie, wo sie den Boden berührt.
Konzentrieren Sie sich auf den ganzen rechten Fuß.
Dann auf die rechte Wade.
Das rechte Knie.
Bringen Sie Ihre Aufmerksamkeit zum rechten Oberschenkel.
Spüren Sie, wo er den Boden berührt.
Vielleicht spüren Sie die Temperatur oder Ihre Kleidung.
Vielleicht spüren Sie nichts; auch das ist in Ordnung.
Wenn Sie merken, dass Ihre Gedanken abschweifen, akzeptieren Sie, dass Sie kurz abgelenkt waren. Es ist normal, dass Ihre Gedanken abschweifen. »

» Bringen Sie Ihre Aufmerksamkeit freundlich wieder zurück zu Ihrem rechten Oberschenkel.
Konzentrieren Sie sich dann auf das ganze rechte Bein.
Lassen Sie dann die Aufmerksamkeit für das rechte Bein los.
Konzentrieren Sie sich auf Ihren Bauch.
Vielleicht spüren Sie, wie Ihr Bauch sich hebt und senkt, wenn Sie ein- und ausatmen.
Konzentrieren Sie sich auf Ihren Brustkorb.
Vielleicht spüren Sie auch, wie dieser sich beim Atmen bewegt.
Wandern Sie mit Ihrer Aufmerksamkeit zum Gesäß.
Spüren Sie, wie es den Boden berührt.
Bringen Sie Ihre Aufmerksamkeit dann zum Rücken.
Spüren Sie, wo er Kontakt zum Boden hat.
Bringen Sie Ihre Aufmerksamkeit in die Finger der linken Hand.
Vielleicht spüren Sie in den Fingern der linken Hand etwas.
Konzentrieren Sie sich auf die ganze linke Hand.
Dann auf den linken Unterarm.
Den linken Ellenbogen.
Dann auf den linken Oberarm.
Konzentrieren Sie sich auf den ganzen linken Arm.
Vielleicht spüren Sie, wo der Arm den Boden berührt.
Oder vielleicht spüren Sie Ihre Kleidung oder die Temperatur.
Wenn Sie merken, dass Ihre Aufmerksamkeit von Gedanken oder Geräuschen abgelenkt wird, bringen Sie die Aufmerksamkeit freundlich wieder zurück zu Ihrem linken Arm.
Lassen Sie die Aufmerksamkeit für Ihren linken Arm los, und konzentrieren Sie sich auf die Finger der rechten Hand.
Dann auf die ganze rechte Hand.
Den rechten Unterarm.
Den rechten Ellenbogen.
Den rechten Oberarm.
Konzentrieren Sie sich nun auf den ganzen rechten Arm. »

» Vielleicht spüren Sie, wo Ihr Arm den Boden berührt, Ihre Kleidung oder die Umgebungstemperatur.
Lassen Sie die Aufmerksamkeit für Ihren rechten Arm los.
Konzentrieren Sie sich auf Ihren Hals.
Das Kinn.
Konzentrieren Sie sich auf Ihren Mund.
Was spüren Sie im Mund und an den Lippen?
Wandern Sie mit Ihrer Aufmerksamkeit zu den Augen, den Augenlidern.
Bringen Sie Ihre Aufmerksamkeit zu Ihrer Stirn.
Dann ins Genick.
Was spüren Sie im Genick?
Vielleicht ist es Schmerz, vielleicht auch ein anderes Gefühl. Auch das ist in Ordnung.
Konzentrieren Sie sich auf Ihren Hinterkopf und die Stelle, wo er den Boden berührt.
Lassen Sie dann auch die Aufmerksamkeit für Ihren Kopf los, und kehren Sie mit der Aufmerksamkeit zurück zu Ihrer Atmung.
Atmen Sie ein, und drücken Sie den Atem dann nach unten.
Spüren Sie, wie der Atem nach unten geht.
Versuchen Sie, das ein paarmal zu wiederholen.
Einatmen und die Luft nach unten drücken.
Wenn Sie merken, dass es nicht geht, folgen Sie einfach weiter der Atmung mit Ihrer Aufmerksamkeit.
Lassen Sie die Aufmerksamkeit für Ihre Atmung und Ihren Körper los.
Sie brauchen nichts zu tun, nichts zu verändern, einfach nur anwesend zu sein.
Offen für das, was in diesem Augenblick ist. Und einfach nur sein.
Wenn Ihnen das unangenehm ist, folgen Sie noch kurz Ihrer Atmung.
Spüren Sie wieder Ihren Körper.
Spüren Sie den Kontakt zwischen Ihrem Körper und der Unterlage.
Danken Sie sich selbst, dass Sie sich die Zeit genommen haben, sich positiv mit sich selbst zu beschäftigen.
Wenn Sie die Glocke gehört haben, können Sie die Augen öffnen und sich langsam wieder bewegen.

Den Body Scan und die beiden folgenden Meditationsübungen haben wir dem Buch „Achtsamkeit für Menschen mit Autismus“ von Annelies Spek entnommen.

Hinweis

Wenn es juckt oder schmerzt

Wir möchten Sie noch auf etwas hinweisen, das für jede Meditationsübung gilt: Es kann durchaus passieren, dass es irgendwo im Körper schmerzt oder dass die Haut irgendwo juckt. Oft verspüren wir dann den dringenden Impuls, etwas dagegen zu tun, uns beispielsweise zu kratzen. Geben Sie diesem Impuls nicht nach, sondern nehmen Sie ihn einfach wahr, und kehren Sie dann zur ursprünglichen Übung zurück. Falls der Schmerz oder das Jucken zu sehr ins Bewusstsein drängt, richten Sie Ihre Aufmerksamkeit darauf. Irgendwann werden Sie feststellen, dass diese Körperempfindungen einfach verschwunden sind. Kehren Sie dann wieder zur Übung zurück.

Der Body Scan geht zurück auf das sogenannte „Body-Sweeping“, eine Technik aus der Vipassana-Meditation. Die Vipassana-Meditation hat ihren Ursprung im Theravada-Buddhismus. Sie ist ein Übungsweg mit dem Ziel, das Leiden zu überwinden, das durch Nichtsehen und durch Verblendung entsteht, und so das Befreiende des Nirwana zu erlangen. Das sei für die erwähnt, die sich für den spirituellen Hintergrund des Verfahrens interessieren. Um den Body Scan zu üben oder andere Meditationsübungen durchzuführen, ist es nicht notwendig, irgendetwas über Buddhismus zu wissen, geschweige denn, einer bestimmten Religion anzuhängen. Achtsamkeit ist grundsätzlich religions- und ideologiefrei. Wir betonen dies immer wieder, weil wir die Erfahrung gemacht haben, dass Achtsamkeit und Meditation häufig in die Schublade Esoterik gepackt werden. Mit Esoterik hat aber das, was wir hier machen, nichts zu tun. Es geht uns darum, Techniken zu vermitteln, die – und das ist wissenschaftlich belegt – den Stress in unserem Leben höchst wirkungsvoll neutralisieren können.

Sitzen

Auch die nächste Übung ist im Grunde eine buddhistische Meditationstechnik. Im Unterschied zum Body Scan sollten Sie dabei aber nicht liegen, sondern möglichst aufrecht sitzen, auf einem Kissen, einem Meditationsbänkchen oder einem Stuhl.

Suchen Sie sich wiederum einen Platz, an dem Sie ungestört sind, und folgen Sie den gesprochenen Instruktionen, die Sie unter www.act-gegen-burnout.de herunterladen können.

Übung

Audio-Datei zum Downloaden unter www.act-gegen-burnout.de

Sitzmeditation

Schließen Sie die Augen, wenn sich das gut anfühlt.
Spüren Sie, wie Sie sitzen oder liegen.
Achten Sie darauf, wo Ihr Körper den Stuhl oder die Matte berührt.
Lassen Sie sich Zeit, um das gut zu spüren.
Diese Übung ist nicht dazu gedacht, dass Sie sich entspannen oder ruhiger werden.
Es ist eine Übung, um Ihre Aufmerksamkeit zu lenken.
Die Übung hilft Ihnen, im Jetzt zu sein, bei dem, was jetzt ist.
Es gibt keine gute oder schlechte Art, diese Übung auszuführen.
Es gibt nur Ihre Art, die Übung zu machen.
Und Ihre Art ist immer richtig.
Wir beginnen damit, die Aufmerksamkeit auf die Atmung zu richten.
Spüren Sie, wie die Luft in Sie hinein- und wieder hinausströmt, wie die Luft durch die Nase hereinkommt und Ihre Lungen füllt.
Spüren Sie, wie Ihr Bauch beim Einatmen nach außen geht.
Und wieder nach innen, wenn Sie ausatmen.
Folgen Sie Ihrer Atmung von einem Augenblick zum nächsten.
Spüren Sie, wie Ihr Bauch sich hebt und senkt.
Sie brauchen nichts an Ihrer Atmung zu verändern.
Bleiben Sie einfach bei Ihrer Atmung.
Folgen Sie Ihrer Atmung, ohne dass Sie damit etwas erreichen wollen.
Bemerken Sie, wenn Sie abgelenkt werden.
Kehren Sie, ohne weiter darüber nachzudenken, auf freundliche, aber bestimmte Art zu Ihrer Atmung zurück.
Spüren Sie, wie Ihr Bauch mit der Atmung nach außen und wieder nach innen geht.
Folgen Sie mit Ihrer Aufmerksamkeit dem, was in Ihrem Bauch geschieht, wenn Sie atmen.

»

» Lassen Sie Ihre Atmung einfach laufen.
Folgen Sie weiter Ihrer Atmung.
Immer, wenn Sie abgelenkt werden, können Sie wieder damit beginnen, zu spüren, wie Sie sitzen oder liegen und wie Sie atmen.
Spüren Sie, wie Ihr Bauch sich beim Atmen hebt und senkt.
Jetzt verschieben wir den Schwerpunkt der Aufmerksamkeit.
Sie brauchen Ihre Aufmerksamkeit nicht mehr auf Ihre Atmung zu lenken.
Sie richten Ihre Aufmerksamkeit jetzt auf Ihren Körper.
Vielleicht können Sie spüren, wo Ihr Körper die Matte, das Kissen oder den Stuhl berührt.
Nehmen Sie sich die Zeit, das gut zu spüren.
Spüren Sie auch, wo Ihre Arme und Hände den Körper berühren.
Was empfinden Sie in diesem Augenblick in Ihrem Körper?
Es kann sein, dass Sie Wärme oder Kälte fühlen.
Es kann sein, dass Sie Schmerz fühlen oder andere körperliche Wahrnehmungen.
Werden Sie sich dieser körperlichen Empfindungen so gut wie möglich bewusst.
Falls Sie gar nichts fühlen, ist das auch in Ordnung.
Es kann sein, dass Sie Ihren Körper als Ganzes spüren.
Aber es kann auch sein, dass Sie nur bestimmte Stellen in Ihrem Körper spüren.
Sie brauchen nichts mit dem zu tun, was Sie in Ihrem Körper fühlen.
Sie brauchen nichts zu verändern, nichts zu erreichen.
Sie müssen sich nur damit beschäftigen, was Sie in Ihrem Körper fühlen.
Und bemerken Sie, wenn Sie mit Ihren Gedanken woanders sind.
Akzeptieren Sie, dass Sie abgelenkt wurden.
Nutzen Sie dann dieses Bewusstsein, um wieder damit zu beginnen, Ihren Körper zu spüren.
Finden Sie dann heraus, ob es eine Stelle in Ihrem Körper gibt, die Sie besonders intensiv fühlen.
Vielleicht empfinden Sie dort Schmerz oder Spannungen – oder vielleicht ein angenehmes Gefühl. »

» Wenn es in Ihrem Körper keine Stelle gibt, die Sie intensiv fühlen, wählen Sie dann einen bestimmten Körperteil aus, auf den Sie Ihre Aufmerksamkeit richten.
Versuchen Sie, Ihre Aufmerksamkeit für eine Weile bei dieser Körperstelle zu halten, die Sie gerade ausgewählt haben.
Sie brauchen nichts Besonderes zu suchen.
Lenken Sie einfach Ihre Aufmerksamkeit auf diese Stelle in Ihrem Körper.
Was spüren Sie an dieser Stelle?
Und wo steckt dieses Gefühl genau?
Vielleicht ist es an einem spezifischen Ort, vielleicht verändert sich das auch.
Vielleicht gelingt es Ihnen, eine Weile mit Ihrer Aufmerksamkeit bei dieser Stelle zu bleiben.
Es kann sein, dass sich das Gefühl an dieser Stelle in Ihrem Körper verändert; das ist in Ordnung.
Wenn Sie merken, dass Sie von Gedanken abgelenkt werden, nehmen Sie wieder Kontakt mit dieser Stelle in Ihrem Körper auf.
Vielleicht können Sie dem Gefühl an dieser Stelle in Ihrem Körper Raum geben, ohne etwas daran zu verändern.
Sie brauchen nichts zu lösen.
Lassen Sie zu, dass Sie das spüren, was Sie an dieser Stelle spüren.
Konzentrieren Sie sich auf das Gefühl, ohne es loswerden zu wollen.
Lassen Sie dann die Aufmerksamkeit für diese Stelle im Körper los.
Spüren Sie wieder, wie Sie sitzen oder liegen, wo Ihr Körper den Stuhl oder die Matte berührt.
Dann verändert sich der Schwerpunkt wieder.
Lassen Sie die Aufmerksamkeit für Ihren Körper los.
Richten Sie dann Ihre Aufmerksamkeit auf das, was Sie hören.
Öffnen Sie sich für die Geräusche um Sie herum.
Hören Sie auf die Geräusche der Welt.
Auf alle Geräusche, die hereinkommen.
Geräusche in der Nähe und weiter weg.
Laute und leisere Geräusche. »

» Hören Sie, ohne etwas zu suchen.
Ohne mit den Geräuschen etwas anzufangen.
Wenn Sie merken, dass Sie sich mit der Bedeutung der Geräusche beschäftigen, denken Sie daran, dass Sie eigentlich nicht mehr hören, sobald Sie über die Geräusche nachdenken.
In diesen Momenten können Sie einfach wieder mit dem Hören beginnen.
Hören Sie auf die Geräusche um sich herum.
Vielleicht hören Sie auch die Stille zwischen den Geräuschen.
Sie brauchen nichts zu suchen, nichts zu erklären, nichts zu erreichen.
Sie brauchen sich nur zu öffnen für die Geräusche und die Stille des Augenblicks.
Und immer, wenn Sie sich bewusst werden, dass Sie Gedanken über die Geräusche haben, können Sie wieder mit dem Hören beginnen.
Hören Sie auf die Geräusche im Jetzt.
Öffnen Sie sich für die Geräusche, die da sind.
Hören Sie auf den Augenblick.
Vielleicht können Sie in den letzten Minuten der Übung damit aufhören, Ihre Aufmerksamkeit zu lenken.
Sie brauchen sich auf nichts zu konzentrieren.
Seien Sie einfach anwesend bei dem, was ist.
Wenn Ihnen das schwerfällt, können Sie Ihre Aufmerksamkeit auf Ihre Atmung lenken.
Und dann spüren Sie wieder Ihren Körper.
Fühlen Sie, wo Ihr Körper den Stuhl oder die Matte berührt.
Spüren Sie Ihren Atem.
Bedanken Sie sich bei sich selbst dafür, dass Sie sich auf diese Weise mit sich beschäftigt haben.
Wenn Sie die Glocke gehört haben, können Sie sich langsam wieder bewegen und die Augen öffnen.

Noch einmal weisen wir darauf hin: Bei der Sitzmeditation handelt es sich nicht um eine Konzentrationsübung. Das ist wichtig. Es geht nicht darum – um eine paradoxe Formulierung zu benutzen –, sich mit aller Kraft zu entspannen. Es geht darum, das wahrzunehmen, was ist. Und wenn es Sie an der Nase juckt, so ist dieses Jucken das, was ist. Nehmen Sie das Jucken wahr und auch den Handlungsimpuls, sich zu kratzen, der eventuell damit einhergeht. Nehmen Sie wahr, was Sie dabei empfinden. Das, was Sie dabei empfinden, ist gut und richtig, denn es ist das, was ist. Wenn Sie sich während der Übung entspannen, so ist Entspannung das, was ist. Nehmen Sie es wahr. Es ist gut so. Wenn Sie häufig abgelenkt werden, ist die Ablenkung das, was ist. Nehmen Sie sie wahr, und kehren Sie zu Ihrer Übung zurück. Und wenn Sie sehr unruhig sind, sodass Sie sich kaum auf dem Kissen halten können, so ist die Unruhe das, was ist. Nehmen Sie sie wahr, und öffnen Sie sich einfach dem Augenblick. Uns ist klar, dass das gerade in Zeiten, in denen wir nervös, unruhig und getrieben sind, nicht immer ganz einfach ist. Aber bleiben Sie dabei! Beobachten Sie Ihre Nervosität, Ihre Anspannung, und Sie werden feststellen, wie sie sich verändert. Vielleicht wird sie kleiner, vielleicht wird sie auch größer, vielleicht verändert sich ihre Qualität. Bleiben Sie dabei, nehmen Sie einfach wahr, was geschieht.

Gehen

Na gut, wir wollen nicht so sein. Für den Fall, dass Sie mit dem Stillsitzen überhaupt nicht zurechtkommen, gibt es noch eine andere Form der Meditation, die Sie üben können und bei der Sie sich bewegen dürfen: die Gehmeditation. Die gesprochene Instruktion finden Sie wiederum im Downloadbereich unter www.act-gegen-burnout.de.

Übung

Gehmeditation

Stellen Sie sich hin, die Füße etwa 10 bis 15 Zentimeter auseinander, die Knie leicht gebeugt.
Lassen Sie die Arme neben dem Körper hängen.
Sie können nach vorn schauen, zum Beispiel auf einen Punkt am Boden oder im Raum.
Spüren Sie, dass Ihre Füße den Boden berühren. »

» Fühlen Sie, wie Ihr Körpergewicht auf Ihren Beinen und Füßen ruht.
Beginnen Sie, in ruhigem Tempo zu gehen.
Finden Sie ein Tempo, das Ihnen angenehm ist.
Und richten Sie Ihre Aufmerksamkeit auf die Füße.
Was spüren Sie in den Füßen, wenn Sie gehen?
Bleiben Sie sich der ständig wechselnden Empfindungen in Ihren Füßen bewusst.
Wenn Sie merken, dass Ihre Gedanken abwandern, bringen Sie Ihre Aufmerksamkeit freundlich zu Ihren Füßen zurück.
Das können Sie immer wieder tun.
Bleiben Sie mit Ihrer Aufmerksamkeit bei Ihren Füßen, während Sie gehen.
Spüren Sie, wie Sie die Füße aufsetzen.
Spüren Sie, wie Ihre Ferse den Boden berührt, wie der Fuß abrollt, bis die Zehen den Boden berühren.
Jeden Schritt neu.
Lassen Sie dann die Konzentration auf Ihre Füße los und richten Sie sie auf Ihre Beine.
Was spüren Sie in den Beinen, wenn Sie gehen?
Seien Sie sich bei jedem Schritt der Empfindungen in Ihren Beinen bewusst.
Spüren Sie, wie Ihre Beine Sie fortbewegen.
Lassen Sie die Aufmerksamkeit für Ihre Beine los, und richten Sie sie auf Ihren Oberkörper.
Was spüren Sie in Ihrem Oberkörper, wenn Sie gehen?
Spüren Sie, wie sich das Gleichgewicht in Ihrem Körper beim Gehen verlagert.
Halten Sie Ihre Aufmerksamkeit im Oberkörper.
Gehen Sie dann etwas langsamer.
Immer langsamer, bis Sie zum Stehen kommen.
Konzentrieren Sie sich auf das Gefühl in Ihren Füßen, während Sie still stehen.
Was spüren Sie in Ihren Füßen?
Und dann gehen Sie mit Ihrer Aufmerksamkeit zu den Beinen.
Was spüren Sie in Ihren Beinen?
Spüren Sie den ganzen Körper. »

Audio-Datei zum Downloaden unter www.act-gegen-burnout.de

» Spüren Sie, wie Sie hier stehen.
Vielleicht können Sie spüren, dass Ihr Körper nach dem Gehen ruhiger ist.
Lenken Sie Ihre Aufmerksamkeit auf Ihre Atmung.
Konzentrieren Sie sich auf die Atmung, spüren Sie, wie Sie ein- und ausatmen.
Wenn Sie die Glocke hören, beenden Sie die Übung.

Hören

Sie können Achtsamkeit nicht nur im Rahmen solcher formalen Übungen trainieren, sondern auch im Alltag. Jede noch so banale Tätigkeit eignet sich dazu. Sie können sich achtsam die Zähne putzen, achtsam Geschirr spülen, achtsam essen und trinken. Oder Sie können achtsam Musik hören.

Übung

Achtsam Musik hören

Legen Sie ein Stück klassischer Musik auf, zum Beispiel das vierte der wunderbaren Brandenburgischen Konzerte von Johann Sebastian Bach (es gibt viele Menschen, die behaupten, dass allein schon das Hören von Bach-Musik eine ausgesprochen stressreduzierende Wirkung hat), und vertiefen Sie sich in die Musik. Achten Sie genau auf die einzelnen Instrumente. Hören Sie die Flöten? Folgen Sie aufmerksam ihrer Melodie. Nun der Einsatz der Violine: Achten Sie nur auf dieses Instrument, und verfolgen Sie nun den Dialog, der zwischen den Flöten und der Violine entsteht.
Hören Sie den Bass, der im Untergrund seine Akzente setzt? Achten Sie ganz gezielt auf jede einzelne Instrumentengruppe, die Flöten, die Solovioline, die restlichen Streicher, den Bass, versuchen Sie, sich nacheinander auf jeden einzelnen Teilnehmer am Konzert zu konzentrieren. Was passiert mit den anderen Instrumenten, wenn Sie zum Beispiel nur den Bassfiguren folgen? Was, wenn Sie ganz eins werden mit den Flöten?
Nehmen Sie nun alle Instrumente gleichzeitig wahr, lassen Sie alle gleichzeitig in Ihr Bewusstsein treten, und achten Sie auf das großartige Zusammenspiel.

»

» Wechseln Sie mehrere Male hin und her, konzentrieren Sie sich einmal auf einzelne Instrumente, und nehmen Sie dann das ganze Orchester wahr. Wie fühlt sich das an? Gelingt es Ihnen jetzt, den gesamten Klangkörper und die einzelnen Teilnehmer gleichzeitig ganz bewusst zu hören?

Wir haben für die Übung ein klassisches Musikstück ausgesucht, weil sich klassische Musik dazu besonders gut eignet. Grundsätzlich ist aber jede Art von Musik möglich, solange sie nicht einen allzu simplen Ohrwurmcharakter hat. Das Entscheidende an der Übung ist der Wechsel in der Art der Wahrnehmung: Einmal fokussieren wir die Aufmerksamkeit auf einzelne Instrumente oder eine Gruppe von Instrumenten, dann wieder auf das Zusammenspiel. Wenn es uns gelingt, beides gleichzeitig ganz in unserem Bewusstsein zu halten, werden wir feststellen, dass die Musik eine andere Qualität bekommt. Das ist dann tatsächlich ein Augenblick reinster Achtsamkeit.

Das Ganze funktioniert nicht nur mit der göttlichen Musik von Johann Sebastian Bach, sondern praktisch in jeder Situation, in der es etwas Vielstimmiges zu hören gibt. Im Alltag kann dies zum Beispiel eine überfüllte Kantine, ein Kaufhaus in der Rushhour oder auch ein lärmiger Bahnhof sein. Probieren Sie es doch einfach einmal aus, wenn Sie auf den Zug warten: Stellen Sie sich ein wenig abseits, damit die anderen Teilnehmer am öffentlichen Personennahverkehr Sie nicht überrennen, schließen Sie die Augen, und nehmen Sie wahr, was Sie hören. Welche einzelnen Stimmen und Geräusche können Sie unterscheiden? Hören Sie das Paar neben sich, das sich über irgendeine belanglose Angelegenheit unterhält? Seien Sie ganz Ohr, konzentrieren Sie sich nur auf diese beiden Stimmen. Es geht nicht um den Inhalt des Gesprächs, es geht um die Stimmen. Wie hoch sind sie, wie tief? Fühlen sie sich angenehm an? Sind sie abgehackt, oder bilden sie einen ruhigen Fluss? Wie ist die Melodie, wie der Rhythmus? Hören Sie jetzt die Durchsage im Lautsprecher. Hören Sie den einfahrenden Zug, das Quietschen der Bremsen, das Öffnen der Türen. Folgen Sie alldem mit Ihrer Aufmerksamkeit wie eben den einzelnen Instrumenten in Bachs Brandenburgischem Konzert. Richten Sie dann Ihre Aufmerksamkeit auf das Gemurmel im Hintergrund, die vielen Stimmen, die Schritte der Menschen, diesen Klangteppich undefinierbarer

Geräusche. Hören Sie nun alles zusammen, die eigenartige Harmonik, das Zusammenspiel der verschiedenen Teilnehmer am Geschehen – ein Konzert, eine Symphonie, wie sie nur die größten Komponisten zustande bringen.

Achtsames Hören ist eine wunderbare Übung, und da wir den ganzen Tag über sowieso irgendwelche Dinge hören müssen, gegen die wir uns nicht wehren können, bietet es sich an, immer mal wieder sozusagen den Spieß umzudrehen und den Stimmen, den Geräuschen und der Harmonik, die sie zusammen ergeben, bewusst und aktiv nachzuspüren, auch wenn es manchmal nur für einige Sekunden ist. Achten Sie doch einfach mal, wenn Sie sich mit jemandem unterhalten, nicht nur auf das, was er sagt, sondern ganz bewusst auf die Stimme und auf die Sprachmodulation Ihres Gesprächspartners. Spricht Ihr Gegenüber flüssig oder mit Unterbrechungen? Ist seine Stimme klar oder belegt? Klingt sie ruhig oder aufgeregt? Warm oder eisig? Wirkt sie harmonisch oder dissonant? Achten Sie auch darauf, was diese Stimme in Ihnen auslöst. Welche Saiten schlägt sie in Ihnen an? Was spüren Sie, wenn Sie der Stimme zuhören? Und wie, glauben Sie, fühlt sich Ihr Gegenüber, während er – oder sie – spricht? Sie werden sehen, dass das Gespräch eine ganz neue Qualität annimmt, wenn Sie auf all diese Dinge achten, und dass sich dadurch auch Ihre Rolle als Gesprächspartner ändert. Denn Sie nehmen dadurch eine andere Perspektive auf das Ganze ein und sind so in der Lage, souveräner, flexibler und der Situation angemessener zu reagieren. Gerade in Gesprächen, die grundsätzlich ein großes Stresspotenzial für uns bereithalten, ist dies ein unschätzbarer Vorteil.

So weit zum Kernprozess Achtsamkeit. Bitte rufen Sie sich die einzelnen Übungen noch einmal ins Bewusstsein, und spüren Sie nach, wie es Ihnen damit ergangen ist. Mit welchen Übungen konnten Sie etwas anfangen? Was haben Ihnen diese Übungen gebracht? Wie können Sie Achtsamkeit künftig in Ihren Tagesablauf integrieren? Vielleicht fallen Ihnen zusätzlich zu dem, was Sie in diesem Abschnitt erfahren haben, weitere Techniken ein, mit denen Sie in ganz verschiedenen Situationen Achtsamkeit üben können.

Bitte nehmen Sie sich etwas Zeit, sich mit diesen Fragen auseinanderzusetzen, und schreiben Sie dann auf, was Ihnen durch den Kopf gegangen ist.

In den nächsten Wochen – mindestens jedoch so lange, wie Sie mit diesem Buch arbeiten – sollen Sie jeden Tag eine formale Achtsamkeitsübung durchführen. Wir empfehlen, dass Sie in der ersten Woche jeden Tag den Body Scan üben und danach immer abwechselnd den Body Scan und die Sitzmeditation. Es hat sich bewährt, dafür einen festen Zeitpunkt zu wählen. Zwar ist es grundsätzlich egal, wann genau am Tag Sie üben, aber die Erfahrung zeigt, dass es so leichter ist, als sich jedes Mal aufs Neue Zeit freischaufeln zu müssen. Besonders zu empfehlen ist, die Meditation morgens direkt nach dem Aufstehen zu machen. Dafür lohnt es sich, den Wecker etwas früher zu stellen. Sie werden merken, dass Sie sich nach der Meditation fitter und wacher fühlen, als wenn Sie die Dreiviertelstunde länger geschlafen hätten. Auch wenn Sie sich schlecht fühlen, wenn Sie angespannt oder nicht in der richtigen Stimmung sind: Machen Sie Ihre Übungen. Auch diese Eindrücke, Empfindungen und Gefühle lassen sich wahrnehmen und achtsam beobachten – und genau das ist es ja, worum es geht. Und wenn Ihr Verstand Ihnen sagt, dass es ja gar nicht so schlimm ist, heute einmal auszusetzen; oder wenn er Ihnen sagt, dass es reicht, morgen damit zu beginnen; oder wenn er sonst irgendwelche Gründe vorträgt, warum Sie heute nicht üben müssen, dann bedanken Sie sich bei ihm für seinen Beitrag, und machen Sie Ihre Meditation!

Und bitte vergessen Sie nicht, Ihr Tagebuch der unangenehmen Ereignisse weiterzuführen.

7 Akzeptanz – annehmen, was ist

Wegschieben

Bitte nehmen Sie noch einmal Ihre Tagebuchauswertung zur Hand. Darin halten Sie ja auch fest, welche Strategien Sie einsetzen, um mit unangenehmen Situationen zurechtzukommen. Nehmen Sie sich diese nun vor, und prüfen Sie bitte, ob darunter Vermeidungsstrategien sind. Dazu gehört alles, was Sie tun, um sich beispielsweise abzulenken, der Situation zu entziehen oder abzuschotten. Manchmal ist es gar nicht so leicht zu sagen, ob ein bestimmtes Verhalten Teil einer Vermeidungsstrategie ist oder nicht. Stellen Sie sich vor, Sie gehen zum Joggen. Sich körperlich fit zu halten, ist wichtig, und so ist es nur lobenswert, wenn Sie aktiv sind. Manchmal heißt Joggen aber einfach nur weglaufen, zum Beispiel wenn wir joggen, um die Steuererklärung, die wir uns für heute fest vorgenommen haben, nicht machen zu müssen. Oder wenn wir joggen, weil wir Streit mit unserem Partner haben und uns der angespannten Situation entziehen wollen.

Oder wenn wir joggen, um dieses Gefühl der Anspannung und Nervosität zu neutralisieren, das uns nicht zur Ruhe kommen lässt. Auch scheinbar aktive Strategien können sich also als Vermeidungsverhalten entpuppen. Wenn wir uns die einzelnen Verhaltensweisen aber genau ansehen und ein bisschen ehrlich zu uns selbst sind, wissen wir im Regelfall ganz gut, wie sie einzuschätzen sind.

Übung

PDF-Formular zum Downloaden unter www.act-gegen-burnout.de

Vermeidungsstrategien

Wenn Sie erkennen, dass Sie Vermeidungsstrategien nutzen, listen Sie diese hier noch einmal auf. Beurteilen Sie dann bitte auf einer Skala von 0 bis 10 (0 = gar nicht erfolgreich, 10 = hundertprozentig erfolgreich), ob diese Strategie geholfen hat. Unterteilen Sie nach kurzfristig, mittelfristig oder langfristig erfolgreich.

Strategie	Erfolg kurzfristig	Erfolg mittelfristig	Erfolg langfristig

Nach unseren Erfahrungen – sowohl den persönlichen als auch denen aus der psychotherapeutischen Praxis – funktionieren Vermeidungsstrategien immer nur kurzfristig. Ist das bei Ihnen anders? Sind Ihre Vermeidungsstrategien langfristig erfolgreich? Dann stellen wir uns allerdings die Frage, warum Sie dieses Buch lesen. Wenn Sie hingegen ebenso wie wir feststellen und festgestellt haben, dass das Vermeiden, das Verdrängen, das Wegschieben und das Unterdrücken unangenehmer Gefühle und Gedanken nicht funktioniert, dann bleibt nichts anderes übrig, als sich eine andere Strategie zu überlegen. Und das heißt, dass wir unsere unangenehmen Gefühle akzeptieren und uns ihnen bewusst zuwenden. Natürlich ist das nicht immer ganz leicht, aber wir können es üben. Das wollen wir in diesem Kapitel tun.

Fallbeispiel

Vermeidungsstrategien von Sandra D.

Sandra D. hat sechs von sieben ihrer Bewältigungsstrategien als Vermeidungsstrategien identifiziert.

Strategie	Erfolg kurzfristig	Erfolg mittelfristig	Erfolg langfristig
Ich lasse es über mich ergehen.	5	0	0
Ich schiebe unangenehme Dinge vor mir her.	8	0	0
Ich versuche, meine Gefühle auszublenden und die Dinge vernünftig zu betrachten.	7	5	5
Ich verhindere durch perfekte Leistung, dass man mir einen Vorwurf machen kann.	8	2	2
Ich vermeide es, zu sagen, was ich will.	3	0	0
Ich mache alles so, dass keiner auf mich sauer sein kann.	8	6	6

Hinspüren

Steven Hayes, Kirk Strosahl, Kelly Wilson, „Akzeptanz- und Commitment-Therapie“, Seite 341

Die folgende Übung geht auf die Begründer der Akzeptanz- und Commitment-Therapie Steven Hayes, Kirk Strosahl und Kelly Wilson zurück, die sie die „Tin-Can-Monster-Übung“ genannt haben – zu Deutsch: die Blechdosenmonster-Übung. Hinter diesem Namen steckt der Gedanke, dass uns schwierige Situationen manchmal regelrecht paralysieren, dass sie uns so niederdrücken und lähmen, als stünden wir einem riesigen Monster gegenüber. In Wirklichkeit ist das Monster aber aus vielen Blechdosen zusammengesetzt, und wenn wir uns nicht von dem Klappern und der riesigen Gestalt beeindrucken lassen, sondern nach und nach die einzelnen Bestandteile des Monsters untersuchen, so verliert die Situation viel von ihrem Schrecken, und wir können die Dinge leichter annehmen.

Mit der Übung setzen wir bei Ihrem eigenen Erleben an. Wählen Sie aus Ihrer Erinnerung oder auch aus Ihrem Tagebuch eine Situation, die emotional sehr schmerzlich für Sie war und in der Sie versucht haben, diesen emotionalen Schmerz zu vermeiden. Die gesprochenen Instruktionen finden Sie wiederum im Downloadbereich unter www.act-gegen-burnout.de.

Übung

Das Blechdosenmonster

Schließen Sie die Augen, und richten Sie Ihre Achtsamkeit zunächst auf Ihren Körper, dann auf Ihren Atem. Versetzen Sie sich nun in die schwierige Situation, die Sie gewählt haben, wieder hinein. Stellen Sie sich alles ganz konkret vor: Wo findet das Ganze statt? Wie ist das Umfeld? Was können Sie sehen, hören, riechen?

Audio-Datei zum Downloaden unter www.act-gegen-burnout.de

Sobald Sie ganz in der Situation sind, richten Sie Ihre Aufmerksamkeit auf die Gefühle, die aufkommen. Nehmen Sie sich selbst wahr, konzentrieren Sie sich ganz auf Ihre Gefühle. Falls sich Gedanken in den Vordergrund drängen, vertrösten Sie Ihren Verstand. Sagen Sie ihm, dass Sie sich den Gedanken später zuwenden werden. Bleiben Sie bei Ihren Gefühlen. Vielleicht werden Sie feststellen, dass Sie zunächst nur ein Gefühl wahrnehmen, das sich in den Vordergrund schiebt, und vielleicht entdecken Sie, wenn Sie länger hinsehen, andere Gefühle, die sich im Schatten des ersten aufhalten.

Wenn Sie Ihre Gefühle vollständig erforscht haben, wenden Sie sich Ihrem Körper zu. Welche Empfindungen kommen auf? Was spüren Sie? Eine Beklemmung in der Brust? Kribbelt es in den Armen oder Beinen? Schlägt der Puls schneller? Nehmen Sie wahr, was auch immer da ist. Auch hier werden Sie vielleicht feststellen, dass einige Körperempfindungen im Vordergrund stehen und andere nur wahrnehmbar sind, wenn Sie ihnen ganz behutsam nachspüren. »

» Wenn Sie Ihre Körperempfindungen vollständig erforscht haben, richten Sie Ihre Aufmerksamkeit darauf, welche Gedanken gerade in Ihnen entstehen. Das kann am Anfang ein bisschen schwierig sein, weil sich die Gedanken vielleicht zurückziehen, wenn Sie sich ihnen zuwenden wollen. Haben Sie etwas Geduld.

Gedanken können nicht lange im Hintergrund bleiben, und sobald sie sich zeigen, nehmen Sie sie ganz bewusst wahr. Kommen die Gedanken einzeln einer nach dem anderen? Sind sie in Gedankenknäuel verwickelt? Tauchen sie still am Rande Ihrer Wahrnehmung auf, oder drängen sie mit großer Macht in Ihr Bewusstsein?

Bleiben Sie bei Ihren Gedanken, und beobachten Sie einfach, was geschieht.

Wenn Sie Ihre Gedanken vollkommen erforscht haben, richten Sie Ihre Aufmerksamkeit darauf, welche Erinnerungen mit dieser Situation verbunden sind. Stellen Sie sich vor, dass Sie ein Fotoalbum vor sich haben. Blättern Sie es Seite für Seite in Ruhe durch, gehen Sie dabei von der Gegenwart in die Vergangenheit zurück. Wenn Sie merken, dass eines der Fotos Sie besonders anspricht, verweilen Sie ein wenig, und betrachten Sie es. Blättern Sie dann die nächste Seite auf. Und wieder die nächste Seite. Und wieder die nächste Seite. Blättern Sie weiter, bis Sie das Album durchgesehen haben.

Richten Sie jetzt Ihre Aufmerksamkeit wieder auf Ihren Atem. Nehmen Sie Ihren Körper wahr, Ihre Schenkel auf dem Stuhl, den Rücken an der Lehne, die Hände auf den Schenkeln, die Füße auf dem Boden. Öffnen Sie nun die Augen, und kehren Sie in die Gegenwart zurück.

Schreiben Sie bitte auf, welche Erfahrungen Sie bei dieser Übung gemacht haben. Wie ist es Ihnen dabei gegangen?

Ist es Ihnen schwergefallen, sich den unangenehmen Gefühlen auszusetzen? Dann nutzen Sie die Methode der Verdinglichung, die Sie im Abschnitt über Defusion kennengelernt haben, um sich ihnen anzunähern. Wenn Sie das tun, denken Sie aber bitte auf jeden Fall daran, dass Sie Ihr Gefühl am Ende der Übung wieder in sich aufnehmen. Es ist schließlich Ihr Gefühl, es hat sonst niemanden. Und genau darum geht es hier ja: darum, dass Sie dieses Gefühl so annehmen, wie es ist.

Ein alter Freund

Wenn Sie feststellen, dass ein negatives Gefühl oder auch ein Gedanke immer wieder auftaucht, geben Sie ihm doch einen Namen. Es ist ja schließlich ein alter Bekannter, den Sie doch sicherlich auch entsprechend begrüßen wollen. Also sprechen Sie ihn mit seinem Namen an, und lassen Sie ihn ein bisschen teilnehmen an Ihrem Leben. Wenn also die Unruhe, die Angst, die Erschöpfung das nächste Mal zu Besuch ist, sagen Sie „Hallo", und nehmen Sie das Gefühl mit in das Meeting, zu dem Sie unterwegs sind, oder zum Einkaufen, je nachdem, was Sie gerade tun. Vielleicht erklären Sie Ihrem alten Bekannten die Situation und erzählen ihm, was ihn in der nächsten halben Stunde erwartet.

Ernstfall

Uns ist bewusst, dass es bei einer Trockenübung im Sessel, wie wir sie gerade durchgeführt haben, verhältnismäßig einfach ist, sich den unangenehmen Gefühlen und Gedanken zuzuwenden und sie anzunehmen. Das ist im wirklichen Leben ungleich schwerer, insbesondere in Stresssituationen – doch genau dort muss sich Akzeptanz im Endeffekt bewähren. Typische Situationen sind beispielsweise folgende:

In der Nacht

Am nächsten Tag steht ein wichtiger Termin an, und Sie wissen, wie wichtig es ist, dass Sie ausgeruht und im Vollbesitz Ihrer Kräfte sind. Als Sie nachts aufwachen, kommt sofort die Angst, dass Sie vielleicht nicht mehr einschlafen können – das war ja auch letztens schon so. Sie spüren den Herzschlag im Hals, in der Brust baut sich ein unangenehmer Druck auf, und während Sie dies wahrnehmen, wächst die Angst, und damit werden auch die körperlichen Symptome stärker. Auch wenn es nicht leichtfällt: Wenden Sie sich in einem solchen Moment dem zu, was Sie in sich spüren. Erforschen Sie genau, wie sich der Druck auf Ihrer Brust anfühlt, nehmen Sie den Pulsschlag im Hals wahr, wie es ein Wissenschaftler tun würde, der eine fremde Spezies erforscht. Wenden Sie sich auch Ihren Gedanken zu: „Ich kann bestimmt nicht mehr einschlafen", „Das wird morgen eine Katastrophe", „Ich will das nicht", „Ich schaffe das alles nicht" – so oder ähnlich könnte das ablaufen. Stellen Sie sich vor, die Wörter sind an die Wand projiziert oder erscheinen als Nachrichten auf dem Computerbildschirm. Sehen Sie die Gedanken einfach nur an, lassen Sie sie kommen und gehen, und dann erforschen Sie wieder den Pulsschlag im Hals, den Druck auf der Brust. Nehmen Sie alles ganz genau wahr. Wird der Druck stärker oder schwächer? Was macht das Gefühl der Angst? Bleibt es gleich oder hat es sich verändert?

Der Anruf

Ein unangenehmer Anruf steht bevor, und bereits beim Gedanken daran wird Ihnen mulmig. Betrachten Sie die Gegenstände auf Ihrem Schreibtisch (wenn Sie woanders sind, betrachten Sie die Dinge, die um Sie herum sind). Nehmen Sie alles genau wahr. Achten Sie auf die Farben! Welche Farben sehen Sie? Welche Formen haben die Farbflächen? Achten Sie nun auf das Licht und die Schatten. Sehen Sie alles wie zum ersten Mal. Richten Sie Ihre Aufmerksamkeit nun nach innen, erforschen Sie genau, was Sie in Ihrem Körper spüren: den Kloß im Hals, das Kribbeln in den Armen, vielleicht ein Gefühl der Leere im Kopf. »

» Nehmen Sie den Telefonhörer in die Hand, spüren Sie genau, wie er sich in Ihrer Hand anfühlt, und wählen Sie die Nummer. Wenn Ihr Verstand Ihnen nun sagt, dass jetzt kein guter Zeitpunkt für dieses Gespräch ist, eben weil Sie sich nicht besonders gut fühlen, dass es einen besseren Zeitpunkt gibt und dass es wichtig wäre, diesen abzuwarten, weil vom Erfolg des Gesprächs so viel abhängt, danken Sie ihm für seine Fürsorge und für seinen Beitrag. Wählen Sie die Nummer zu Ende, und führen Sie das Gespräch.

In solchen Situationen sind alle Achtsamkeitsübungen hilfreich, die Sie bereits kennengelernt haben. Sie lassen sich auch in komprimierter Form anwenden, zum Beispiel so: Richten Sie Ihre Achtsamkeit auf Ihre Umwelt. Nehmen Sie zunächst einzelne Farben, Formen und Geräusche wahr, bevor Sie sich auf die Situation als Ganzes konzentrieren. Dann richten Sie Ihre Aufmerksamkeit wieder auf sich selbst und erledigen, was gerade ansteht. Hilfreich ist es auch, wenn Sie sich eine Minute lang einfach auf Ihren Atem besinnen. Nehmen Sie wahr, wie Ihr Atem einströmt und ausströmt – wie die Wellen am Meer, die sich immer wieder brechen, wenn sie auf Land treffen. Wenden Sie sich dann wieder der konkreten Situation zu.

Hinweis

Gefühle erforschen

An dieser Stelle möchten wir etwas klarstellen, damit kein falscher Eindruck entsteht. Erstens: Wenn wir Sie auffordern, sich auf Ihre Gefühle zu konzentrieren, geht es nicht darum, dass wir Gefühle romantisch überhöhen wollen. Wir wollen nicht, dass Sie sich in den Gefühlen suhlen, was schlimmstenfalls dazu führt, dass Sie handlungsunfähig werden. Ganz im Gegenteil: Sie sollen sich nicht mit Ihren Gefühlen identifizieren, Sie sollen sie beobachten, so wie Sie ein Theaterstück oder das Wetter beobachten. Zweitens: Sie könnten vielleicht auf die Idee kommen, dass wir sagen wollen: „Schauen Sie einfach hin, dann werden Sie schon sehen, dass das Ganze nicht so schlimm ist. Stellen Sie sich also mal nicht so an." Das wäre keine romantische Überhöhung der Gefühle, sondern das Gegenteil davon. Das hieße aber, die Gefühle zu leugnen bzw. – was dasselbe ist – sie kleinzureden. »

» Wenn wir das tun, versuchen wir die Realität auszublenden, wir verschließen die Augen vor dem, was ist – sicherlich keine sinnvolle Handlungsweise. Nein, wir sehen das Ganze schlicht und einfach so: Wenn wir erkannt haben, dass Vermeidung nicht funktioniert, ist es eine Sache der Vernunft, eine andere Strategie zu wählen. Das lässt sich sehr gut mit folgender Metapher verdeutlichen: Stellen Sie sich vor, Sie haben ein Messgerät mit zwei Skalen. Die eine Skala zeigt das negative Gefühl an. Diese Skala können Sie nicht beeinflussen; das Gefühl ist, wie es ist.

Die andere Skala zeigt Ihre Bereitwilligkeit, dieses Gefühl zuzulassen, und diese Skala können Sie – mit etwas Übung – sehr wohl beeinflussen. Beide Skalen sind miteinander verbunden: Wenn Sie die Bereitwilligkeitsskala nach oben drehen, dann kann sich die andere Skala, die für das unangenehme Gefühl steht, frei bewegen. Sie ist manchmal hoch, manchmal niedrig. Wenn Sie aber Ihre Bereitwilligkeit runterfahren, dann ist die andere Skala in jedem Fall hoch, und sie bleibt auf einem hohen Wert, solange Ihre Bereitschaft gering ist.

Strategienwechsel

Nehmen Sie jetzt bitte wieder Ihr Tagebuch der unangenehmen Ereignisse zur Hand. Es ist an der Zeit, die sechste Spalte zu füllen. Als Überschrift tragen Sie „Bereitwilligkeit“ oder „Akzeptanz“ ein, in die einzelnen Zellen den Wert dafür, wie bereit Sie waren, die negativen Gefühle oder Gedanken in der jeweiligen Situation zuzulassen. Die Skala reicht von -5 (überhaupt nicht) bis +5 (voll und ganz). Von nun an tragen Sie den Wert immer gleich ein, wenn Sie etwas in Ihr Tagebuch schreiben.

Bevor wir zum nächsten Übungsteil übergehen, befassen Sie sich bitte noch einmal mit der Liste Ihrer Vermeidungsstrategien. Gehen Sie die Liste der Reihe nach durch, und skizzieren Sie in der ersten Spalte der folgenden Tabelle Situationen, in denen Sie diese Strategien angewendet haben. In der zweiten Spalte tragen Sie jeweils ein, welche Vermeidungsstrategie Sie gewählt haben. In der dritten Spalte notieren Sie jeweils eine Alternativstrategie, die nicht auf

Vermeidung beruht. Geben Sie in der letzten Spalte an, wie hoch Sie die Wahrscheinlichkeit einschätzen, dass Sie beim nächsten Mal eine Akzeptanzstrategie wählen. Null Prozent heißt, das ist ausgeschlossen, hundert Prozent bedeutet, Sie werden das nächste Mal ganz sicher eine andere Strategie wählen.

Übung

PDF-Formular zum Downloaden unter www.act-gegen-burnout.de

Vermeidungsstrategien – Akzeptanzstrategien

Situation	Vermeidungsstrategie	Akzeptanzstrategie	Wahrscheinlichkeit für neue Strategie

Fallbeispiel

So hat Sandra D. ihre Tabelle ausgefüllt

Vermeidungsstrategien – Akzeptanzstrategien			
Situation	**Vermeidungsstrategie**	**Akzeptanzstrategie**	**Wahrscheinlichkeit für neue Strategie**
Der Chef wartet darauf, dass ich zu seiner E-Mail Stellung nehme.	Aufschieben (Blumen gießen).	Rechner hochfahren und E-Mails abarbeiten.	60 %
Aufhebungsvertrag mit Herrn H.	Rationalisieren; vermeiden, meine Meinung zu sagen.	Stellung beziehen.	40 %
Jubiläum von Herrn M.	Zusagen, obwohl ich nicht weiß, wie ich es schaffen soll.	Klarmachen, dass das nicht meine Aufgabe ist und dass ich keine Zeit habe.	50 %
Traurig, weil ich spüre, wie weit Günter und ich uns voneinander entfernt haben.	Ich gehe weg.	Mit ihm darüber sprechen.	20 %

Damit sind wir mit dem Abschnitt Akzeptanz zu Ende. Bitte lassen Sie sich noch einmal durch den Kopf gehen, was Sie in diesem Abschnitt erfahren haben. Was war besonders hilfreich für Sie? Was werden Sie in Zukunft anders machen? Bitte nehmen Sie sich ein bisschen Zeit, über diese Fragen nachzudenken, und notieren Sie dann, was Ihnen dazu eingefallen ist.

Fallbeispiel

Sandra D. geht ein Wagnis ein.

Sandra D.: Es ist schrecklich, ich kriege dieses Telefonat einfach nicht aus meinem Kopf, ich habe die ganze Nacht darüber nachgegrübelt.

Therapeut: Das Gespräch mit Herrn H.?

Sandra D.: Ja, das Gespräch mit Herrn H. Als er mich angerufen hatte, war ich so sauer, dass er mich stört und ich mit meinem Konzept nicht fertig werde. Das ist es aber gar nicht. Ich habe einfach ein schlechtes Gewissen. Was mein Chef mit Herrn H. macht, ist unfair, und ich muss dabei mitspielen. Und da kam dann der ganze Hass in mir hoch, dass ich gezwungen bin, Sachen zu machen, die ich nicht will und zu denen ich nicht stehen kann.

Therapeut: Es sind also zwei verschiedene Gefühle, mit denen Sie da kämpfen?

Sandra D.: Ja, es ist das schlechte Gewissen, und es ist diese unheimliche Wut.

Therapeut: Sehen wir uns diese beiden Gefühle doch einmal für sich getrennt an. Lassen Sie uns zunächst bei Ihrem schlechten Gewissen bleiben. Was macht dieses Gefühl mit Ihnen? »

» **Sandra D.:** Es drückt mich nieder, es macht mich klein und hässlich, allein schon, wenn ich an Herrn H. nur denke, und noch viel mehr, wenn ich mit ihm sprechen muss.

Therapeut: Ich kann mir vorstellen, dass das sehr unangenehm ist. Aber was wäre, wenn Sie dieses Gefühl zulassen?

Sandra D.: Ich könnte mit Herrn H. sprechen. Ich könnte ihm erklären, dass ich da zwischen zwei Stühlen sitze. Ich könnte ihm sagen, dass ich das nicht will, dass ich aber auch nicht illoyal gegenüber meinem Chef sein kann und dass mich das selbst sehr belastet.

Therapeut: Das klingt gut. Warum tun Sie's nicht?

Sandra D.: (denkt nach) Ich glaube, es ist die Angst, dass er mich nicht versteht, dass er mir nicht glaubt, sondern glaubt, ich will es mir jetzt nur leicht machen. Vielleicht denkt er sogar, das ist ein Trick.

Therapeut: Das kann passieren. Aber was geschieht, wenn Sie nicht mit ihm sprechen?

Sandra D.: Dann wird die Sache nur schlimmer.

Therapeut: Wollen Sie's also riskieren?

Sandra D.: (denkt längere Zeit nach, dann nickt sie).

8 Selbst als Kontext – wer bin ich?

Ebenso wie wir eine feste Vorstellung davon haben, wie die Dinge sind und was sie bedeuten, haben wir auch ein festes Bild von uns selbst. Dieses Selbstbild ebenfalls einmal zu hinterfragen, sich anschließend von einigen Teilen trennen zu können und sich selbst neu zu entdecken, ist eine der Aufgaben, die ACT uns stellt. Es geht dabei um nicht weniger als die große, uralte Frage, die im Zentrum der buddhistischen Philosophie steht, aber auch westliche Philosophen wie etwa Jean-Paul Sartre ein Leben lang beschäftigt hat: Wer bin ich?

Ich bin der Schauplatz

Zum Einstieg möchten wir Ihnen die Schach-Metapher vorstellen, die Sie auch im Buch von Steven Hayes finden.

Gedankenübung

Steven Hayes, Kirk Strosahl, Kelly Wilson, „Akzeptanz- und Commitment-Therapie“, Seite 280

Schachkampf

Stellen Sie sich bitte ein unendlich großes Schachbrett vor. Sehen Sie es vor sich? Darauf stehen Schachfiguren, schwarze und weiße. Jede einzelne Figur steht für etwas, für ein Gefühl, einen Gedanken, eine Erinnerung, eine Überzeugung, eine Lebensregel. Manche hängen in Gruppen zusammen. Zum Beispiel spielen unangenehme Gefühle wie Angst, Niedergeschlagenheit oder Wut mit negativen Gedanken und Erinnerungen zusammen, angenehme Gefühle wiederum mit positiven Gedanken oder Erinnerungen. Wie im richtigen Schachspiel wählen Sie eine Seite, die weißen oder die schwarzen Steine, und versuchen zu gewinnen. Sie schicken die eine Seite in die Schlacht gegen die andere, und der Kampf beginnt. Schach ist ein Kriegsspiel. Doch bei diesem Schach gibt es ein ungewohntes Problem, denn alle Figuren, die weißen und die schwarzen, die Guten und die Bösen, sind ein Teil von Ihnen, und so sind Sie in dieser Schlacht Ihr eigener Feind. Und weil Sie in diesem Spiel mittendrin sind, kann es passieren, dass die Spielfiguren so groß wie Sie oder sogar noch größer sind, obwohl das Ganze ja in Ihnen stattfindet.

Was bedeutet diese Metapher, was kann sie uns sagen? Der Kampf auf dem Schachbrett steht für den Kampf, den die meisten mit sich selbst austragen.

Schwarz und Weiß stehen sich gegenüber, am Ende kann es nur einen Sieger geben – so die Vorstellung, die uns begleitet. Viele Menschen meinen, sie müssten immer glücklich, erfolgreich und irgendwie gut sein, doch wir sind eben auch einmal unglücklich, krank oder irgendwie schlecht. Weiß und Schwarz, beides gehört zu mir. Aber was bin *ich* in diesem Spiel? Ich bin aufs Engste verbunden mit den Figuren, aber ich bin nicht identisch mit ihnen. Bin ich der Schachspieler? Nein, denn die Erfahrung zeigt mir, dass ich die Figuren nicht nach Belieben hin und her schieben kann. Ich kann auch nicht gegen mich selbst spielen. Was bin ich also?

Wenn wir in der Metapher bleiben, gibt es nur eine einzige Antwort auf diese Frage, die uns nicht in logische Schwierigkeiten führt: Wir sind das Schachbrett, der Grund, auf dem sich das ganze Spektakel abspielt. Wir müssen nicht am Kampf teilnehmen, sondern sind die Bühne, auf der die Gefühle, Gedanken und Überzeugungen Raum einnehmen, wo sie handeln und sich gegenseitig bekriegen.

Das ist die Essenz der Metapher: „Ich bin das Schachbrett."

Wie fühlt sich dieser Gedanke für Sie an? Wenn er bei Ihnen einen gewissen Aha-Effekt auslöst, dann haben Sie Kontakt zu einer Dimension Ihres Seins hergestellt, die unabhängig ist von Raum und Zeit, die alles umfasst und sich dabei immer gleich bleibt. Diese Dimension des Seins ist es, die ACT „Selbst als Kontext" oder auch das Beobachter-Ich nennt.

Das Beobachter-Ich

Die nächste Übung dient dazu, Sie mit diesem Beobachter-Ich noch intensiver in Verbindung zu bringen. Es ist eine Imaginationsübung. Den gesprochenen Instruktionstext finden Sie auch im Downloadbereich unter www.act-gegen-burnout.de. Für die Übung sollten Sie 10 Minuten einplanen.

Übung

Der Beobachter

Setzen Sie sich in bequemer Haltung aufrecht hin. Richten Sie nun Ihre Aufmerksamkeit darauf, wie Sie sitzen, spüren Sie Ihre Füße auf dem Boden, Ihre Schenkel auf der Unterlage, den Rücken an der Lehne, die Hände auf den Schenkeln – je nachdem, wie und wo Sie sitzen. Richten Sie nun Ihre Aufmerksamkeit auf den Atem, darauf, wie er einströmt und ausströmt. Lassen Sie ihn fließen, ohne ihn zu beeinflussen.

Audio-Datei zum Downloaden unter www.act-gegen-burnout.de

Richten Sie jetzt Ihre Aufmerksamkeit auf irgendein Erlebnis im letzten Sommer. Es ist vollkommen gleichgültig, welches Erlebnis das ist; jede Situation, die Ihnen in den Sinn kommt – im Urlaub, bei der Arbeit, in der Freizeit –, ist richtig. Begeben Sie sich jetzt noch einmal ganz in diese Situation hinein. Was sehen Sie? Was hören Sie? Was riechen Sie? Was schmecken Sie? Welche Gefühle entstehen in dieser Situation in Ihnen? Durchleben Sie diese Situation noch einmal mit ganzer Intensität. Und jetzt richten Sie Ihre Aufmerksamkeit darauf, dass in dieser Situation im letzten Sommer jemand da ist, irgendwo hinter Ihren Augen, der all das wahrnimmt, was Sie sehen, was Sie hören, was Sie fühlen, was Sie denken. Haben Sie ihn, diesen Beobachter? Spüren Sie ihn?

Und jetzt denken Sie bitte zurück an eine Situation in Ihrer Jugend. Versetzen Sie sich wiederum ganz in diese Situation hinein. Was sehen Sie? Was hören Sie? Was riechen und schmecken Sie? Was fühlen Sie? Und jetzt richten Sie bitte wieder Ihre Aufmerksamkeit auf diesen Beobachter irgendwo hinter Ihren Augen, der all das wahrnimmt. Es ist derselbe wie der vom letzten Sommer, Sie sind es selbst, Ihr Beobachter-Ich. Spüren Sie dieses Beobachter-Ich?

Denken Sie jetzt bitte zurück an eine Situation in Ihrer Kindheit. Versetzen Sie sich ganz in diese Situation hinein. Nehmen Sie sie in allen Details wahr. Und jetzt richten Sie Ihre Aufmerksamkeit wieder auf den Beobachter hinter Ihren Augen, der all das wahrnimmt. Haben Sie ihn? Spüren Sie ihn?

Versetzen Sie sich jetzt in eine Situation, in der Sie traurig oder verzweifelt waren. Wie war diese Situation genau? Erleben Sie sie noch einmal in der Erinnerung. Und auch da ist wieder dieser Beobachter hinter Ihren Augen, der all diese Dinge wahrnimmt. Werden Sie eins mit diesem Beobachter, denn Sie sind es selbst.

»

» Versetzen Sie sich jetzt in eine Situation, in der Sie richtig glücklich waren. Haben Sie eine gefunden? Nehmen Sie sie genau wahr, in ihrer ganzen Fülle und mit allen Einzelheiten. Und jetzt achten Sie wieder darauf, dass da jemand ist hinter Ihren Augen, der das Ganze beobachtet. Achten Sie jetzt bitte wieder auf Ihren Atem, lassen Sie ihn ausströmen und einströmen, ausströmen und einströmen, und richten Sie jetzt Ihre Aufmerksamkeit auf Ihren Körper, Ihren Rücken an der Lehne, Ihre Schenkel auf dem Stuhl, Ihre Füße, die den Boden berühren, kommen Sie wieder zurück in den Raum, und wenn Sie angekommen sind, öffnen Sie wieder die Augen.

Wie ist es Ihnen mit dieser Übung ergangen? Haben Sie ihn gespürt, diesen Beobachter, der immer gleich bleibt, ob Sie jung sind oder alt, ob es Ihnen gut geht oder schlecht, der unwandelbar und unzerstörbar ist? Bitte spüren Sie dem, was Sie in der Übung erlebt haben, einige Minuten nach, und notieren Sie dann, was Ihnen durch den Kopf gegangen ist. Danach sollten Sie eine kleine Pause machen.

Lassen Sie das Ganze noch eine Weile auf sich wirken. In der nächsten Übung können Sie dann zur Entspannung ein wenig spielen.

Basteln

Übung

Suchen Sie sich eine Identität aus!

Bereiten Sie für diese Übung einige Zettel vor. Notieren Sie darauf Eigenschaften, die Sie beschreiben, und dann jeweils auch die gegenteilige Eigenschaft, also zum Beispiel „großzügig" und „geizig", „gründlich" und „oberflächlich" oder „ängstlich" und „mutig". Dann nehmen Sie ein paar Begriffe hinzu, die Menschen beschreiben, die Sie mögen, und Begriffe, die Menschen beschreiben, die Sie nicht leiden können.

Schreiben Sie immer einen Begriff auf einen Zettel. Die Zettel sind Ihr Spielmaterial. Legen Sie alle vor sich auf den Tisch, sodass Sie lesen können, was draufsteht. Ihre Aufgabe ist es jetzt, sich daraus eine neue Identität zu basteln. Wählen Sie dazu sechs Zettel aus. Was ist das für ein Mensch, den diese sechs Zettel beschreiben? Fühlen Sie sich ganz in diese Person ein. Seien Sie ganz die Person, die aus diesen Eigenschaften besteht.

Wenn Ihnen das schwerfällt, denken Sie darüber nach, ob Sie jemanden kennen, der diese Eigenschaften hat. Gehen Sie nun in Gedanken Ihren Alltag durch, und überlegen Sie, wie Sie in Ihrer neuen Identität in den verschiedenen Situationen handeln würden.

Schlüpfen Sie ganz hinein in Ihre neue Identität! Wie fühlt sich das an? Nehmen Sie bewusst eine Körperhaltung ein, die dieses Gefühl ausdrückt, oder machen Sie eine Bewegung, die mit diesem Gefühl übereinstimmt.

Was spüren Sie jetzt in Ihrem Körper? Nehmen Sie es intensiv und in allen Facetten wahr.

Und jetzt kommt die entscheidende Frage: Wer ist das, der das spürt?

Richtig, Sie sind es, genauer gesagt, Ihr Beobachter-Ich, genau dieses Ich, das Sie in der Beobachter-Übung erlebt haben.

Okay, das war es schon. Spielen Sie doch gleich noch eine Runde mit einer ganz anderen Identität.

Diese Übung bringt uns nicht nur in Kontakt mit unserem Beobachter-Ich, sie zeigt auch das dazugehörige Gegenstück: die Identifikation mit den Eigenschaften und Attributen, die wir uns zuschreiben.

Selbstbilder

Wenn wir uns im Modus Beobachter-Ich befinden, so sind wir ganz im gegenwärtigen Augenblick und bei dem, was jetzt ist. Wir nehmen wahr, was ist, und wir nehmen wahr, dass wir wahrnehmen. Wenn wir aus diesem Modus herausgehen, entfernen wir uns von dem, was wir wirklich sind. Dann besteht die Gefahr, dass wir – anstatt wir selbst zu sein – an Rollen festhalten, die wir uns im Laufe unserer Entwicklung zurechtgelegt haben. Je weniger Kontakt wir zu unserem Beobachter-Ich haben, umso mehr sind wir in unseren Rollen und Selbstbildern gefangen. Diese Identifikation mit einem Selbstbild ist aber immer problematisch, unabhängig davon, ob das Selbstbild positiv oder negativ ist. Das ist leicht zu begreifen: Dass die Identifikation mit einem negativen Selbstbild hinderlich ist, leuchtet unmittelbar ein. Dass aber auch die Identifikation mit einem positiven Selbstbild unser Verhalten unflexibel macht, uns unserer Handlungsspielräume beraubt und uns insgesamt einengt, zeigen folgende Beispiele.

Nehmen Sie den Satz „Ich bin stark". Das klingt doch super! Doch wenn wir uns mit diesem Satz identifizieren, müssen wir immer und in jeder Situation stark sein, über unsere Grenzen, über unsere Leistungsfähigkeit hinaus. Wir haben dann keine Möglichkeit, Hilfe zu suchen oder in einer intimen Beziehung ein Partner zu sein, der nicht nur gibt, sondern auch annimmt.

Oder nehmen Sie den Satz „Ich bin ein Gourmet! Ich bin ein Genießer!" Ah, großartig, das ist Savoir-vivre, das hat Stil, das sagen wir gerne von uns. Aber Vorsicht! Wenn Sie sich zu sehr mit diesem Bild des Feinschmeckers identifizieren, müssen Sie beim Italiener immer vier Gänge essen, auch wenn Sie nach den Nudeln eigentlich schon satt sind. Und natürlich bestellen Sie dazu eine Flasche guten Wein; der offene, der auch in Gläsern ausgeschenkt wird, entspricht einfach nicht Ihren Ansprüchen. Die Flasche müssen Sie aber auch austrinken, selbst wenn Sie eigentlich schon genug haben. Denn für einen Kenner wie Sie wäre es geradezu eine Sünde, so etwas stehen zu lassen.

Der Fachmann

Volker P. war eine echte fachliche Kapazität auf seinem Gebiet. Ihm machte keiner etwas vor. Auch nachdem Herr P. einen neuen Job in einer anderen Firma angenommen hatte, war es ihm außerordentlich wichtig, sofort als Fachmann aufzutreten. Wenn er manchmal in den Gesprächen mit den neuen Kollegen das eine oder andere nicht verstand, fragte er deshalb niemals nach. Er war ja Experte und wollte sich keine Blöße geben. Das Feedback im ersten Mitarbeitergespräch traf ihn ins Mark: Sein Chef warf ihm vor, er zeige zu wenig Engagement. Er interessiere sich zu wenig für die Projekte, was man daran sehe, dass er niemals nachgefragt habe, worum es denn ging.

Die Führungskraft

Andreas K. war ein Leader, eine geborene Führungskraft. Sich so zu definieren, war für Herrn K. immer außerordentlich wichtig, auch wenn er nicht genau sagen konnte, warum. War Herr K. Führungskraft, weil es ihm leichtfiel, andere zu begeistern und mitzureißen? Weil er Visionen und Ideen hatte, die er allein nicht umsetzen konnte? Weil er ein Mann mit starkem Gestaltungswillen und Machtanspruch war? Oder eher, weil er glaubte, dass man Führungskraft sein muss, um etwas zu gelten? Oder vielleicht, weil er seinem Vater etwas beweisen wollte, der ein mächtiger Manager in einem großen internationalen Unternehmen war?

Herr K. wurde tatsächlich Führungskraft, und er ist an dieser Aufgabe kläglich gescheitert. Es ist ihm niemals gelungen, die Richtung vorzugeben, und er rieb sich daran auf, jedes kleinste Detail zu kontrollieren. Von seinen Mitarbeitern wurde er nicht akzeptiert, auch nicht, als er – „Ich bin der Chef!" – mit immer drastischeren Methoden versuchte, Disziplin zu erzwingen.

Der Anzug

Ein Mann lässt sich einen Anzug schneidern. Als der Anzug fertig ist, stellt er fest, dass er gar nicht passt: An der einen Stelle ist er zu eng, an der anderen zu weit, die Hosenbeine sind zu lang und die Ärmel zu kurz. Aber der Schneider beruhigt ihn: „Augenblick, das haben wir gleich. Sie müssen nur die linke Schulter hochziehen, rechts in der Hüfte einknicken und den Arm etwas anwinkeln." Er zieht dem Kunden noch den Gürtel fest, bis dem die Luft wegbleibt – und schon sitzt der Anzug wie angegossen. Auf dem Nachhauseweg begegnet der Mann zwei Frauen, die über ihn tuscheln. „Mensch", sagt die eine, „hast du den armen Krüppel gesehen?" Sagt die andere: „Aber der Anzug ist super."

Jedes Selbstbild, das wir uns anziehen, ist so ein Anzug. Es gibt keines, das uns passt, und wir sind immer damit beschäftigt, uns ihm anzupassen.

Hören Sie sich auch manchmal Sätze sagen, mit denen Sie sich selbst beschreiben und in die Sie ganz furchtbar verliebt sind? Und merken Sie dann, dass es für Sie ganz schlimm wäre, wenn Sie sich anders verhielten? Ja? Schreiben Sie diese Sätze auf, und bearbeiten Sie sie mit den Defusionstechniken ab Seite 97.

So weit unsere Übungen zum Kernprozess Selbst als Kontext. Bitte lassen Sie sich auch hier noch einmal durch den Kopf gehen, was Sie in diesem Abschnitt erfahren haben. Was war besonders hilfreich für Sie? Bitte nehmen Sie sich ein bisschen Zeit, über diese Fragen nachzudenken, und notieren Sie dann, was Ihnen dazu eingefallen ist.

9 Die eigenen Werte – was dem Leben Bedeutung gibt

Nun kommen wir zur nächsten Säule von ACT: zu den Werten. Wie ist das bei Ihnen? Können Sie sagen, welche Werte Ihr Leben bestimmen? Nur allzu oft verlieren wir aus dem Blick, wonach wir unser Handeln eigentlich ausrichten wollen. Wir vergessen die übergeordnete Richtschnur dafür, was wir jeden Tag tun und sagen.

Wir haben es schon erläutert: Werte sind weder Gefühle noch Ziele. Sie gehen weit darüber hinaus und geben uns unsere Gesamtrichtung vor. Und ganz wesentlich: Wir wählen sie frei. Für welche Werte wir uns entscheiden, dafür gibt es keine objektiven Gründe.

Frei entscheiden

Mit solchen freien Entscheidungen, die sich nicht begründen lassen, tun wir uns allerdings oft schwer. Unser Verstand mag es nämlich gar nicht, wenn wir etwas nicht begründen können. Doch darauf wollen wir jetzt keine Rücksicht nehmen. Fangen wir also an, und treffen wir eine freie Wahl.

Übung

Sieben oder zwei

Wählen Sie bitte aus, entscheiden Sie sich für

7 oder **2**.

Das war schon alles? Ja, eigentlich schon. Aber: Was ist bei Ihnen passiert, als Sie der Aufforderung nachkommen wollten? War es bei Ihnen auch so – wie bei den meisten von uns –, dass sich Ihr Verstand sofort eingeschaltet hat? „Sieben ist mehr als zwei, ich entscheide mich für die Sieben." „Die Zwei ist die einzige gerade Primzahl, etwas Besonderes, ich nehme die Zwei." „Sieben, das ist eine mythische Zahl, deshalb nehme ich die Sieben." „Ich habe am Zweiten Geburtstag, deshalb entscheide ich mich für die Zwei." Was ist da abgelaufen? Genau, in solchen Situationen wählen wir nicht einfach, sondern überlegen uns Gründe, warum eine der Alternativen sinnvoller oder besser ist. So sind wir, weil wir Dinge miteinander in Beziehung setzen, vergleichen, relativieren.

Das müssen wir aber nicht, wir können einfach so entscheiden. Also noch einmal:

Übung

Sieben oder zwei

Wählen Sie bitte aus, entscheiden Sie sich für

7 oder **2**.

Und was ist jetzt bei Ihnen passiert? Vielleicht haben Sie sich gedacht: „Vorhin habe ich die Sieben gewählt, und zwar deshalb, weil ich am Siebten Geburtstag habe, aber ich soll ja ohne Grund wählen, deshalb nehme ich jetzt die Zwei. Aber ist das nicht auch wieder ein Grund? Also doch die Sieben? Oder doch die Zwei?" Merken Sie, wie Ihr Verstand sich quält? Das macht aber nichts. Wiederholen Sie diese Übung so lange, bis Sie sich einfach entscheiden können – ganz ohne einen Grund zu benötigen. Sie werden merken, dass das geht. Was auch immer Ihr Verstand Ihnen einflüstert oder zuschreit, Sie können frei wählen. Aber das ist noch nicht genug: Sie können nicht nur frei wählen, Sie *müssen* es sogar. Begründungen bringen uns nämlich nicht weiter; hier täuscht sich unser Verstand schlichtweg, der immer so logisch tut und alles besser weiß. Denn wir kommen mit dem Begründen zu keinem Ende. Wenn wir es weiterdenken, brauchen wir für den Grund unserer Entscheidung ja auch wieder einen Grund, und für den auch wieder, und für den auch wieder und so weiter. Die Philosophen nennen das einen unendlichen Regress. Im Alltag stellen wir allerdings fest, dass wir gar nicht unendlich weit zurückgehen müssen, wenn wir unsere Begründungen hinterfragen, sondern dass wir ganz im Gegenteil ziemlich schnell an einen Punkt kommen, an dem wir nicht mehr weiterwissen. Nehmen Sie folgende Beispiele:

Warum kaufst du ein Geschenk?
Weil ich meiner Frau eine Freude machen möchte.
Warum willst du deiner Frau eine Freude machen?
Weil sie mir wichtig ist.
Warum ist sie dir wichtig?

Warum fährst du mit dem Fahrrad?
Weil ich mich regelmäßig bewegen möchte.
Warum möchtest du dich regelmäßig bewegen?
Weil ich mein Gewicht reduzieren möchte.
Warum möchtest du dein Gewicht reduzieren?
Weil ich gut aussehen möchte.
Warum willst du gut aussehen?

Wenn wir Kinder fragen, warum sie etwas tun, dann sagen sie manchmal einfach „weil", und das ist eigentlich sehr weise, denn mehr ist tatsächlich nicht zu sagen. Auch wenn sich die Begründungsketten vielleicht noch ein oder zwei Stufen weiterführen lassen, so ist das Prinzip doch klar: Wir gelangen immer wieder dorthin, wo wir einfach auf unsere freie Entscheidung zurückgeworfen sind. Und das ist auch gut so, denn genau das ist die Manifestation der menschlichen Freiheit. Ließe sich alles bis ins Letzte begründen, wären wir vollständig in unseren verbalen Programmierungen gefangen.

Der Punkt ist nun folgender: Wenn wir schon eine freie Wahl treffen müssen, so können wir das genauso gut auch ganz bewusst tun. Und genau das ist die Weise, wie wir uns in ACT mit unseren Werten beschäftigen.

Leider ist das manchmal schwieriger, als es klingt. Denn wie bei der Entscheidung zwischen der Sieben und der Zwei fangen wir sofort an, nach Begründungen zu suchen; wir überlegen uns, was die anderen zu unseren Werten sagen würden, oder denken darüber nach, ob es nicht zu gefährlich ist, sich für bestimmte Werte zu entscheiden, weil wir sie vielleicht nicht erfüllen können. Deshalb gehen wir hier einen kleinen Umweg mit einer Übung, die Ihnen auf den ersten Blick eventuell befremdlich erscheinen mag. Aber lassen Sie sich davon nicht abhalten.

Die Quintessenz des Lebens

Übung

Grabrede

Irgendwann werden Sie sterben. Stellen Sie sich vor, Sie könnten, wenn es dann einmal so weit ist, unerkannt Ihre eigene Beerdigung besuchen. Die Trauergemeinde sitzt in der Kirche oder der Aussegnungshalle. Viele Menschen aus Ihrer Familie, Ihrem Freundes- und Bekanntenkreis oder auch aus Ihrem beruflichen Umfeld sind gekommen, um von Ihnen Abschied zu nehmen. Einer davon, jemand, der Sie schätzt und wirklich gut kennt, hält eine Rede über Sie und Ihr Leben.

Was wünschen Sie sich? Was soll dieser Mensch über Sie sagen? Welche Punkte soll die Rede enthalten? Sie haben es in der Hand. Schreiben Sie jetzt Ihre Rede zum Abschluss eines erfüllten Lebens.

Das war der erste Teil der Übung. Jetzt kommt der zweite: Schreiben Sie bitte auf, was dieser Mensch sagen würde, wenn Sie so wie jetzt bis zu Ihrem Lebensende weitermachen.

Fanden Sie es ein wenig gruselig? Das macht nichts. Manchmal muss man sich mit dem Tod beschäftigen, um dem Leben näherzukommen. Wie ist es Ihnen mit den beiden Reden ergangen? Waren sie sehr unterschiedlich? Was haben

Sie gespürt, als Sie die beiden Reden verfasst haben? Waren Sie traurig, niedergeschlagen? Oder haben Sie vielleicht sogar Kraft aus den Gedanken darüber gezogen, was Ihr Leben bedeuten kann? Auf jeden Fall hat es Ihnen ein Gefühl davon vermittelt, was Ihnen im Leben wichtig ist, und damit sind Sie Ihren persönlichen Werten schon ein ganzes Stück nähergekommen. Im nächsten Schritt wollen wir das noch ein bisschen genauer auf den Punkt bringen.

Übung

Grabspruch

Verfassen Sie eine Inschrift für Ihren Grabstein.

Hier ruht

____

____

____

Was haben Sie geschrieben? Vielleicht: „Er war immer ein guter Vater und ein liebevoller Ehemann"? Oder: „Er ist sich treu geblieben und immer seinen eigenen Weg gegangen"? Oder: „Sie hat sich immer für ihre Mitmenschen eingesetzt"? Oder: „Sie war immer eine gute Vorgesetzte, hat ihre Mitarbeiter gefördert und ist mit gutem Beispiel vorangegangen"? Es wird unmittelbar deutlich, dass in solchen Formulierungen die Essenz dessen steckt, was uns wirklich wichtig ist und unserem Leben Bedeutung gibt. Genauso interessant ist es aber, sich anzusehen, was normalerweise nicht auf einem Grabstein zu lesen steht, etwa: „Er war niemals traurig und niedergeschlagen", „Sie hatte ein sehr schönes Haus", „Er hat regelmäßig eine gute Beurteilung bekommen" oder „Es ist ihr immer gelungen, ihr Gewicht zu halten". Wenn wir uns solche Sätze in einen Grabstein gemeißelt vorstellen, so ist das lächerlich bis grotesk. Wenn wir ehrlich sind, sind es aber genau solche Dinge, die in unserem Leben großen Raum einnehmen und uns manchmal in Verzweiflung stürzen, eben wenn wir eine schlechte Beurteilung bekommen, schon wieder zugenommen haben oder unser Haus verkaufen müssen. Die Übung mit dem Grabstein hilft auch dabei, hier die Relationen wieder etwas zurechtzurücken.

Hier ruht Sandra D.

Fallbeispiel

Sie hat ihre Freiheit gelebt und sich dabei immer für ihre Mitmenschen eingesetzt.

Das Leben ist nicht eindimensional

Die beiden Übungen rund um Grabstein und Beerdigung dienten dazu, ein gewisses Gespür für das Thema „Werte" zu entwickeln. Im Folgenden wollen wir das Ganze etwas ausweiten und vor allem systematischer angehen. Denn das Leben ist nicht eindimensional. Manchmal verlieren wir das aus dem Blick, aber es gibt immer eine ganze Reihe von Werten, die in einem bestimmten Augenblick für uns bedeutsam sind. Diese Werte lassen sich in einem Wertekompass darstellen.

Einer der Menschen, die sich im Rahmen von ACT besonders intensiv mit Werten beschäftigt haben, ist die Psychologin JoAnne Dahl. Sie ist Professorin an der Universität im schwedischen Uppsala und hat ein Buch mit dem Titel *The Art and Science of Valuing in Psychotherapy* geschrieben, in dem der Wertekompass eine wichtige Rolle spielt. Wir orientieren uns hier im Wesentlichen an dem Modell, das JoAnne Dahl in diesem Buch entwickelt hat, haben es aber entsprechend unserer eigenen therapeutischen Praxis in einigen Punkten abgewandelt.

JoAnne Dahl, „The Art and Science of Valuing in Psychotherapy", New Harbiger Publications 2009

Universelle Werte

Der jüdische Psychologe Shalom H. Schwartz hat in zwanzig Ländern auf der ganzen Welt Untersuchungen durchgeführt, um herauszufinden, ob Werte universell gültig sind oder ob sie von der Landeskultur abhängen. Er hat dabei eine umfangreiche Liste von Werten zusammengestellt, die über die Grenzen der Länder und Kulturen hinweg für Menschen auf der ganzen Welt von Bedeutung sind. »

S. H. Schwartz (1994). Are there universal aspects in the content and structure of values? „Journal of Social Issues", 50, 19–45

» Hier einige Beispiele:

Gleichheit (gleiche Chancen für alle). – **Vergnügen** (Erfüllung von Wünschen). – **Freiheit** (Freiheit des Handelns und Denkens). – **Ein „spirituelles" Leben** (Betonung „spiritueller", nicht materieller Interessen). – **Soziale Ordnung** (Stabilität der Gesellschaft). – **Ein Sinn im Leben** (ein Lebenszweck). – **Kreativität** (Originalität, Fantasie). – **Eine friedliche Welt** (frei von Krieg und Konflikten). – **Reife Liebe** (tiefe geistige und emotionale Intimität). – **Familiäre Sicherheit** (Sicherheit für die geliebten Menschen). – **Einklang mit der Natur** (Sicheinfügen in die Natur). – **Ein abwechslungsreiches Leben** (Herausforderung, Neues und Veränderungen). – **Weisheit** (ein reifes Verständnis des Lebens). – **Wahre Freundschaft** (nahe, unterstützende Freunde). – **Eine Welt der Schönheit** (Schönheit der Natur und der Künste). – **Soziale Gerechtigkeit** (Ungerechtigkeiten beseitigen, sich um die Schwachen kümmern). – **Unabhängigkeit** (selbstständig, sich auf sich selbst verlassen). – **Loyalität** (verlässlich gegenüber meinen Freunden und Gruppen). – **Ehrgeiz** (hart arbeiten, zielstrebig). – **Gesundheit** (physisch und geistig wohlauf sein). – **Hilfsbereitschaft** (sich für das Wohlergehen anderer einsetzen). – **Das Leben genießen** (Freude am Essen, an Erotik und Vergnügen).

Der Wertekompass

Übung

Ihr persönlicher Wertekompass

Erstellen Sie sich zunächst eine Liste mit den zehn Dingen, die Ihnen wichtig sind. Das kann Ihre Arbeit sein, Ihre Partnerschaft, Ihre Rolle als Vater oder Mutter, ein erfülltes Sexualleben, Spiritualität, um nur ein paar Beispiele zu nennen. Es spielt keine Rolle, ob die einzelnen Bereiche aktuell Realität in Ihrem Leben sind. So kann es beispielsweise durchaus sein, dass das Thema „Partnerschaft" für Sie äußerst wichtig ist, auch wenn Sie im Augenblick keinen Partner haben. »

» Überlegen Sie sich bei jedem Thema, ob es tatsächlich Ihr Wert ist oder ob Sie ihn nur deshalb in die Liste eintragen, weil andere – Ihre Familie, Ihre Freunde, die Gesellschaft – der Meinung sind, dass das für Sie wichtig sein sollte. Wenn Sie sich darin unsicher sind, so fragen Sie sich einfach, ob Ihnen der jeweilige Bereich auch dann am Herzen liegen würde, wenn niemand jemals erfährt, dass Sie sich dafür engagieren.

Im nächsten Schritt geht es darum, die einzelnen Werte konkret mit Bedeutung zu füllen. Was genau bedeutet es für Sie, eine erfüllte Partnerschaft zu leben? Was heißt es, ein guter Vater oder eine gute Mutter zu sein? Was heißt es konkret, sich für seine Arbeit zu engagieren? Tragen Sie jedes Mal ein, was genau Sie unter dem jeweiligen Wert verstehen.

PDF-Formular zum Downloaden unter www.act-gegen-burnout.de

Wert	Bedeutung	W	R

Jetzt gehen Sie Ihre Liste noch einmal durch und überlegen sich bei jedem einzelnen Wert, wie wichtig er Ihnen ist. Dazu steht Ihnen eine Skala von 0 – das bedeutet überhaupt nicht wichtig, wird aber vermutlich nicht vorkommen, denn sonst würde der Wert ja nicht auf der Liste stehen – bis 10 zur Verfügung. Zehn bedeutet, dass dieser Wert Ihnen ganz außerordentlich wichtig ist.

Bestimmen Sie nun noch, in welcher Rangreihe die einzelnen Werte für Sie stehen; der wichtigste Wert bekommt Rang 1, der zweitwichtigste Rang 2 und so weiter.

Übertragen Sie nun Ihre Werte in den Kompass. Einen Vordruck finden Sie im Downloadbereich unter www.act-gegen-burnout.de. In der Mitte sind Sie selbst. Schreiben Sie dort bitte Ihren Namen hin. Ihre verschiedenen Werte stehen wie die Himmelsrichtungen am Rand des Kompasses. »

Wertekompass

» Tragen Sie die Werte aus Ihrer Tabelle in die dafür vorgesehenen Kästen ein. Bei jedem Wert finden Sie drei kleinere Kästchen mit der Beschriftung W, Ü und D. Das W steht für Wichtigkeit. Diesen Wert sollen Sie ebenfalls aus Ihrer Tabelle übertragen.

Ihr Wertekompass ist fürs Erste fertig. Von den Kästchen Ü und D wird im nächsten Abschnitt die Rede sein, ebenso von den Kästen auf den Linien, die von Ihnen zu Ihren Werten führen.

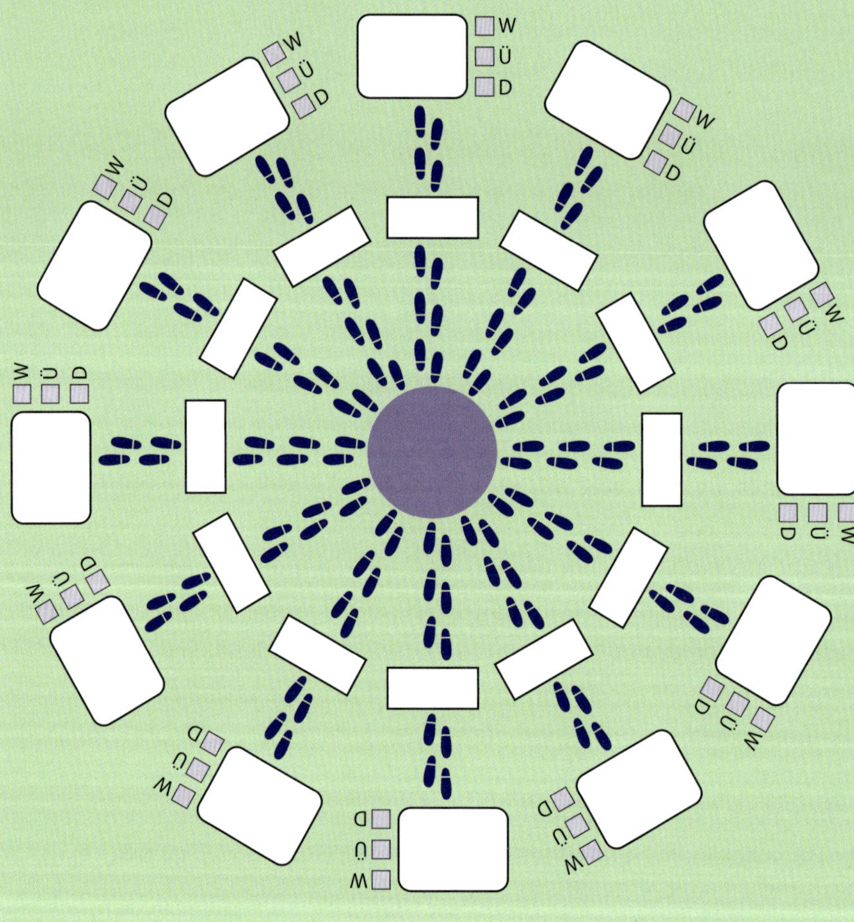

PDF-Formular als Download unter www.act-gegen-burnout.de

Als hilfreich hat es sich erwiesen, den eigenen Wertekompass an einer Stelle aufzuhängen, an der Sie oft vorbeikommen. So ergibt sich ganz von selbst die Gelegenheit, immer mal wieder einen Blick daraufzuwerfen. Es sind Ihre Werte, die Ihnen Autonomie geben und Ihrem Leben seine Bedeutung verleihen, und deshalb ist es gut, sie nicht aus den Augen zu verlieren. Fragen Sie sich immer wieder, wie es Ihnen mit Ihrem Wertekompass geht. Welche Gefühle stellen sich ein, wenn Sie ihn betrachten? Ist es ein gutes, starkes Gefühl, sich auf sich selbst zu besinnen? Oder entsteht dabei ein gewisses Unbehagen, weil Ihnen bewusst wird, wie wenig Sie in Übereinstimmung mit Ihren Werten leben? Um sich hier weiterzuentwickeln, ist engagiertes Handeln nötig – und darum geht es im nächsten Abschnitt.

Fallbeispiel

Die Werteliste von Sandra D.

Wert	Bedeutung	W	R
Für andere da sein	Wenn meine Familie, Freunde, Kollegen oder andere Hilfe brauchen, möchte ich ihnen zuhören und sie mit Rat und Tat unterstützen.	8	4
Eine gute Mutter sein	Ich will, dass sich meine Tochter immer geborgen und von mir geliebt fühlen kann.	10	1
Partnerschaft	Ich möchte eine lebendige, intensive Partnerschaft führen, in der man sich gegenseitig unterstützt und inspiriert.	7	8
Fairness	Ich möchte ehrlich mit den Menschen umgehen; ich möchte, dass sie sich auf mich verlassen können; ich möchte sie nicht übervorteilen oder gegeneinander ausspielen. Und ich möchte selbst genauso behandelt werden.	8	5
Gerechtigkeit	Ich möchte, dass keiner Vorteile hat, die er nicht verdient hat.	8	6
Kreativität	Ich möchte neue Ideen und Konzepte entwickeln, spontan sein, neue Dinge ausprobieren, Theater spielen …	7	9
Erfolg	Ich will das, was ich in meinem Job mache, richtig gut machen und dafür Anerkennung genießen.	7	7
Freiheit	Ich will das tun, was ich selbst will, und nicht von anderen gedrängt werden.	9	3
Neugier	Ich möchte neue Länder und neue Menschen kennenlernen.	6	12
Autonomie	Ich möchte so leben, dass ich zu allem, was ich tue, auch stehen kann.	9	2
Fitness	Ich möchte Kondition haben, ich möchte meinen Körper spüren und mich in ihm wohlfühlen.	6	11
Freunde	Ich möchte meine Freundschaften pflegen.	6	10

10 Commitment – den eigenen Weg gehen

Wie beginnen und womit?

Übung

Ich werde es versuchen

Nehmen Sie einen Bleistift zur Hand und versuchen Sie, ihn zwischen beiden Zeigefingern zu halten. Nein, stopp: Sie halten ihn ja schon, Sie sollen es aber nicht tun, sondern nur versuchen. Also bitte noch einmal von vorn.

Ha ha, sehr witzig, denken Sie jetzt vielleicht. Doch nehmen Sie diese Übung einfach als das, was sie sein soll: als Gedankenanstoß. Wenn es zum Bereich Commitment kommt, wenn es also darum geht, aktiv zu werden und die Dinge umzusetzen, dann hören wir sehr oft den Satz: „Ich will es versuchen." In diesem „versuchen" steckt aber schon ein riesiger Vorbehalt. In diesem „versuchen" ist das Scheitern schon vorweggenommen und Absolution dafür erteilt, dass ich zu meinem alten Verhalten zurückkehre. Beim engagierten Handeln gibt es aber kein Scheitern, denn es geht um das *Tun* und nicht um ein bestimmtes Ergebnis. Versuchen Sie also nicht, engagiert zu handeln, sondern tun Sie es einfach.

Der Werte-Check

Übung

Der Werte-Check

Bitte nehmen Sie noch einmal Ihren Wertekompass zur Hand. Gehen Sie jeden einzelnen Wert durch, und überlegen Sie sich dabei, inwieweit Sie in den letzten vier Wochen in Übereinstimmung mit diesem Wert gelebt haben. Sind Sie in diese Himmelsrichtung gegangen? Zur Beurteilung steht Ihnen wieder eine Skala von 0 (= überhaupt nicht) bis 10 (= voll und ganz) zur Verfügung. Tragen Sie die entsprechende Zahl jeweils in das Kästchen ein, das mit Ü bezeichnet ist (Ü steht für Übereinstimmung). Berechnen Sie anschließend für jeden Wert die Differenz zwischen der Wichtigkeit, also der Zahl, die in dem W-Kästchen steht, und der Übereinstimmung, und tragen Sie das Ergebnis in das D-Kästchen ein. »

PDF-Formular zum Downloaden unter www.act-gegen-burnout.de

» Welches sind die drei Bereiche, in denen diese Differenz am größten ist? Offensichtlich sind das die Bereiche, in denen Ihnen die größten Barrieren im Wege stehen. Diese Barrieren sind im Wertekompass durch Rechtecke symbolisiert, die auf dem Weg liegen, der von Ihnen zu dem entsprechenden Wert hinführt. Die Barrieren in den drei Bereichen mit der größten Differenz zwischen Wichtigkeit und Übereinstimmung markieren Sie rot. Mit diesen Barrieren sollen Sie sich jetzt anhand des Werte-Checks genauer auseinandersetzen. Im Downloadbereich unter www.act-gegen-burnout.de finden Sie dazu ein Formular. Drucken Sie für jeden der betreffenden Wertebereiche eines aus, notieren Sie jeweils den Wertebereich, und schreiben Sie dann auf, was Sie gehindert hat, ihm in den letzten vier Wochen besser zu folgen.

Mein Wert: ______________________________

Das hat mich in den letzten vier Wochen gehindert, ihm zu folgen:

____

____

____

Was war das, was Ihnen im Weg stand? Waren es äußere Barrieren? Dafür würde zum Beispiel eine Formulierung sprechen wie: „Ich hatte mir vorgenommen, mich mehr um meine Kinder zu kümmern. Aber in den letzten Wochen mussten wir den neuen Messeauftritt vorbereiten, da blieb einfach keine Zeit dazu." Oder waren es Gedanken, Beurteilungen und Regeln? Beispiele hierfür: „Ich möchte meiner Frau ein liebevoller und unterstützende Partner sein, aber erst mal muss sie ihre Erwartungen herunterschrauben."
Oder: „Ich wüsste schon, wie man es besser machen könnte, aber in diesem Saftladen haben gute, kreative Ideen sowieso keine Chance."

Oder waren es unangenehme Gefühle, die Ihnen im Weg standen, weil Sie mit ihnen gekämpft haben, statt Ihren Werten zu folgen? »

» Beispiel: „Ich wollte heute im Abteilungsmeeting ansprechen, dass die Aufgaben vollkommen ungerecht verteilt sind, dass es nicht geht, dass sich einige einen faulen Lenz machen, während die anderen sich zu Tode arbeiten. Aber dann habe ich mich einfach nicht getraut, in der großen Runde das Wort zu ergreifen.»

Manchmal sind es gleichzeitig mehrere Barrieren, die sich uns in den Weg stellen. Es ist wichtig, dass Sie sehr genau aufschreiben, was Sie daran gehindert hat, den Wert zu verfolgen, um den es gerade geht. Machen Sie sich bitte auch ganz klar, in welche Schublade – extern, Gedanke oder Regel, unangenehmes Gefühl – die Barrieren gehören. Falls Sie feststellen, dass äußere Barrieren Sie behindern, überlegen Sie sich, was Sie tun können, um diese abzubauen oder zu umgehen, und schreiben Sie das auf.

Das kann ich mit meinen äußeren Barrieren tun:

____

____

____

Wenn Sie erkennen, dass Ihnen festgefahrene Gedanken und Beurteilungen im Wege stehen, benennen Sie diese möglichst genau. Denken Sie darüber nach, welche ACT-Strategie (Defusion, Akzeptanz) am besten geeignet ist, um damit umzugehen. Schreiben Sie auch hier Ihre Überlegungen auf.

Das kann ich mit hinderlichen Gedanken tun:

____

____

____

»

» Wird Ihnen deutlich, dass Sie der Kampf mit unangenehmen Gefühlen daran gehindert hat, Ihren Werten gemäß zu leben, dann rufen Sie sich noch einmal die Abschnitte über Achtsamkeit und Akzeptanz ins Bewusstsein. Wenden Sie sich nun diesen unangenehmen Gefühlen bewusst zu. Wie wäre es, wenn Sie beim nächsten Mal diese Barriere einfach mitnehmen auf dem Weg hin zu Ihrem Wert? Halten Sie wieder schriftlich fest, was Ihnen dazu einfällt.

So will ich mit meinen unangenehmen Gefühlen umgehen:

Bearbeiten Sie auf diese Weise alle drei Werte, bei denen die Differenz besonders groß war. Überlegen Sie sich, was Sie tun können, damit Sie in größerer Übereinstimmung mit diesen Werten leben, als Sie es in den letzten vier Wochen getan haben. Setzen Sie sich für jeden dieser Wertbereiche Ziele, die als Etappen auf dem Weg dienen können. Wichtig ist, dass diese Ziele konkret und realistisch erreichbar sind.

»

» Die Erfahrung zeigt, dass es meistens die kleinen Dinge sind, die uns weiterbringen und die wir auch in absehbarer Zeit erreichen können, während die großen Vorhaben weit in der Zukunft liegen und sich häufig als unerfüllbare Versprechen erweisen. Welches ist – wiederum ganz konkret – der erste Schritt in Richtung auf dieses Ziel? Schreiben Sie Ihr Ziel oder Ihre Ziele und jeweils den ersten Schritt, den Sie tun wollen, auf.

Das sind meine Ziele:

____

____

____

____

____

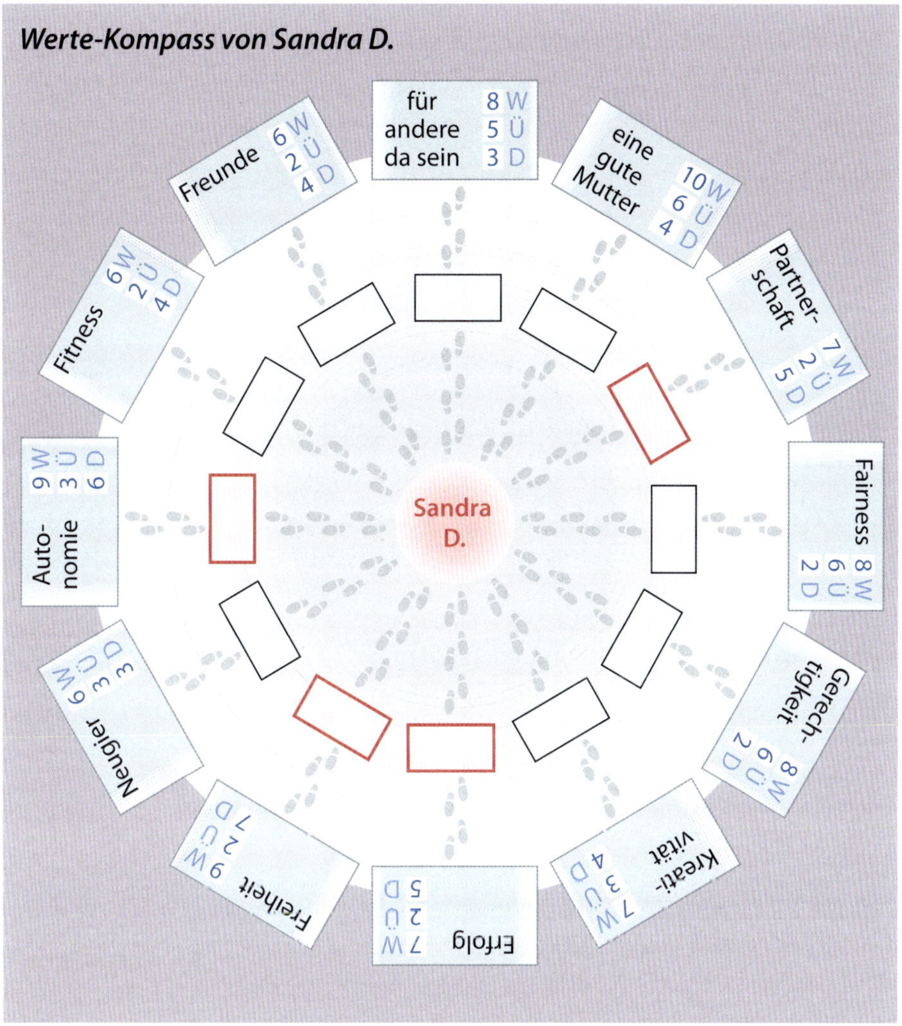

Fallbeispiel

Fallbeispiel

Ein Werte-Check von Sandra D.

Mein Wert: Partnerschaft

Das hat mich in den letzten vier Wochen gehindert, ihm zu folgen:

Irgendwie ist zwischen Günter und mir die Verbindung verloren gegangen, und ich habe Angst, das Thema anzusprechen. Ich denke immer, dass er mich verlässt, wenn ich ihn dränge, dass wir uns damit auseinandersetzen. Ich bin außerdem immer so müde, und mir fehlt einfach die Kraft dazu.

Das kann ich mit meinen äußeren Barrieren tun:

In diesem Bereich gibt es keine äußeren Barrieren, höchstens vielleicht, dass wir es einrichten müssten, mehr Zeit nur zu zweit zu verbringen, aber ich glaube, das ist nicht wirklich das Problem.

Das kann ich mit hinderlichen Gedanken tun:

Es sind immer wieder dieselben Gedanken, die mich blockieren: „Es steht mir nicht zu." „Ich darf nichts verlangen." „Ich darf keine Umstände machen." Ich will versuchen, diese Gedanken einfach da sein zu lassen, sie schweben zu lassen im Raum wie Luftballons.

So will ich mit meinen unangenehmen Gefühlen umgehen:

Es ist diese Angst, dass er mich nicht versteht, dass er sich denkt, was will sie denn jetzt schon wieder, sie ist jetzt aber wirklich schwierig geworden, und es ist die Angst, dass er sich von mir abwendet. Aber wenn ich nichts tue, wird der Graben zwischen uns immer größer. Ich glaube, wenn ich mir die Situation vorher in allen Einzelheiten ausmale, ist die Angst für mich leichter zu ertragen.

Das sind meine Ziele:

Ich will mich mit Günter aussprechen, und heute Abend werde ich ihn bitten, am Wochenende einen Spaziergang mit mir zu machen und mit mir zu reden.

Hinweis

Sich Ziele setzen

„Jetzt soll ich mir auch noch Ziele setzen! Mir fehlt doch sowieso schon die Kraft, auch nur das zu bewältigen, was jeden Tag ansteht." Ist es das, was Sie jetzt vielleicht denken? Aber es geht nicht darum, dass Sie sich zusätzliche Bürden aufladen. Es geht darum, wie Sie in Ihrer ganz konkreten augenblicklichen Situation Ihre Werte leben. Es geht darum, Akzente zu setzen und präsent zu sein bei dem, was Sie tun. Es geht darum, dass Sie das Heft des Handelns wieder in die eigene Hand nehmen und weder Spielball der äußeren Anforderungen noch Spielball Ihrer eigenen Gedanken und Gefühle sind. Es geht um Ihre Autonomie, die Sie in jedem Augenblick und in jeder Situation verwirklichen können.

Wiederholen Sie den Werte-Check einmal im Monat. Verwenden Sie dazu immer einen neuen Ausdruck des Wertekompasses. Beurteilen Sie Ihre Werte jeweils aufs Neue, und schätzen Sie ein, wie Sie in den letzten vier Wochen in den einzelnen Wertebereichen vorangekommen sind.

Fallbeispiel

Sandras Arbeitsalltag und die Werte

Sandra D.: Ich glaube, ich schaffe das alles nicht. Jetzt sind wieder die neuen Zahlen herausgekommen, der Druck hat sich noch mal mächtig erhöht, es geht immer nur um die Rendite, und ob die Menschen dabei auf der Strecke bleiben, ist scheißegal. Und dann kommen Sie auch noch mit Ihren Werten daher, nach denen ich mich richten soll.

Therapeut: Es sind nicht meine Werte, es sind Ihre.

Sandra D.: Das weiß ich schon. Aber wenn ich in der Bank irgendetwas von Fairness, Gerechtigkeit, Autonomie oder so erzähle, dann lachen die mich doch aus, keine Chance!

Therapeut: Okay, das kann sein. Aber gucken wir doch einfach mal, wie das im Einzelnen ist. Sie haben letztens von dieser Situation erzählt, als Sie dringend nach Hause wollten, weil es Ihrer Tochter nicht gut ging, und Ihr Chef Sie noch lange mit seinen privaten Problemen aufgehalten hat. Wie waren Sie denn da in Übereinstimmung mit Ihren Werten? »

» **Sandra D.:** Na überhaupt nicht.

Therapeut: Wäre es in dieser Situation denn möglich gewesen, dass Sie in größerer Übereinstimmung mit Ihren Werten handeln?

Sandra D.: Ich denke schon. Ich hätte mich einfach verabschieden und gehen müssen. Ich hatte ja auch im Kalender eingetragen, dass ich nach 16 Uhr nicht mehr da bin.

Therapeut: Wenn Sie gegangen wären: Was wäre in Bezug auf Ihre Werte anders gewesen?

Sandra D.: So ziemlich alles. Ich hätte bei meiner Tochter sein können und für sie eine gute Mutter sein. Ich fand das Ganze, wie es abgelaufen ist, auch nicht fair. Es steht ihm nicht zu, mich mit seinen privaten Problemen vollzuladen, er nutzt seine Stellung aus. Und wenn ich da einfach Tschüss gesagt hätte, hätte ich mir meine Autonomie bewahrt.

Therapeut: Aber hätten Sie das denn tatsächlich tun können?

Sandra D.: Ja, das hätte ich tun können. Der Chef wäre zwar beleidigt gewesen, ich glaube aber nicht, dass sich das irgendwie negativ ausgewirkt hätte.

Therapeut: Lassen Sie uns noch eine andere Situation betrachten. Sie haben sich letztens mit Herrn H. ausgesprochen und ihm erklärt, wie seine Situation in der Bank ist und wie es Ihnen selbst damit geht. Was mich jetzt interessiert: Inwieweit haben Sie dabei Ihre Werte gelebt?

Sandra D.: Voll und ganz. Ich war wirklich offen zu ihm, ehrlich, und auch wenn es kein einfaches Gespräch war, so war ich doch richtig gut gelaunt hinterher. Ich habe mich irgendwie so leicht gefühlt.

Therapeut: Das muss ein richtig gutes Gefühl gewesen sein. Man sieht es jetzt noch, wie Ihre Augen strahlen.

Sandra D.: Ja, ich war irgendwie so in Übereinstimmung mit mir selbst.

Therapeut: Es gibt noch einen anderen Bereich, der mich interessiert. Sie hatten letztens davon gesprochen, dass es insbesondere die anstehenden Umstrukturierungen in Ihrem Bereich sind, durch die der Druck so hoch ist und die Stimmung mehr und mehr in den Keller driftet. Wenn ich es richtig verstanden habe, so sind Sie verantwortlich für die Konzeption und Durchführung dieser Umstrukturierungen. »

» **Sandra D.:** Ja, das ist zurzeit meine wichtigste Aufgabe.

Therapeut: Wie ist es denn da? Könnten Sie dabei in Übereinstimmung mit Ihren Werten handeln? Hätten Sie beispielsweise die Möglichkeit, diese Umstrukturierung einigermaßen fair und gerecht auf den Weg zu bringen?

Sandra D.: Ich könnte es versuchen. Aber es besteht immer die Gefahr, dass mir mein Chef dann alles wieder über den Haufen wirft. Er glaubt ja sowieso, dass nur da, wo viele Späne sind, ordentlich gehobelt wurde. Und ich glaube, ich halte das einfach nicht aus, wenn ich da wieder eine Niederlage hinnehmen muss.

Therapeut: Sie hätten also die Möglichkeit, diese Umstrukturierung fairer und gerechter – das heißt in Übereinstimmung mit Ihren Werten – zu gestalten. Auf der anderen Seite fürchten Sie, dass Sie damit scheitern, und das wäre sehr schmerzhaft für Sie.

Sandra D.: Ja.

Therapeut: Eine schwierige Entscheidung. Die kann Ihnen niemand abnehmen.

Sandra D.: Wissen Sie, es ist auch so dumm. Mein Chef stellt sich das so vor: Wir streichen 25 Prozent der Stellen und bauen massiven Druck auf, damit wir die einen billig loswerden und die anderen die zusätzliche Arbeit übernehmen, obwohl die sowieso schon am Anschlag sind. Das ist so dumm! Das ist so fantasielos!

Therapeut: Sie könnten also auch noch Ihre Kreativität dabei ausleben, indem Sie es besser machen?

Sandra D.: (lacht) Ich merke schon, wie Sie mich ködern wollen.

Therapeut: Ich möchte Sie nicht ködern. Es ist Ihre Entscheidung. Ich kann Ihnen nicht mal einen Ratschlag geben, ich kann Sie nur – wenn Sie Ihren Weg gewählt haben – ein Stück begleiten. Aber was, glauben Sie denn, kostet am Ende mehr Kraft: wenn Sie sich für Ihre Werte einsetzen und dabei auch Rückschläge in Kauf nehmen müssen oder wenn Sie von vornherein resignieren?

Wenn Sie sich immer wieder an Ihren Werten ausrichten, dann handeln Sie selbstbestimmt, autonom. Das heißt nicht, dass Sie gänzlich unabhängig oder gegen die Anforderungen der Umwelt handeln, ganz im Gegenteil. Vielmehr nehmen Sie die Gegebenheiten der Umwelt zum Ausgangspunkt, um Ihre Eigenständigkeit und Souveränität zu entfalten. Denken Sie daran: Werte sind wie Sterne am Himmel, die Ihnen Orientierung geben, unabhängig davon, ob Sie sich in unwegsamem Gelände bewegen oder in der freien Ebene. Es kann sein, dass Sie manchmal Umwege gehen oder Berge überwinden müssen, aber Sie sind sich immer bewusst, dass Sie in der richtigen Richtung unterwegs sind. So gesehen können Sie in jedem einzelnen Augenblick Ihre unendliche Freiheit vollkommen entfalten.

Mehr ist nicht zu tun.

Mehr ist eigentlich auch nicht zu sagen. Aber natürlich wissen wir, dass sich die Dinge im Alltag häufig schwieriger gestalten, als es sich jetzt anhört. Wir wollen Ihnen deshalb noch einige Hinweise mitgeben, die Ihnen vielleicht helfen, wenn Sie das Gefühl haben, gar nicht voranzukommen oder den Weg nicht mehr zu finden.

Setzen Sie Ihre Ziele möglichst konkret

Das hatten wir ja schon angesprochen: Es sind die kleinen Dinge, die uns Stück für Stück weiterbringen. Leiten Sie deshalb aus Ihren Werten ganz konkrete Ziele ab, bei denen sich eindeutig feststellen lässt, ob und wann Sie sie erreicht haben. Wenn es für Sie einen Wert darstellt, eine gute Mutter oder ein guter Vater zu sein – wie es zum Beispiel bei Sandra D. der Fall ist –, so könnten Sie daraus das Ziel ableiten, in Zukunft mehr Zeit mit Ihren Kindern zu verbringen. Dieses Ziel ist allerdings sehr allgemein. Fassen Sie es also konkreter: Wann genau und bei welcher Gelegenheit wollen Sie in nächster Zeit etwas mit Ihren Kindern unternehmen? Überlegen Sie sich dabei gleichzeitig, welche Hindernisse dem eventuell im Weg stehen. Bei Sandra D. bedeutet das beispielsweise, dass sie sich vorher überlegt, wie sie sich verhält, wenn ihr Chef sie wieder einmal nicht gehen lassen möchte, weil angeblich genau in diesem Augenblick ganz dringliche Dinge zu besprechen sind.

Der Ärger mit dem Aufschieben

Dafür gibt es sogar ein lustiges Fremdwort: Prokrastination. Wir möchten Ihnen das Problem gern am Beispiel von Herrn P. veranschaulichen, einem Klienten unserer Coaching-Praxis.

Herr P. sitzt im Büro, die Arbeit türmt sich vor ihm, auch wichtige und dringliche Aufgaben sind zu erledigen, aber aus irgendeinem Grund fällt es Herrn P. schwer anzufangen. Er geht also erst noch mal ins Internet, scrollt durch die Artikel eines Nachrichtenmagazins, will sich nur noch ganz kurz darüber informieren, wie die Fußballspiele vom Wochenende ausgegangen sind, und so geht das weiter. Inzwischen ist schon eine ganze Menge Zeit vergangen, da kommt ein Kollege, der Herrn P. etwas erzählen will, und wenn Herr P. es sich genau überlegt, so lohnt es sich gar nicht mehr, diese große Sache, die er zuerst erledigen wollte, jetzt noch anzugehen. Schließlich ist bald Mittag, und die Aufgabe ist sehr wichtig, sie erfordert die ganze Konzentration und sollte deshalb am besten ohne Unterbrechungen bearbeitet werden. Herr P. nimmt sich also vor, damit gleich nach dem Mittagessen anzufangen, denn da ist er ausgeruht und hat ausreichend Zeit, da wird er dann mit ganzer Kraft loslegen. Doch nach dem Mittagessen geht es genauso weiter wie am Morgen, nur ist der Gedanke an die Arbeit, die vor ihm liegt, noch unangenehmer geworden. Irgendwann, es ist schon später am Abend, geht Herr P. nach Hause, müde, niedergeschlagen und erschöpft, obwohl er gar nicht genau sagen kann, was er den ganzen Tag über getan hat.

Kennen Sie das auch, so oder so ähnlich? Wenn ja, dürfen Sie sich als Mitglied einer großen Gemeinde fühlen. Aber was können Sie tun, wenn es Ihnen auch so geht? Das Erste ist: Machen Sie sich einen Plan mit all den Aufgaben, die zu erledigen sind, am besten schon abends für den nächsten Tag. Mit dieser Liste zerlegen Sie den riesigen Berg Arbeit, der Sie zu ersticken droht, in einzelne kleine Aufgaben, von denen jede in absehbarer Zeit erledigt werden kann.

Diese Liste ist wirklich sehr wichtig, denn sie erlaubt Ihnen, das Ganze zu strukturieren. Aber natürlich ist diese Liste an sich nicht die Lösung des Problems. Das Problem liegt ganz woanders. Irgendwo zwischen Ihnen und den Aufgaben hat sich eine Barriere aufgebaut. »

» Mit Barrieren haben Sie ja nun schon Erfahrung. Erforschen Sie, was Ihnen da im Weg steht. Was hindert Sie, einfach anzufangen? Wahrscheinlich sind es irgendwelche unangenehmen Gedanken und Gefühle. Überlegen Sie also, welche ACT-Strategie – Achtsamkeit, Akzeptanz, Defusion – geeignet ist, diese Barriere abzubauen. Wenn Sie sich diese unangenehmen Gedanken und Gefühle genauer ansehen, werden Sie vermutlich feststellen, dass es alte Bekannte sind. Unterhalten Sie sich ein wenig mit ihnen, seien Sie freundlich, aber machen Sie deutlich, dass Ihre alten Bekannten zwar willkommen sind, jetzt wo sie schon einmal hier sind, dass sie aber nicht bei der Arbeit stören sollen.

Verschaffen Sie sich einen Überblick über Ihre Ressourcen

Normalerweise verfügen wir über viele Dinge, die uns auf unserem Weg nützlich sein können. Häufig sind wir uns dieser Ressourcen aber nicht bewusst, sodass sie brachliegen und nicht in unser Leben integriert werden können. Wir haben deshalb einen kleinen Fragenkatalog für Sie zusammengestellt, der keinen Anspruch auf Vollständigkeit erhebt, Ihnen aber helfen kann, sich einigermaßen systematisch einen Überblick über Ihre Ressourcen zu verschaffen.

Übung

Der Ressourcen-Check

Aus welchen Lebensbereichen können Sie Kraft schöpfen? Kreuzen Sie die jeweiligen Lebensbereiche an.

- ☐ Beruf
- ☐ Familie
- ☐ Genuss
- ☐ Hobbys
- ☐ Kunst
- ☐ Musik
- ☐ Naturerleben
- ☐ Sexualität
- ☐ Spiritualität
- ☐ Sport
- ☐ Wohnung / Zuhause
- ☐ Sonstige ______________________

Welche Menschen können Ihnen auf Ihrem Weg hilfreich sein? Schreiben Sie die entsprechenden Personen hier auf.

____

____

____

____

»

PDF-Formular als Download unter www.act-gegen-burnout.de

» Welche persönlichen Eigenschaften wie zum Beispiel Intelligenz, Kreativität, soziale Kompetenz, Durchhaltevermögen, Begeisterungsfähigkeit etc. helfen Ihnen auf Ihrem Weg? Schreiben Sie diese Eigenschaften auf.

Gibt es Erinnerungen an persönliche Erfolge oder an schwierige Situationen, die Sie erfolgreich gemeistert haben und die Ihnen als Ressource dienen können? Schreiben Sie diese Erinnerungen hier auf.

Gibt es äußere Faktoren wie zum Beispiel eine gute Ausbildung, finanzielle Unabhängigkeit, gesellschaftliches Ansehen etc., die Sie nutzen können? Schreiben Sie diese Faktoren auf.

Welche Ressourcen sind die wichtigsten für Sie? Wie können Sie diese Ressourcen am besten für sich nutzen?

Was tun, wenn der Weg aus dem Blick gerät?

Wenn wir den einmal eingeschlagenen Weg wieder verlassen – warum auch immer –, bemerken wir das oft gar nicht. Wenn wir uns von unseren Werten entfernen, weil wir in unseren Alltag verstrickt sind, ist das so ähnlich, als wenn wir uns bei unseren Achtsamkeitsübungen in Gedanken verstricken: Wir brauchen eine ganze Weile, bis wir das überhaupt merken. Deshalb sind Erinnerungshilfen so wichtig und wertvoll, die uns immer wieder ins Bewusstsein bringen, dass es jenseits dieses alltäglichen Wahnsinns etwas Großes gibt, das nur uns gehört und dem wir folgen können.

Werte-Affirmation

Die Erfahrung, dass wir unsere Werte leben können, ist etwas höchst Positives, das sehr viel Kraft und Energie schenken kann. Diese Erfahrung kann in hohem Maße dazu motivieren, das nächste Mal erneut engagiert den eigenen Werten entsprechend zu handeln. Es ist deshalb gut, sich die Momente zu bewahren, in denen wir ganz im Einklang mit unseren Werten stehen, und diese Augenblicke immer wieder zum Leben zu erwecken. Dazu dient die folgende Übung.

Übung

Den Wert (er-)leben

Suchen Sie sich einen ruhigen Platz, an dem Sie sich wohlfühlen und nicht gestört werden. Wählen Sie aus Ihrem Werte-Kompass den Wert, der Ihnen zurzeit am wichtigsten ist. Können Sie sich an eine Situation erinnern, in der Sie diesen Wert wirklich gelebt haben? Wenn nicht, bleiben Sie dabei. Lassen Sie sich Zeit, eine entsprechende Erinnerung wird sich einstellen. Wenn Sie sie haben, schließen Sie die Augen und versetzen sich noch einmal in diese Situation hinein. Wo befinden Sie sich? Vergegenwärtigen Sie sich noch einmal genau, wie das war:

Was sehen Sie?
Was hören Sie?
Was riechen Sie?
Was fühlen Sie?

»

» Werden Sie ganz eins mit diesem Gefühl. Achten Sie genau darauf, wo in Ihrem Körper Sie dieses Gefühl spüren. Machen Sie jetzt ganz bewusst eine Körperbewegung, oder nehmen Sie eine Körperhaltung ein, die dieses Gefühl ausdrückt.

Alle Emotionen finden im Körper statt und werden im Körper aufbewahrt. Wenn Sie später dieselbe Bewegung bewusst wieder ausführen oder die entsprechende Körperhaltung wieder einnehmen, können Sie damit auch das Gefühl zurückholen. Welche Bewegung, welche Körperhaltung passt für dieses Gefühl?

Suchen Sie sich nun ein Symbol aus, das für diese Erfahrung und das damit verbundene Gefühl stehen soll. Das kann ein Gegenstand sein, ein Bild, irgendetwas. Es muss keine direkte Verbindung zu dieser Erfahrung haben. Es genügt, wenn Sie diese Verbindung für sich herstellen. Wählen Sie am besten ein Symbol, das sich gut in Ihren Tagesablauf integrieren lässt, zum Beispiel einen Schlüsselanhänger, einen Stein, den Sie immer in der Tasche mit sich tragen, oder wählen Sie ein Symbol, das Ihnen häufig vor Augen tritt, ohne dass Sie es suchen müssen. Machen Sie sich jedes Mal, wenn Sie dieses Symbol wahrnehmen, bewusst, wofür es steht, und holen Sie sich das damit verbundene Gefühl noch einmal zurück.

Wie ist es Ihnen mit dieser Übung ergangen? Ist es Ihnen gelungen, sich noch einmal ganz in diese Situation hineinzuversetzen? Was haben Sie dabei gefühlt, was haben Sie dabei gespürt? Notieren Sie die Erfahrungen, die Sie mit dieser Übung gemacht haben.

Machen Sie jetzt eine Pause, und lassen Sie die Werte-Affirmation in sich nachwirken.

Fallbeispiel

Sandras Freiheit

Therapeut: Frau D., wissen Sie noch, welchen Spruch Sie sich für Ihren Grabstein gewünscht haben?

Sandra D.: Ja: „Sie hat ihre Freiheit gelebt und sich dabei immer für ihre Mitmenschen eingesetzt."

Therapeut: Was bedeutet Freiheit für Sie?

Sandra D.: Ich möchte nicht ständig geschubst werden. Ich möchte nicht tun, was die anderen sagen, sondern meine eigenen Entscheidungen treffen. Ich möchte mein eigenes Leben leben.

Therapeut: Wenn Sie sich zurückerinnern, gibt es da eine Situation, in der Sie diese Freiheit wirklich gelebt haben?

Sandra D.: (denkt nach) Ja, ich weiß jetzt nicht, warum mir gerade diese Situation einfällt, aber ich erinnere mich daran, es war kurz nach dem Abitur, und ich habe mich ziemlich mit meinem Vater gestritten. Ich hatte mich gerade in Jura immatrikuliert, obwohl mich das überhaupt nicht interessiert hat, und deshalb wollte ich unbedingt, bevor es losgeht, noch einmal richtig Urlaub machen. Mein Vater aber meinte, ich sollte ein Praktikum machen, und er hatte das auch schon mit einem Freund, der in einer Bank arbeitet, so ausgemacht. Als er mir das erzählt hat, bin ich das erste Mal so richtig ausgeflippt. Ich habe ihn sogar angeschrien.

Therapeut: Und was ist dann passiert?

Sandra D.: Ich habe einen Flug nach Amerika gebucht.

Therapeut: Gibt es da einen Augenblick, in dem Sie Ihre Freiheit ganz besonders gespürt haben?

Sandra D.: (überlegt) … Ja, es war der Augenblick, in dem das Flugzeug abgehoben hat.

Therapeut: Ich möchte Sie bitten, dass Sie sich diesen Augenblick noch einmal vergegenwärtigen. Schließen Sie dazu bitte die Augen. Sie sitzen im Flugzeug. Was sehen Sie? Was hören Sie? Was spüren Sie?

»

» **Sandra D.:** Ich sitze am Fenster, sehe die Landschaft an mir vorbeiziehen, ich höre das Dröhnen der Motoren, das immer lauter wird, ich spüre ein leichtes Rütteln, und auf einmal spüre ich, wie das Flugzeug mit leichtem Ruck vom Boden abhebt, sich etwas neigt und nach oben zieht.

Therapeut: Was spüren Sie noch?

Sandra D.: Ich spüre, wie ich in den Sitz gedrückt werde.

Therapeut: Noch etwas?

Sandra D.: Ja, ich spüre ein flaues Gefühl in der Magengegend, ich fühle, wie sich mein Brustkorb weitet, ich spüre die Aufregung und ein Kribbeln in den Händen. Ich war so stolz. Ich hatte mich durchgesetzt, und ich war so voller Freude auf diese spannenden Wochen, die jetzt vor mir lagen.

Therapeut: Können Sie eine Bewegung machen oder eine Körperhaltung einnehmen, die diesem Gefühl entspricht?

Sandra D.: (streckt langsam die rechte Hand nach oben; es sieht ein bisschen aus wie die Freiheitsstatue mit ihrer Fackel)

Therapeut: Lassen Sie das Gefühl ganz da sein. Spüren Sie ihm genau nach. Sie können es in dieser Geste aufheben und später wieder zum Leben erwecken. Gibt es denn irgendein Symbol, das für dieses Gefühl stehen könnte?

Sandra D.: (überlegt) Ja, es ist eine einzelne Wolke, die am blauen Himmel schwebt, ich sehe sie durch das Bullauge.

Therapeut: Was verbinden Sie mit dieser Wolke?

Sandra D.: Es ist diese grenzenlose Freude, die ich in dem Augenblick empfunden habe, und es ist ein Gefühl von Leichtigkeit und Weite.

Therapeut: Das Gefühl der Freiheit?

Sandra D.: (nickt)

Therapeut: Dieses Gefühl kann eine wichtige Ressource für Sie sein. Holen Sie es sich wieder, jedes Mal, wenn Sie aus dem Auto steigen oder aus dem Büro kommen und Sie sehen eine solche Wolke am Himmel, holen Sie sich dieses Gefühl zurück, das Gefühl der Freiheit, das Gefühl, das Sie durchdrungen hat in dem Augenblick, als Sie eins waren mit Ihrem Wert.

Sprechen Sie mit anderen über Ihre Werte und Ihre Ziele

So einfach und doch so schwer: Sprechen Sie mit anderen Menschen darüber, was Sie vorhaben und wie Sie Ihre Ziele erreichen wollen. Zum einen entsteht dadurch mehr Verbindlichkeit, und zum anderen fällt es dann leichter, sich Hilfe und Unterstützung zu holen. Bitten Sie Ihren Partner, einen Freund oder eine Freundin darum, Ihnen zuzuhören – zunächst einmal, ohne einen Kommentar dazu abzugeben. Wenn Sie mit Ihren Ausführungen fertig sind, überlegen Sie gemeinsam, was Ihnen noch fehlt, um den nächsten Schritt zu gehen. Denken Sie darüber nach, welche Art von Hilfe dabei für Sie geeignet ist. Wollen Sie mit Fragen weitergebracht werden? Möchten Sie genaue Termine und Teilziele festlegen, und Ihr Gegenüber überprüft gemeinsam mit Ihnen, ob Sie Ihre eigenen Vorgaben erfüllt haben? Vielleicht genügt es auch schon, einfach jemanden zu haben, mit dem Sie über das Thema sprechen können.

Wenn Sie keinen solchen Menschen finden, können Sie auch professionelle Hilfe in Anspruch nehmen. Wenden Sie sich an einen Coach oder einen Therapeuten, der Sie in Situationen, in denen Sie das Gefühl haben, auf der Stelle zu treten, begleitet.

Mitgefühl

Gehen Sie liebevoll mit sich selbst um

Es ist schon eigenartig: Wenn wir uns äußerlich verletzen, beispielsweise indem wir uns in den Finger schneiden, gehen wir normalerweise liebevoll mit uns um. Wir verbinden sorgfältig und behutsam die Wunde, achten darauf, dass die verletzte Hand ruhiggestellt ist und dass der Finger, in den wir uns geschnitten haben, nirgends anstoßen kann. Wir wechseln den Verband regelmäßig und sorgen dafür, optimale Bedingungen für den Heilungsprozess herzustellen. Wenn wir aber seelische Verletzungen erleiden, so reagieren wir oftmals ganz anders darauf: Wir machen uns Vorwürfe, wir werten uns ab und geben uns selbst die Schuld an unserem Schmerz. Kurz, wir hauen noch einmal drauf, anstatt ein bisschen Mitgefühl mit uns zu entwickeln und uns darum zu kümmern, dass die Wunde in Ruhe verheilen kann.

Natürlich ist das kein rationales, vernünftiges Verhalten; es ist ein Automatismus, der vollkommen selbsttätig in uns abläuft. Wir haben aber die Möglichkeit, uns diesen Automatismus bewusst zu machen und ihn zumindest stellenweise zu unterbrechen. Achten Sie also in Zukunft darauf, wie Sie mit sich umgehen. Sind Sie mitfühlend mit sich selbst, oder hauen Sie noch auf die Wunde?

Viele Menschen haben Probleme damit, Mitgefühl mit sich selbst zu entwickeln. Das hat sicherlich auch damit zu tun, dass das in unserer Gesellschaft nicht üblich ist. Menschen, die Mitgefühl mit sich selbst äußern, gelten vielfach als schwach, als erfolglos, und häufig wird Mitgefühl mit sich selbst als narzisstische Selbstliebe denunziert. Das ist aber vollkommen falsch. Im Gegenteil, nur wer Mitgefühl mit sich selbst haben kann, der kann es auch mit anderen haben. Nur wer mitfühlend und liebevoll mit sich selbst umgeht, der kann es auch mit anderen. Üben Sie also Mitgefühl mit sich selbst. Sie können sich dazu beispielsweise ein bedürftiges kleines Kind vorstellen oder ein ängstliches kleines Haustier. Malen Sie sich aus, wie Sie sich um dieses bedürftige Wesen kümmern, wie Sie es streicheln und beschützen. Achten Sie genau auf die Gefühle und körperlichen Empfindungen, die bei dieser Vorstellung in Ihnen entstehen. Übertragen Sie dann dieses Gefühl auf sich selbst, indem Sie sich vorstellen, wie Sie Ihr verletzliches Ich umsorgen.

Mitgefühl mit anderen

Gut ist es, wenn der Umgang mit anderen ebenfalls von freundlichen Gefühlen, von Mitgefühl (nicht von Mitleid!) geprägt ist. Dazu gehört, ein Bewusstsein und ein Gefühl dafür zu entwickeln, dass die Menschen um uns herum genauso in ihren Regeln, Bewertungen, Ängsten und Emotionen gefangen sind wie wir. Jeder andere ist der Situation genauso ausgeliefert wie Sie. Die psychologische Forschung zeigt, dass sich Mitgefühl für andere am Ende positiv auf die eigene Seele auswirkt. Wenn Sie also selbst in einer schwierigen Situation stecken, nehmen Sie trotzdem auch die Probleme von anderen wahr – verschließen Sie sich nicht. Auch wenn Sie vielleicht zuerst denken: „Ich habe wahrlich genug mit meinen eigenen Problemen zu tun, ich kann mich jetzt nicht auch noch um die anderen kümmern.“ Doch je stärker diese Haltung wird, umso schlechter geht es einem selbst. Je mehr Sie sich auch dem Leiden anderer öffnen, umso weniger erdrückend ist Ihr eigenes. Es geht ausdrücklich nicht darum, sich die Probleme anderer zu eigen zu machen, sondern darum, an den Gefühlen und am Leiden anderer Anteil zu nehmen.

Ent-schuldigen Sie

Um ein Leben zu leben, das für Sie richtig ist und das Sie erfüllt, ist es wichtig, dass Sie mit Schuld und alten Lasten aufräumen, die sich aufgestaut haben. Der immer schärfer werdende Konkurrenz- und Leistungsdruck führt auch dazu, dass sich Menschen nicht so verhalten, wie unsere ethischen Ansprüche es eigentlich verlangen.

Haben Sie auch mit Kollegen oder Vorgesetzten zu tun, die unfair handeln, intrigieren, Menschen gegeneinander ausspielen, brutal die eigene Karriere verfolgen und dabei andere verletzen? Wie wollen Sie damit umgehen? Sie können sich in Hass und in dem Gefühl verlieren, dass Sie ungerecht behandelt werden, Sie können aber auch Ihren Werten folgen. Sie müssen sich für eines entscheiden, so oder so, beides gleichzeitig ist nicht möglich. Der Hass und das Gefühl, ungerecht behandelt worden zu sein, frisst nämlich alle Energie.

Denken Sie also nach: Gibt es Menschen, denen Sie vergeben sollten? Vielleicht haben Sie sich auch selbst so verhalten, wie es nicht zu Ihren Werten passt. Gibt es also etwas, das Sie sich selbst oder jemand anderem vergeben sollten? Den Schmerz oder die Verletzung, die Sie erlitten oder zugefügt haben, werden Sie nicht ungeschehen machen, aber Sie können die Wut, den Groll und die Schuldgefühle hinter sich lassen.

Wenn Sie also etwas zu ent-schuldigen haben, nehmen Sie einen Zettel zur Hand, und schreiben Sie auf, worum es geht. Was ist passiert? Welche Schuld, welcher Fehler oder welche Verantwortung steht im Raum? Stellen Sie sich der Situation, und formulieren Sie, was Sie zu sich selbst oder zu anderen Beteiligten sagen wollen. Wenn Sie damit fertig sind, lesen Sie sich selbst laut vor, was Sie geschrieben haben. Wiederholen Sie das Vorlesen am nächsten Tag, am übernächsten Tag, am überübernächsten Tag, so lange, bis Sie feststellen, dass sich die Emotionen, die damit verbunden sind, aufgelöst haben.

Einfach mal etwas anders machen

Wir alle haben eine ganze Reihe von Verhaltensmustern, denen wir folgen, ohne sie zu hinterfragen. Einige sind sinnvoll, andere nicht, manche behindern uns, andere haben keinen besonderen Einfluss. Grundsätzlich sind Verhaltensmuster unproblematisch, solange wir frei und souverän darüber entscheiden können, ob wir ihnen folgen oder nicht. Problematisch werden Verhaltensmuster, wenn sie uns beherrschen und unsere Freiheit und Flexibilität einengen und uns immer wieder zu denselben Verhaltensweisen zwingen. Aber Freiheit lässt sich lernen und üben, in kleinen wie in großen Dingen.

Machen Sie also einfach mal etwas anders, als Sie es sonst immer tun. Wenn Sie gewohnt sind, morgens Kaffee zu trinken, so versuchen Sie es doch einfach mal mit Tee. Wenn Sie gewohnt sind, immer Ja zu sagen, sagen Sie einfach mal Nein (und umgekehrt). Wenn Sie gewohnt sind, auch am Wochenende früh aufzustehen, so bleiben Sie das nächste Mal einfach liegen und beobachten, wie sich das anfühlt. Oder andersherum: Wenn Sie am Wochenende immer sehr lange schlafen, stehen Sie das nächste Mal früh auf und machen einen Morgenspaziergang. Wenn Sie gewohnt sind, alles bis ins Kleinste zu planen, dann unternehmen Sie einfach einmal etwas ins Blaue hinein. Wenn Sie gewohnt sind, sich zum Feierabend eine Flasche Wein oder Bier aufzumachen, probieren Sie aus, wie es ist, das einmal anders zu machen. Wenn Sie abends immer fernsehen, hören Sie einfach mal Radio, oder lesen Sie ein Buch. Wenn Sie gewohnt sind, alles immer allein zu meistern, bitten Sie einfach mal jemand anderen um Hilfe, auch wenn Sie die Hilfe nicht wirklich benötigen. Sie werden schnell erkennen, wie viel Kraft es Ihnen spendet, ein anderes Verhalten auszuprobieren, einfach weil Sie es können und sich frei dafür entschieden haben.

Gehen Sie ruhig spielerisch an die Sache heran. Es gibt so viel zu entdecken, wenn Sie neugierig und offen für neue Erfahrungen sind. Von dem Schriftsteller Hans Magnus Enzensberger heißt es zum Beispiel, er habe sich das Rauchen nur deshalb abgewöhnt, weil er ausprobieren wollte, wie sich das anfühlt, und weil er aufs Neue erleben wollte, wie die Dinge riechen und schmecken ohne Rauch.

Noch einmal das Tagebuch

Damit sind wir am Ende des Abschnitts zum Kernprozess Commitment. Bitte lassen Sie sich wiederum das, was Sie in diesem Abschnitt erlebt und erfahren haben, noch einmal durch den Kopf gehen. Schreiben Sie dann auf, was für Sie besonders wichtig war und wie Sie Ihre Werte künftig engagiert im Alltag umsetzen wollen.

Wir sind jetzt auch am Ende unseres Übungsteils angekommen. Wie lange waren Sie damit insgesamt beschäftigt? Eine Woche, zwei Wochen, länger? Und haben Sie Ihr Tagebuch der unangenehmen Ereignisse dabei weitergeführt? Wir möchten Sie jetzt bitten, dieses Tagebuch noch ein letztes Mal zur Hand zu nehmen und noch einmal so auszuwerten, wie Sie es zu Beginn des Übungsteils getan haben. Was fällt Ihnen auf? Mit welchen Gedanken und Gefühlen haben Sie gerungen? Welche Strategien haben Sie eingesetzt, um mit den unangenehmen Ereignissen zurechtzukommen?

Hat sich seit der ersten Auswertung des Tagebuchs etwas verändert? Bitte schreiben Sie auf, was Sie festgestellt haben.

Wenn sich positive Änderungen für Sie ergeben haben, so wollen wir Ihnen dazu an dieser Stelle herzlich gratulieren. Aber auch wenn Sie keine nennenswerten Verbesserungen festgestellt haben, können Sie langfristig von dem Programm profitieren. Die Übungen brauchen Zeit, um ihre Wirkung zu entfalten, und sie wirken weiter, auch wenn Sie sich dessen nicht bewusst sind. Wenn Sie allerdings festgestellt haben, dass sich Ihre Situation verschlechtert hat, sollten Sie sich professionelle Hilfe bei einem psychologischen oder ärztlichen Psychotherapeuten suchen.

Das Tagebuch hat jetzt seinen Zweck erfüllt; Sie brauchen es nicht weiterzuführen. Bitte bleiben Sie aber dabei, Ihre täglichen Achtsamkeitsübungen durchzuführen, und machen Sie einmal im Monat den Werte-Check, um auf dem richtigen Weg zu bleiben.

Es ist jetzt auch Zeit, dass wir uns von Sandra D. verabschieden. Sie ist uns über die Seiten hin ans Herz gewachsen, und wir möchten uns bei ihr bedanken, dass sie sich zur Verfügung gestellt hat, um verschiedene ACT-Methoden zu veranschaulichen. Allerdings müssen wir an dieser Stelle auch gestehen, dass es Frau D. in Wirklichkeit gar nicht gibt. Wir haben sie aus mehreren Klienten zusammengesetzt, die wir im Rahmen unserer Praxis in den letzten Jahren begleitet haben. Dies erschien uns einerseits aus Gründen des Datenschutzes geboten, andererseits konnten wir so mit Sandra D. die Dinge, die wir verdeutlichen wollten, genauer auf den Punkt bringen. Aber wie ist es denn nun mit Sandra D. weitergegangen, seitdem sie sich entschlossen hat, Hilfe bei einem ACT-Therapeuten zu suchen? Sandra D. hat wichtige Veränderungen auf allen vier Ebenen des Lazarus-Modells zuwege gebracht.

1. Durch die Besinnung auf sich selbst und ihre Werte ist es ihr gelungen, ihre Autonomie zurückzugewinnen. Im Stressmodell von Lazarus ist das die Ebene 4, also die Ebene, auf der es um das Gefühl der Selbstwirksamkeit geht. Dieses Gefühl entsteht aus der Erfahrung, dass man der Bedrohung nicht hilflos ausgeliefert ist, sondern durch das eigene Handeln die Richtung bestimmt. Die Voraussetzung dafür war bei Sandra D., dass sie einen eigenen Maßstab dafür entwickelt hat, was für sie ein Erfolg und was ein Misserfolg ist. Durch

die Auseinandersetzung mit ihren Werten bestand Erfolg für sie nicht mehr darin, Anerkennung dafür zu bekommen, dass sie reibungslos funktioniert. Nach ihrem eigenen Maßstab bemisst sich Erfolg und Misserfolg daran, ob es ihr gelingt, in bestimmter Art ethisch zu handeln. Und weil es dabei um das Handeln und nicht um das Ergebnis geht, kann sie auch anfangs bedrohliche Situationen als Herausforderung annehmen, und selbst die Gefahr des Scheiterns verliert ihren Schrecken.

2. Auch auf der Ebene 3 des Lazarus-Modells, auf der es um die Wahl einer geeigneten Bewältigungsstrategie geht, hat Sandra D. Bedeutsames verändert. Im Umgang mit schwierigen Situationen verfügt sie jetzt über eine deutlich größere Handlungsflexibilität. Denn es ist ihr gelungen, sich aus einem rigiden, einengenden System von Regeln zu befreien. Vorher bestimmten Regeln wie „Ich muss immer perfekt sein, damit mir keiner einen Vorwurf machen kann" weitgehend ihr Handeln. Dieses Regelsystem schnappt nun nicht mehr automatisch zu wie eine Mausefalle. Frau D. kann souveräner darüber entscheiden, wie sie sich in einer bestimmten Situation verhalten möchte. Und durch die Akzeptanzübungen hat sie die Fähigkeit entwickelt, auch unangenehme Gedanken und Gefühle zuzulassen, wenn das für eine langfristig erfolgreiche Strategie sinnvoll ist.
3. Auf Ebene 2 des Lazarus-Modells waren für Frau D. vor allem die Defusionsübungen hilfreich. Wie wir in Kapitel 2 gesehen haben, entsteht die Gefahr im Kopf, und weil unser Verstand ständig alle Dinge miteinander in Verbindung setzt, wird Gefahr mit der Zeit allgegenwärtig. Indem Frau D. gelernt hat, *auf* ihre Gedanken zu sehen, anstatt *durch* ihre Gedanken die Welt zu betrachten, konnte sie sich aus diesem Teufelskreis befreien. Sie ist jetzt viel besser in der Lage, die Dinge so wahrzunehmen, wie sie sind, und nicht im Zerrspiegel eines katastrophisierenden Gedankensystems. Und auch das häufigere Erfahren von Selbstwirksamkeit hat dazu geführt, dass sie viele Situationen nicht mehr als bedrohlich erlebt.
4. Durch all dies ist Sandra D. jetzt imstande, auch ihre äußere Situation – im Lazarus-Modell die Ebene 1 – zielgerichtet so zu verändern, dass sie Frau D. eine günstige Voraussetzung dafür bietet, ein reiches, erfülltes und selbstbestimmtes Leben zu führen.

Was ist aus Frau D. geworden?

Was glauben Sie? Denken Sie sich eine eigene Geschichte aus, wie es mit Frau D. weitergegangen ist.

Hier ist unsere Version:

- Frau D. hat sich lange überlegt, ob sie in eine andere Firma wechseln soll. Schließlich hat sie sich aber auf eine interne Stellenausschreibung in ihrer Bank beworben und ist jetzt im Firmenkundenmarketing tätig. Ihr alter Chef hat mit einer ganzen Reihe von Angeboten und Zugeständnissen versucht, sie zu halten. Für Frau D. war das eine ganz neue, sehr angenehme Erfahrung, die sie allerdings nicht von ihrem Weg abgebracht hat. In ihrer neuen Position hat sie eine Gründungsoffensive für Frauen entwickelt. Sie unterstützt Frauen, die sich selbstständig machen und ein Unternehmen gründen wollen – eine Aufgabe, bei der sie sich ihr Bedürfnis erfüllen kann, anderen zu helfen, und in die sie zudem ihre ganze Fachkompetenz und Kreativität einbringt.
- Beim Wechsel in ihre neue Position hat Frau D. ausgehandelt, dass sie jede Woche ein bis zwei Tage vom Home-Office aus arbeitet. Dabei kann sie sich weitgehend von Anrufen aus dem Unternehmen abschotten. Auch um ihre Tochter, die spielend die Voraussetzungen erfüllt hat, ins Gymnasium zu wechseln, kann sie sich nun besser kümmern.
- Einmal in der Woche geht Sandra D. abends zum Badminton; diese Sportart hat sie bereits in ihren Studienzeiten sehr intensiv und erfolgreich betrieben.
- Mit ihrem Mann besucht Frau D. seit einiger Zeit eine Paartherapie. Günter hatte sich zwar zunächst dagegen gesträubt, aber nachdem Frau D. ganz klar in ihrer Haltung war, dass sie ihre Beziehung anders leben möchte, haben beide beschlossen, gemeinsam einen Neuanfang zu versuchen.

11 Körperlich fit bleiben

Dieses Kapitel fällt etwas aus dem Rahmen, weil es die psychologische Sichtweise auf das Thema „Burnout" verlässt und sich dem zuwendet, was landläufig unter der Überschrift „Tipps und Tricks" daherkommt. Zeitschriften, Radiosendungen und Fernsehberichte liefern zum Thema „Burnout" zahllose Ratschläge, die im Alltag sinnvoll sein sollen.

Doch was ist sinnvoll? Was ist medizinisch fundiert?

Ernährung

Wie wird unsere Ernährung gesteuert?

Fakt ist: Unser Gehirn hat einen hohen Energiebedarf. Obwohl es nur zirka anderthalb Kilogramm wiegt, verbraucht es je nach Tätigkeit bis zu einem Viertel unserer gesamten Energie. Damit unsere Energiereserven sich nicht erschöpfen, müssen wir regelmäßig für Nachschub sorgen.

Wer geistige und körperliche Höchstleistung erbringen will, sollte einige einfache Hinweise beachten, um seine Ernährung zu optimieren. Für uns alle ist heutzutage ein Überangebot an Nahrung verfügbar. Früher war die schnelle Aufnahme von energiereicher Nahrung ein Überlebensvorteil. Bei immer weniger Bewegung stellt eine hohe Energiezufuhr heute jedoch ein zunehmendes gesundheitliches Problem dar.

Essen, weil wir hungrig sind?

Unser Essverhalten wird nur noch selten von unserem Hungergefühl gesteuert. Gewohnheiten, Werbebotschaften, allgegenwärtige Verfügbarkeit von Nahrungsmitteln, Zeitknappheit für Nahrungszubereitung und unser momentaner emotionaler Zustand spielen eine wichtige Rolle.

Wie wir essen haben wir zum großen Teil von unseren Eltern gelernt. Je häufiger wir mit bestimmten Lebensmitteln gefüttert wurden, desto höher ist die Wahrscheinlichkeit, dass wir diese Lebensmittel unbewusst ein Leben lang bevorzugen.

Darüber hinaus haben wir alle die Erfahrung gemacht, dass wir mit Essen unsere Gefühle beeinflussen können. Hohe innere Anspannung, Traurigkeit und Langeweile können über Essen abgebaut werden. Spätestens wenn Essen als Entspannungsmittel eingesetzt wird, können Essstörungen oder starkes Übergewicht entstehen. Zudem setzen Stress und Ablenkung unsere natürliche Sättigungsgrenze außer Kraft. Dieses Phänomen können Sie bei einem spannenden Fernsehfilm beobachten: Der Teller mit Süßigkeiten ist leer – dabei waren Sie gar nicht hungrig, als Sie den Fernseher eingeschaltet haben.

Mehr zum Thema Gefühle und Ernährung finden Sie in „Mood-Food-Glücksnahrung" von Andrea Flemmer.

Nehmen Sie sich also Zeit zum Essen, vermeiden Sie Störungen und Ablenkungen. Wann immer möglich, sollten Sie das Mittagessen mit den Kollegen in der Kantine einem schnellen Snack am Arbeitsplatz vorziehen. Genießen Sie das gemeinsame Abendessen mit Ihrer Familie oder Ihren Freunden.

Vermeiden Sie energiereiche Nahrung

Die einfachste Strategie: Senken Sie die Energiedichte in den Nahrungsmitteln, die Sie verzehren. Energiedichte Nahrung ist reich an Fett und Kohlenhydraten und enthält dadurch auch in kleineren Mengen einen hohen Energieanteil. Beispiele sind Pizza, Chips, Schokolade, Wurstprodukte. Energieärmere Nahrung ist demgegenüber reich an Ballaststoffen oder hat einen höheren Wassergehalt: Obst, Gemüse, Vollkornprodukte sind tendenziell gesünder und sättigen auch länger. Wenn Sie also die Tüte Chips (zirka 600 bis 800 Kilokalorien) durch zwei Äpfel und eine Banane ersetzen, haben Sie nicht nur eine gute Portion wichtiger Vitamine zu sich genommen, sondern auch die Hälfte der Kalorien eingespart.

Eine weitere – häufig übersehene – Energiequelle ist die Zufuhr von stark energiehaltigen Getränken. Zuckerhaltige Limonaden, Cola-Getränke oder Softdrinks wie Eistee haben in der Regel einen hohen Energiegehalt. Alle hier konsumierten Kalorien addieren sich zu den mit dem Essen aufgenommenen hinzu. In Deutschland werden pro Kopf jährlich über achtzig Liter Limonade konsumiert. Es liegt auf der Hand, dass hier eine stattliche Zuckermenge zusammenkommt. Wenn Sie, statt Limonaden zu trinken, Ihren Wasserkonsum erhöhen, haben Sie bereits zwei einfache, aber wirkungsvolle Maßnahmen umgesetzt.

Ernährungstipps im Internet unter www.jobundfit.de

Wie viel Energie sollten Sie tagsüber zu sich nehmen? Unter www.jobundfit.de finden Sie fundierte Ernährungsinformationen und alltagstaugliche Ratschläge für Berufstätige. Hier können Sie sich auch als Teilzeitkraft, als Schichtarbeiter oder als Außendienstmitarbeiter sinnvolle Anregungen für eine bessere Ernährung holen.

Werfen Sie Ihre Vitaminpillen weg

Gesunde Ernährung ist wichtig – insbesondere bei Tätigkeiten, die uns körperlich, geistig und emotional viel abverlangen. Ist es deshalb notwendig, unsere Ernährung um technisch hergestellte Produkte zu ergänzen, wie dies die Industrie in ihren Werbeaussagen behauptet? Bringen hoch dosierte Vitaminpräparate einen zusätzlichen Nutzen?

Unbestritten ist: Gehirnleistung und Vitaminversorgung hängen zusammen. Menschen mit einem hohen Blutspiegel der Vitamine A, C und E erbrachten in Testuntersuchungen eine bessere Gedächtnisleistung. Aber eine optimierte Vitaminversorgung lässt sich problemlos mit gesunder Alltagsernährung und ohne zusätzliche Vitaminzufuhr erreichen.

Die Medien berichten immer wieder über die Wunderwirkung von hoch dosiertem Vitamin C. Große Bevölkerungsstudien der letzten Jahre haben jedoch gezeigt, dass eine regelmäßige Einnahme von hoch dosiertem Vitamin C Herzkreislauf- und Krebserkrankungen nicht vorbeugen kann. In einigen Untersuchungen wurde sogar eine erhöhte Sterblichkeit beobachtet. Ärzte raten heute gesunden Menschen von einer regelmäßigen Vitaminpräparat-Einnahme ab. Es gibt gesündere Möglichkeiten, die eigene Ernährung zu verbessern.

Checkliste zur Überprüfung der Ernährungsgewohnheiten unter www.5amtag.de

» Beachtet man die Empfehlungen der Deutschen Gesellschaft für Ernährungsmedizin, ist eine ausreichende Versorgung mit Vitaminen im Alltag überhaupt kein Problem. Wir alle leben in einer Überflussgesellschaft, in der gesunde und vitaminreiche Nahrungsmittel ebenso verfügbar sind wie Schokoriegel und Chips-Packungen. Das Programm „5 am Tag" ist eine Initiative zur Gesundheitsförderung, die eine Verbesserung der Alltagsernährung bei Arbeit und Freizeit zum Ziel hat. Unter www.5amtag.de finden Sie eine Checkliste zur Überprüfung Ihrer Ernährungsgewohnheiten. Empfehlenswert und leicht umsetzbar ist die Zufuhr von fünf Einheiten Obst oder Gemüse je Tag. Dazu zählen auch die Banane zwischendurch, die kleine Salatbeilage in der Kantine und der Gemüsesnack am Abend, der die Süßigkeiten vor dem Fernseher ersetzen kann.

Checkliste

Ernährung im Büro

Unsere Ernährung wirkt sich wesentlich auf unsere Stimmung aus. Wenn wir unter Druck stehen, wirkt Nahrungsaufnahme auf die meisten von uns beruhigend. Deswegen essen wir unter Ablenkung (vor dem Fernseher) und unter Stress (während wir zum Beispiel am Computer arbeiten) deutlich mehr, als wir eigentlich benötigen. Mit folgenden Strategien können Sie die Ernährungsfalle im Büro umgehen:

- Beginnen Sie den Tag mit einem ausgewogenen Frühstück. Es lohnt sich, dafür ein bisschen früher aufzustehen. Vollkornprodukte, Joghurt und Obst sind ideal, um nach der langen Schlafphase die Energievorräte wieder aufzufüllen.
- Essen Sie nicht während der Arbeit (sehr beliebt: das Essen am Computer).
- Wählen Sie ein leichtes Mittagessen.
- Halten Sie möglichst feste Essenszeiten ein.
- Nehmen Sie täglich anderthalb bis zwei Liter Flüssigkeit zu sich. Halten Sie Mineralwasser am Arbeitsplatz in Griffweite; vermeiden Sie kalorienreiche Getränke mit hohem Zuckergehalt.
- Essen Sie zwischendurch kleine Snacks. Bereits eine kleine Portion Obst (zum Beispiel eine Banane, ein Apfel) hilft, einen Hungeranfall zu vermeiden.

Omega-3-Fettsäuren – Geheimnis der fischreichen Ernährung

Wir wissen heute, dass eine ausgewogene Ernährung wesentlich zur Stabilisierung der Stimmung und zu hoher Belastbarkeit beitragen kann. Die Versorgung mit Vitaminen und Mineralstoffen ist in Europa kein Problem. Verbreitet ist aber aufgrund unserer Ernährungsgewohnheiten eine niedrige Versorgung mit bestimmten Fettsäuren, die wir nicht selber bilden können.

Diese Omega-3-Fettsäuren spielen bei der Entwicklung und Erhaltung des menschlichen Gehirns eine entscheidende Rolle. Sie sind vor allem in Salzwasserfischen, in geringerer Menge auch in Rapsöl oder Algen enthalten.

Stattdessen nehmen wir bei unserer täglichen Ernährung ein Übermaß an sogenannten Omega-6-Fettsäuren zu uns, die für viele Zivilisationskrankheiten verantwortlich gemacht werden. Omega-6-Fettsäuren sind vor allem im Fleisch von Tieren enthalten, die mit Getreide oder Tiermehl gefüttert wurden; solches Fleisch wird in der westlichen Welt im Übermaß verzehrt.

Um ausreichend mit Omega-3-Fettsäuren versorgt zu sein, empfehlen sich mindestens zwei, besser drei Fischmahlzeiten pro Woche. Fette Seefische wie Herden, Makrelen oder Lachs enthalten besonders viele Omega-3-Fettsäuren. Zusätzlich kann man, zum Beispiel bei der Zubereitung von Salaten, Walnuss-, Lein- oder Rapsöl verwenden. Auch Biofleisch oder Hühnereier aus biologischem Anbau enthalten eine höhere Menge an Omega-3-Fettsäuren als Produkte aus Massentierhaltung. Ist eine ausgewogene Ernährung im Alltag nicht möglich, können Omega-3-Fettsäuren in Kapselform die Nahrung ergänzen.

Omega-3-Fettsäuren

Omega-3-Fettsäuren sind ein wichtiger Baustoff unseres Gehirns. In Westeuropa nehmen wir allerdings aufgrund unserer Ernährungsgewohnheiten deutlich mehr Omega-6-Fettsäuren zu uns. Epidemiologische Untersuchungen zeigen beispielsweise, dass Depressionen nach Geburt eines Kindes (sogenannte Wochenbettdepressionen) in Ländern mit fischreicher Ernährung wie zum Beispiel Japan bis zu zehnmal seltener auftreten als in Deutschland. Natürlich ist eine Schwangerschaft eine Extremsituation. »

» Schließlich muss die Mutter in dieser Zeit zwei Menschen mit allem Nötigen versorgen. Es gibt aber in der Forschung auch Hinweise darauf, dass eine ausgewogene Versorgung mit Omega-3-Fettsäuren das Risiko von Stimmungsschwankungen und das Erkrankungsrisiko für Depression insgesamt senkt. Eine Ergänzung unserer Ernährung durch Omega-3-Kapseln kann deshalb unter Umständen sinnvoll sein. Uns ist allerdings kein einziger Fall bekannt, in dem durch Omega-3-Kapseln ein Burnout-Syndrom verhindert oder geheilt worden wäre.

Aufputschmittel und Suchtmittel

Dopingmittel für das Gehirn

Wir leben in einer Leistungsgesellschaft. Als Antwort auf die immer höher werdenden Anforderungen des Alltags versuchen viele Menschen, ihr Gehirn unter Zuhilfenahme von Medikamenten auf Vordermann zu bringen und so den grauen Zellen auf die Sprünge zu helfen. Aber kann man damit tatsächlich einen nachhaltigen Vorteil erzielen?

Gehirn-Doping oder Neuro-Enhancement wird in den letzten Jahren heiß diskutiert. Mit diesen Begriffen bezeichnet man den Gebrauch von Medikamenten außerhalb ihres eigentlichen Anwendungsgebietes, für das sie zugelassen sind. Ein Medikament, das zum Beispiel für die Therapie einer Aufmerksamkeitsstörung zugelassen ist, verwenden Gesunde als Aufputschmittel. Anscheinend ist das gar nicht so selten: In aktuellen Befragungen berichten über 15 Prozent der Schüler und Studenten, dass sie hin und wieder Medikamente und Aufputschmittel einnehmen, um nächtliche Lernmarathons besser durchzuhalten und in Prüfungen bessere Leistungen zu erzielen. Interessanterweise sind auch die Medikamentenverordnungen von Stimulanzien, die ursprünglich für die Therapie der Aufmerksamkeitsdefizit- / Hyperaktivitätsstörung (ADHS) entwickelt wurden, in der letzten Zeit sprunghaft angestiegen.

Aus den USA ist bekannt, dass Stimmungsaufheller (Antidepressiva) häufig von gesunden Menschen eingenommen werden, um die Stimmung im Alltag zu verbessern. Allerdings sind bei Gesunden entgegen allen Gerüchten keinerlei positive Effekte durch Depressionsmedikamente nachweisbar. Nach wie vor aber greift man in Amerika offenbar häufig zu diesen scheinbaren Wunderpillen.

Wie funktionieren diese Medikamente eigentlich?

Der Wirkmechanismus der meisten stimmungsaufhellenden Medikamente beruht auf einer Verzögerung des Abbaus körpereigener Botenstoffe. Dadurch stehen diese Botenstoffe dem Körper vermehrt zur Verfügung und können so zu besserer Stimmung führen. Zum Beispiel hemmen einige Antidepressiva den Abbau des körpereigenen „Glückshormons“ Serotonin.

Stimulanzien wie zum Beispiel Kokain oder Amphetamine entleeren körpereigene Botenstoffspeicher, die später wieder angefüllt werden müssen. Für die erneute Bildung dieser Botenstoffe ist nun eine längere Regenerationszeit erforderlich. Die kurzfristigen Folgen sind Müdigkeit und eine deutliche Stimmungsverschlechterung; langfristig können erhebliche gesundheitliche Schäden bis hin zu einer Suchterkrankung entstehen.

Medikamente wie Stimulanzien oder Antidepressiva werden also teilweise zum „Lifestyle-Artikel“. Das Mittel zur schnellen Lösung aller Probleme, zum Aufladen des eigenen Akkus, scheint einfach und schnell verfügbar zu sein. Wie verbreitet der Missbrauch von Medikamenten heutzutage tatsächlich ist, bleibt offen; eine deutliche Zunahme ist aber Fakt.

Leistungsfähiger durch Tabletten?

Eine dauerhafte Verbesserung der Leistungsfähigkeit mithilfe von Medikamenten ist nachweislich nicht möglich. Auf lange Sicht ist ein ausgeglichenes Verhältnis zwischen Regeneration und Leistungsabruf die einzige Möglichkeit, sich Gesundheit und Produktivität zu erhalten. Denn eines ist klar: Es gibt nichts geschenkt. Was Sie Ihrem Körper heute über die Maßen entziehen, müssen Sie morgen doppelt zurückzahlen. Der Versuch, die eigenen Leistungsgrenzen mithilfe von Medikamenten auszuweiten, endet deshalb oft im totalen Zusammenbruch.

Legale Wachmacher

Koffeinhaltige Getränke sind aus unserem Alltag nicht mehr wegzudenken. Der Wirkstoff Koffein gelangt über unseren Verdauungstrakt sehr schnell ins Blut. Zu dem wach machenden Effekt, der auf einer erhöhten Durchblutung des Gehirns beruht, kommen körperliche Aktivierung sowie Steigerung von Blutdruck und Herzfrequenz hinzu. Bei Überdosierung tritt innere Unruhe auf, es kommt zu vermehrter Schweißbildung.

Die Wirkung von Koffein beruht im Wesentlichen auf der Hemmung von Adenosin, einem müde machenden Stoffwechselprodukt des Gehirns. Wir bleiben länger wach, unsere Aufmerksamkeit steigt, konzentriertes Arbeiten wird möglich. Mattigkeit und Lethargie treten vorübergehend in den Hintergrund. Lässt die Wirkung von Koffein nach drei bis fünf Stunden nach, tritt die Müdigkeit stärker hervor; eine Ruhepause ist nun unumgänglich. Koffein ist also als Ersatz für eine Erholungspause nur bedingt geeignet. Gleichwohl kann es uns aber helfen, Tiefpunkte im Alltag zu überbrücken.

In welchen Alltagsgetränken ist Koffein enthalten?

(Getränkeportion = 150 ml)

Filterkaffee	ca. 85 mg
Espresso	ca. 50 mg
Tee	ca. 40 mg
Kakao	ca. 4 mg
Cola	ca. 15 mg
Energiedrinks	ca. 50 mg

Die Kombination von Koffein mit einem Zuckerlieferanten (zum Beispiel einer Banane) kann als Energiebooster durchaus hilfreich sein. Eine kurze Leistungssteigerung ist also möglich. Pausen im Alltag bleiben gleichwohl erforderlich.

Alkohol

Die Bundeszentrale für gesundheitliche Aufklärung stellt unter www.kenn-dein-limit.de umfassendes Aufklärungsmaterial zur Verfügung. Dort finden Sie auch einen genaueren Selbst-Test.

In Deutschland sind zirka 1,7 Millionen Menschen alkoholabhängig, rund 10,5 Millionen konsumieren Alkohol in riskanter Weise. Zahlreiche Verkehrsunfälle und Gewaltdelikte werden der Alkoholeinwirkung angelastet. Trotzdem ist Alkohol in unserer Gesellschaft aus sozialen Gründen fest verankert und ein traditioneller Bestandteil unserer Kultur.

Ab wann wird Alkoholkonsum zum Problem? Bis zu welcher Menge Alkoholkonsum unschädlich ist, lässt sich nicht mit Sicherheit bestimmen; der tägliche Genuss von sieben Gramm Alkohol ist der Weltgesundheitsorganisation WHO zufolge jedoch wahrscheinlich unbedenklich. Von einem Konsum von zwanzig Gramm pro Tag an – das entspricht einem halben Liter Bier oder einem Viertelliter Wein – erhöht sich für Frauen bereits die Gefahr einer Leberschädigung. Für Männer gelten derzeit dreißig bis vierzig Gramm Alkohol als die Schädigungsgrenze.

Wann wird der Alkoholkonsum zum Problem?

Haben Sie den Verdacht, Ihr Alkoholkonsum könnte zum Problem werden – oder vielleicht gar schon geworden sein? Dann beantworten Sie bitte folgende Fragen:

- Haben Sie (erfolglos) versucht, Ihren Alkoholkonsum einzuschränken?
- Haben andere Menschen Ihr Trinkverhalten kritisiert und Sie damit verärgert?
- Hatten Sie schon Schuldgefühle wegen Ihres Alkoholkonsums?
- Haben Sie jemals gleich nach dem Aufstehen getrunken, um in die Gänge zu kommen oder sich zu beruhigen?

Die Fragen sind einem bekannten Interview für Alkoholabhängigkeit entnommen. Bei mehr als zwei Ja-Antworten sollten Sie sich auf alle Fälle professionell beraten lassen.

Ein verantwortungsbewusster Umgang mit Alkohol ist möglich, und geringe Mengen Alkohol vermindern vom mittleren Lebensalter an sogar die Sterblichkeit durch Herzinfarkte. Wenn Sie allerdings feststellen, dass es beim Alkoholkonsum nicht mehr um den Genuss geht, sondern dass Sie ihn zur Stressreduktion einsetzen, sollten Sie unbedingt gegensteuern und sich dazu eventuell Unterstützung bei einer Beratungsorganisation, einem Arzt oder Psychotherapeuten holen.

Körperliche Aktivitäten

Die Botschaft ist ganz einfach: Bewegung macht glücklich und verlängert das Leben. Schon eine Viertelstunde leichte körperliche Aktivität pro Tag wird mit einer Verminderung des Sterblichkeitsrisikos belohnt.

Die Weltgesundheitsorganisation empfiehlt pro Woche mindestens 150 Minuten moderate körperliche Aktivität wie zum Beispiel schnelles Gehen. Den gleichen Effekt können 75 Minuten anstrengende Aktivität wie schnelles Laufen erzielen; sinnvoll ist eine Verteilung auf mehrere Tage. Der lebensverlängernde Effekt von körperlicher Aktivität lässt sich in allen Altersgruppen und auch bei körperlichen Vorerkrankungen nachweisen.

Dass körperliche Aktivität außerdem die Stimmung aufhellt, ist schon lange bekannt. Bei einer Ausdauerleistung, die 30 Minuten übersteigt, kommt es zu einem Anstieg von Endorphinen, den Botenstoffen unseres Belohnungssystems. Endorphine wirken stimmungsaufhellend und schmerzhemmend. Ein weiterer positiver Nebeneffekt kommt hinzu: Die Gedächtnisfunktion verbessert sich. Regelmäßiges körperliches Training kann im Erwachsenenalter sogar das Wachstum von Nervenzellen anregen.

Wenn wir in Gedanken versunken sind, grübeln oder negative Gefühle haben, sind einige Bereiche unseres Vorderhirns überaktiv. Dieser Zusammenhang ist zum Beispiel bei Menschen mit Depressionen gut untersucht. Sportliche Beanspruchung erhöht die Aktivität anderer Hirnregionen und kann das verloren gegangene Gleichgewicht im Gehirn wiederherstellen.

Entscheidend für jede körperliche Aktivität ist aber: Sie sollte Freude machen und mit Erfolgserlebnissen verbunden sein. Wenn Sie zum Beispiel einen schnellen Spaziergang mit einem Freund machen, sollten Sie sich dabei problemlos unterhalten können. Nach heutigem Wissen sind insbesondere Aktivitäten im sogenannten aeroben Ausdauerbereich geeignet, die positiven Effekte hervorzurufen. Dazu zählen zum Beispiel zügige Spaziergänge, Walking, Radfahren und Wandern. Gerade im Alltagsleben können wir unser Aktivitätsniveau deutlich steigern: Wenn wir die Treppe benutzen, statt einen Aufzug zu wählen, wenn wir die Besorgungen im nahen Supermarkt nicht mit dem Auto erledigen, sondern mit einem kurzen Spaziergang verbinden, haben wir den ersten Schritt zu einem aktiven Lebenswandel bereits getan.

Leistungszyklen

Die Gestaltung von Pausen

Untersuchungen der menschlichen Leistungsfähigkeit haben zwei wesentliche Erkenntnisse erbracht:

- Organisierte Pausen haben einen deutlich höheren Erholungseffekt als spontane Pausen, die man irgendwann zwischen verschiedenen Arbeiten einschiebt.
- Selbst gewählte Pausen erfolgen meistens zu spät.

Wenn wir unter Druck stehen, nehmen wir Müdigkeit häufig gar nicht wahr. Unsere Leistungsfähigkeit sinkt, und wir verbringen einen Teil der Arbeitszeit in einem ineffizienten Zustand. Pausen sollten deswegen im Alltag fest eingeplant werden.

Die Leistungsfähigkeit unseres Körpers schwankt im Tagesverlauf deutlich. Stark vereinfacht kann man sagen, unsere Tagesform verläuft in Wellen. Sicherlich werden Sie schon gemerkt haben, dass Sie beispielsweise bei einer Seminarveranstaltung irgendwann abschlaffen und den Vorträgen wieder voller Energie folgen können, nachdem Sie eine kurze Pause eingelegt und sich dabei bewegt haben. Grundsätzlich folgt auf fünfzig bis siebzig Minuten höherer Leistungsbereitschaft eine Phase von zehn bis zwanzig Minuten, in der wir weniger aktiv sind. Pausen sollten also nicht dem Zufall überlassen, sondern aktiv gestaltet werden. Sinnvoll ist es, kürzere Pausen in regelmäßigen Abständen zu machen, da der Erholungswert zu Beginn der Pause höher ist und lange Pausen keinen zusätzlichen Nutzen bringen. Statt sich also mit einem Kollegen eine Stunde lang auf dem Gang über berufliche Themen zu unterhalten, können Sie eine Aktiv-Pause einlegen. Ein kurzer Spaziergang zwischen zwei Abteilungen kann Wunder wirken. Entspannungsübungen im eigenen Büro oder je nach Rückzugsmöglichkeit auch in einem wenig frequentierten Gang können verkrampfte Muskeln lockern und die Kreativität zurückbringen.

Schlaf

Die durchschnittliche Schlafdauer hat in den letzten drei Jahrzehnten in Deutschland deutlich abgenommen. Während noch 1980 im Schnitt über acht Stunden mit Nachtschlaf verbracht wurden, schläft man heute durchschnittlich nur noch sieben Stunden und vierzehn Minuten. Verlängerter Wochenendschlaf und Schlaf im Urlaub sind dabei mit eingerechnet.

Schlaf hat eine wichtige Erholungsfunktion. Er ist wichtig für das Funktionieren unseres Immunsystems und wirkt sich positiv auf die Gedächtnisleistung aus. Bei zu kurzem Nachtschlaf leidet zuerst die Konzentrationsfähigkeit, die Lernleistung sinkt deutlich. Menschen, die hohe Leistung erbringen müssen, sollten also regelmäßig und ausreichend schlafen. Heutzutage wird allerdings häufig genau das Gegenteil propagiert: Viele Menschen betonen, wie wenig Schlaf sie brauchen, um sich dadurch als besonders leistungsfähig in Szene zu setzen. Untersuchungen widerlegen diesen Irrtum. So hat man beispielsweise festgestellt, dass Schüler, die nicht ausreichend schlafen, sich die im Unterricht vermittelten Inhalte langfristig nicht merken können. Erwachsene, die eine neue Sportart erlernen wollen, profitieren deutlich von ausreichendem Nachtschlaf, da das sogenannte motorische Gedächtnis dann wesentlich besser funktioniert.

Wie viel Schlaf brauchen wir eigentlich? Unser Schlafbedarf beträgt zwischen viereinhalb und neuneinhalb Stunden pro Tag, ist also individuell sehr unterschiedlich. Pauschale Aussagen wie „Sechseinhalb Stunden Schlaf pro Tag sind genug“ sind unzutreffend. Generell gilt: Bei vielen Menschen muss das natürliche Schlafbedürfnis wochentags zugunsten sozialer und beruflicher Aktivitäten zurückstehen. Wir nehmen während der Woche ein Schlafdefizit auf uns, das wir an den Wochenenden aufzuholen versuchen. Dann schlafen wir üblicherweise eine bis drei Stunden länger. Mit dem willentlichen Schlafdefizit nehmen wir eine verminderte Leistungsfähigkeit in Kauf.

Umfassende Informationen finden Sie auf den Seiten der Deutschen Gesellschaft für Schlafmedizin unter www.dgsm.de – Informationen für Patienten.

So ermitteln Sie Ihren tatsächlichen Schlafbedarf

Ihren individuellen Schlafbedarf können Sie verhältnismäßig leicht ermitteln. Führen Sie über 14 Tage ein Schlafprotokoll, legen Sie es sich auf den Nachttisch, und füllen Sie es täglich aus. Wann gehen Sie zu Bett, wann stehen Sie auf? Notieren Sie dies im Protokoll. Gleichzeitig vermerken Sie Ihre Stimmung. Wie erholsam war Ihr Nachtschlaf? Vermerken Sie auch dies im Protokoll.

	Beispiel	Mo	Di	Mi	Do	Fr	Sa	So
Morgen:								
Wann bin ich aufgewacht / aufgestanden?	8:00							
Wie fit war ich beim Aufwachen?	1 (voller Energie)							
Wie war meine Stimmung beim Aufstehen?	2 (gute Laune)							
Abend:								
Wann bin ich zu Bett gegangen?	22:30							
Wie war meine Energie tagsüber?	2							
Wie gut konnte ich einschlafen? (Einschlafzeit in Minuten angeben)	ca. 15 min							
Bin ich nachts öfter aufgewacht oder habe länger wach gelegen?	2 Mal Toilette - ca. 20 min wach							
Wann bin ich aufgestanden?	06:30							
Gesamtschlafzeit für die vorangehende Nacht	7:15 h							
Verwenden Sie zum Beispiel das Schulnotensystem (1: hohe Energie, gute Stimmung; 6: wenig Energie, schlechte Stimmung).								

Schlafprotokoll zur Bestimmung der eigenen Schlafdauer

Erkennen Sie deutliche Schwankungen der Schlafdauer? Dies deutet darauf hin, dass Sie unter der Woche ein Schlafdefizit eingehen und dieses am Wochenende wieder ausgleichen müssen. Ihr Körper schreibt sozusagen seine Schlafbilanz fort.

Power Nap – ein Nickerchen für die Leistungsfähigkeit?

In der fernöstlichen Kultur geht man mit Schlaf ganz anders um als in Europa oder Amerika. Schlafen in der Öffentlichkeit ist in Japan völlig normal; es wird als ein Zeichen von hoher Geschäftigkeit verstanden. Auch in China ist nach harter Arbeit „Xeu-Xi", ein Nickerchen, ein Anrecht des Tüchtigen. In unserer westlichen Leistungsgesellschaft hingegen scheint Schlafen geradezu verpönt zu sein.

Ist ein Nickerchen im Alltag nun Zeichen von Trägheit, oder kann es tatsächlich die eigene Leistungsfähigkeit verbessern? Erstaunlicherweise kann schon eine kurze Pause von zehn bis maximal zwanzig Minuten Dauer, die man ruhend oder schlafend verbringt, die Wachheit und Leistungsbereitschaft in den folgenden drei bis vier Stunden erheblich steigern. Die Konzentrationsfähigkeit nimmt deutlich zu, die Arbeitsqualität steigt, und auch die Stimmung profitiert von einer kurzen Ruhepause. Wir sind im wahrsten Sinne des Wortes entspannt und leistungsbereit.

Wichtig ist allerdings, keine allzu langen Ruhepausen einzulegen. Unser Schlaf läuft in Zyklen ab, auf eine Phase leichten Schlafes folgt tieferer Schlaf. Tiefschlaf erkennt man daran, dass die Muskulatur vollständig erschlafft; zum Beispiel fallen Gegenstände, die man in der Hand hält, zu Boden. Weckt man uns aus dem Tiefschlaf, brauchen wir lange, bis der Kreislauf wieder in Schwung kommt. Wir sind im wahrsten Sinne des Wortes „schlaftrunken", unsere Reaktionsfähigkeit ist deutlich eingeschränkt.

Am besten funktioniert die kurze Erholung, wenn Sie sie folgendermaßen gestalten: Suchen Sie sich einen ruhigen Platz, an dem Sie ungestört zehn bis fünfzehn Minuten ruhen können. In manchen Unternehmen gibt es spezielle Ruheräume, die eine angenehme Rückzugsmöglichkeit mit Liege bieten. Doch auch ein moderner Bürostuhl reicht aus, denn ein Power Nap ist durchaus auch im Sitzen effektiv. Stellen Sie sich den Wecker – nach einer Viertelstunde sollten Sie Ihre Ruhepause bewusst beenden. Gegebenenfalls verstärken Sie den Effekt, indem Sie zum Ende der Pause einen Kaffee zu sich nehmen. Derartige Ruhepausen können Sie pro Tag bis zu zweimal einlegen.

»

» Sie werden merken, dass auch Nickerchen im Alltag sich trainieren lassen. Verbinden Sie Ihre Ruhepause mit einem Ritual, beispielsweise mit dem Ablegen der Schuhe oder mit kurzer achtsamer Konzentration auf den Atem. Nach einigen Wochen Übung wird es Ihnen wahrscheinlich leichtfallen, sich auch in fremder Umgebung wie zum Beispiel in einem Flugzeug oder in der Bahn kurz zu erholen.

Was tun bei Schlafstörungen?

In Phasen erhöhter Beanspruchung kann eine Schlafstörung quälende Ausmaße annehmen. Wie sollen wir tagsüber ausgeruht unseren Aufgaben nachgehen, wenn sich nachts der notwendige Erholungsschlaf einfach nicht einstellen will? Unserer Ansicht nach sind die besten Mittel, wenn Sie nicht schlafen können, Achtsamkeit und Akzeptanz, und wir möchten Sie an dieser Stelle noch einmal auf den Kasten auf Seite 145 hinweisen. Darüber hinaus gibt es einige einfache Regeln, die Sie bei einer akut auftretenden Schlafstörung befolgen können:

- Vermeiden Sie Alkohol.
  Auch Ärzte empfehlen häufig das abendliche Bier oder den abendlichen Weinschoppen als Entspannungsmittel. Alkohol verschlechtert jedoch die Schlafqualität. Wegen der Entspannung, die bei Alkoholgenuss eintritt, schläft man zwar leichter ein, der darauffolgende Schlaf jedoch ist deutlich weniger erholsam. Wir wachen nachts häufiger auf und sind in den Morgenstunden weniger ausgeruht.
- Schauen Sie nicht auf die Uhr.
  Die eigene Kontrolle der Schlafdauer führt lediglich zu einer erhöhten Anspannung und verlängert so die Einschlafdauer. Wir empfehlen Ihnen eine mindestens zweiwöchige Versuchsphase ohne nächtliches Auf-die-Uhr-Sehen. Achten Sie aber darauf, soweit möglich zu regelmäßigen Zeiten schlafen zu gehen.
- Seien Sie vorsichtig mit Medikamenten.
  Bei einer akut auftretenden Schlafstörung können moderne Schlafmittel helfen. Ein Arzt sollte sie verordnen, und länger als zwei bis vier Wochen sollte man Schlafmittel nicht einnehmen. Meistens ist schon die Gewissheit hilfreich, eine wirksame Möglichkeit zu haben, die den eigenen Schlaf un-

terstützen kann. Im freien Verkauf erhältlich sind pflanzliche Präparate wie zum Beispiel Baldrian. Bei leichter ausgeprägten Ein- und Durchschlafstörungen können diese Mittel durchaus hilfreich sein; lassen Sie sich von einem Apotheker darüber beraten. Eine langfristige Einnahme von verschreibungspflichtigen Schlafmitteln, wie sie häufig immer noch praktiziert wird, ist in der Regel wenig hilfreich, manchmal sogar schädlich, weil ein sogenannter Rebound-Effekt eintreten kann. In diesem Fall verlieren die Medikamente bei regelmäßiger Einnahme ihre Wirksamkeit, und die Schlafstörung ist nach dem Absetzen schlimmer als vor Beginn der Medikation. Die Kontrolle wird hier nach und nach selbst zum Problem.

Wenn Schlafstörungen länger als ein bis zwei Monate anhalten und Sie im Alltag beeinträchtigen, sollten Sie auf jeden Fall einen Experten aufsuchen.

Zum Schluss

Zum Schluss soll noch einmal von ACT die Rede sein. Alles, was Sie im letzten Kapitel gelesen haben, die Tipps zum Thema „Ernährung, Bewegung und Schlaf", ist richtig und wichtig. Die Liste an nützlichen Hinweisen ließe sich sicherlich verlängern. Aber bitte seien Sie sich immer bewusst: Bei alledem handelt es sich um Hilfsmittel – nicht mehr und nicht weniger. Wenn Sie von Burnout gefährdet oder betroffen sind, können Sie sich nicht gesund essen, gesund joggen oder gesund schlafen. Um den Teufelskreis zu durchbrechen, müssen Sie sich aktiv mit Ihren Gedanken, mit Ihren Bewertungen, mit Ihren Strategien und mit Ihren Werten auseinandersetzen. Erinnern Sie sich noch an die Geschichte von dem Mann im Loch (Seite 58)? Wenn Sie versuchen, Ihr Burnout zu besiegen, um dann genau so weiterzumachen wie bisher, nur eben wieder mit voller Kraft und ganzer Energie, so gleichen Sie genau diesem Mann, der versucht, sich durch Graben aus dem Loch zu befreien, und dabei nur immer tiefer hineingerät. Wenn Sie dagegen bereit sind, Ihrem Leben bewusst eine neue Richtung zu geben, so kann das ganze Leid, das Sie in Ihrer augenblicklichen Situation vielleicht empfinden, auch Chance sein und Ausgangspunkt für eine reiche, erfüllte, glückliche und selbstbestimmte Zukunft.

www.drkevinpolk.com

Der amerikanische Arzt Kevin Polk hat das System der Akzeptanz- und Commitment-Therapie, das Sie in diesem Buch kennengelernt haben, in einem Diagramm – der sogenannten ACT-Matrix – zusammengefasst. Die ACT-Matrix veranschaulicht, wohin die Reise gehen soll. Die horizontale Achse beschreibt die Ausrichtung unseres Handelns. Wofür setzen wir unser Leben ein? Geht es hauptsächlich darum, unangenehme Dinge zu vermeiden oder zu beseitigen? In der Grafik ist diese Dimension auf der linken Seite abgebildet. Auf der rechten Seite steht, was uns wichtig ist: unsere Werte und die Ziele, die wir uns stecken, um mit unseren Werten in Einklang zu sein.

Die vertikale Achse beschreibt, wie wir mit unserer Umwelt interagieren. Nehmen wir die Welt um uns wahr, wie sie ist, wie sie sich unserem sinnlichen Erleben darbietet? Dafür steht die obere Hälfte. Oder sind wir verstrickt in einem Geflecht von gedanklichen Konstrukten, von Bewertungen, Regeln, Selbstkonzepten? Für diese Art, mit der Umwelt in Beziehung zu treten, steht die untere Hälfte der Grafik.

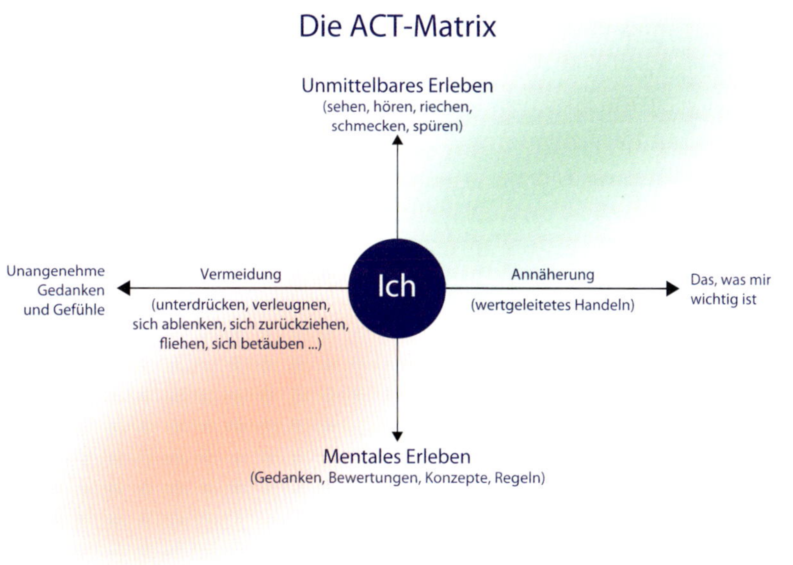

Bei allem, was wir tun, nehmen wir einen bestimmten Punkt in diesem Koordinatensystem ein, und normalerweise bewegen wir uns dabei flexibel über die gesamte Fläche, die durch die beiden Achsen aufgespannt wird. Problematisch wird es, wenn uns diese Flexibilität verloren geht. Wenn wir im Burnout gefangen sind, bewegen wir uns dauerhaft im linken unteren Viertel und sind unfähig, unserem Handeln eine andere Ausrichtung zu geben. Die Akzeptanz- und Commitment-Therapie kann uns dazu verhelfen, eine höhere Flexibilität in unserem Verhalten zu gewinnen und immer wieder in den rechten oberen Bereich der Matrix zu gelangen. Das ist das Ziel. Denn in diesen Augenblicken, in denen wir dem folgen, was uns wirklich wichtig ist, und dabei in unmittelbarem Kontakt stehen zu unserer Welt, zu den Menschen und Dingen, die wir lieben, sind wir einem erfüllten Leben nahe.

Verzeichnis der Kästen

Literaturverzeichnis

Burisch, Matthias (2010): *Das Burnout-Syndrom. Theorie der inneren Erschöpfung*. 4. Aufl. Berlin, Heidelberg: Springer.

Dahl, JoAnne; Lundgren, Tobias; Plumb, Jennifer; Stewart, Ian (2009): *The Art and Science of Valuing in Psychotherapy. Helping Clients Discover, Explore, and Commit to Valued Action Using Acceptance and Commitment Therapy*. Oakland: New Harbinger Publications.

Eifert, Georg H.; Gloster, Andrew T. (2016): *ACT bei Angststörungen. Ein praktisch bewährtes Therapiemanual*. Göttingen: Hogrefe.

Ende, Michael (2008): *Jim Knopf und der Scheinriese*. Stuttgart: Thienemann Verlag.

Flemmer, Andrea (2011): *Mood-Food – Glücksnahrung. Wie man durch Essen glücklich wird*. 2. Aufl. Hannover: Schlütersche.

Forsyth, John P.; Eifert, Georg H. (2010): *Mit Ängsten und Sorgen erfolgreich umgehen: Ein Ratgeber für den achtsamen Weg in ein erfülltes Leben mit Hilfe von ACT*. Göttingen: Hogrefe Verlag.

Frankl, Viktor E. (2009): *… trotzdem Ja zu Leben sagen*. Neuauflage München: Kösel.

Freudenberger, H.J (1974): *Staff burn out. In: Journal of social Issues 30 (1)*, S. 159–165.

Harris, Russ (2011): *Wer dem Glück hinterherrennt, läuft daran vorbei. Ein Umdenkbuch*. 3. Aufl. München: Kösel.

Hayes, Steven C.; Smith, Spencer Xavier (2005): *Get out of your mind & into your life. The new acceptance & commitment therapy*. Oakland, CA: New Harbinger Publications. Deutsch: *In Abstand zur inneren Wortmaschine: Ein Selbsthilfe- und Therapiebegleitbuch auf der Grundlage der Akzeptanz- und Commitment-Therapie (ACT)*. Tübingen: Dgvt-Verlag

Hayes, Steven C.; Strosahl, Kirk; Wilson, Kelly G. (2004): *Akzeptanz und Commitment Therapie – Ein erlebnisorientierter Ansatz zur Verhaltensänderung*. München: CIP-Medien.

Hayes, Steven C.; Strosahl, Kirk D.; Wilson, Kelly G. (2014): *Akzeptanz- & Commitment-Therapie. Achtsamkeitsbasierte Veränderungen in Theorie und Praxis*. Paderborn: Junfermann.

Hofer, Patrizia; et al. (2018): *Self-help for stress and burnout without therapist contact: An online randomised controlled trial. In: Work & Stress 32, (2)*, S. 189–208.

Hüther, Gerald (1997): *Biologie der Angst. Wie aus Stress Gefühle werden*. Göttingen: Vandenhoeck & Ruprecht.

Kabat-Zinn, Jon (2011): *Gesund durch Meditation*. München: Knaur Taschenbuch

Lazarus, Richard S.; Folkman, Susan (1984): *Stress, appraisal, and coping*. New York: Springer Pub. Co.

Mann, Thomas (1966): *Buddenbrooks*. Frankfurt am Main: Fischer Taschenbuch Verlag

Maslach, Christina; Leiter, Michael P. (2001): *Die Wahrheit über Burnout – Stress am Arbeitsplatz und was Sie dagegen tun können*. Heidelberg: Springer

Niklewski, Günter; Riecke-Niklewski, Rose (2010): *Depressionen überwinden. Niemals aufgeben!* 5. Aufl. Berlin: Stiftung Warentest.

Schwartz, S.H. (1994): *Are there universal aspects in the structure and contents of human values? In: Journal of social Issues 50 (4)*, S. 19–45.

Servan-Schreiber, David (2006): *Die neue Medizin der Emotionen. Stress, Angst, Depression: gesund werden ohne Medikamente*. 1. Aufl. München: Goldmann.

Spek, Annelies (2012): *Achtsamkeit für Menschen mit Autismus*. Bern: Hans Huber Verlag

Sulz, Serge K. D. (1994): *Strategische Kurzzeittherapie. Wege zur effizienten Psychotherapie*. München: CIP-Medien

Wengenroth, Matthias (2016): *Das Leben annehmen. So hilft die Akzeptanz- und Commitment-Therapie (ACT)*. 3. Aufl. Bern: Hogrefe.

Wilson, Kelly G. (2014): *Achtsamkeit für zwei. Die therapeutische Interaktion im Rahmen der Akzeptanz- und Commitment-Therapie ACT*. Bern: Verlag Hans Huber.

Link-Liste (www)

www.act-gegen-burnout.de

Die Web-Site zu diesem Buch. Sie finden hier auch alle Formulare und Audio-Dateien zum Herunterladen.

www.akzeptanz-commitment-therapie.de

Hier gibt es Informationen rund um das Thema ACT.

www.buendnis-depression.de

Angebote und Informationen für Betroffene: Im Januar 2001 startete das „Nürnberger Bündnis gegen Depression“ eine regionale Aufklärungskampagne im Rahmen eines bundesweiten Forschungsprojektes. Später ging aus dieser Initiative das „Deutsche Bündnis gegen Depression“ hervor. Aktuell gibt es über 65 regionale Bündnisse gegen Depression; diese finden Sie in der linken Navigation unter „regionale Angebote“.

www.daslebenannehmen.de

Die Web-Site zum Buch von Matthias Wengenroth „Das Leben annehmen“. Sie finden hier eine Beschreibung der Grundideen und Vorgehensweisen von ACT, eine kleine Sammlung von Texten und Übungen, sowie Hinweise darüber, wie Sie sich selbst weiter über ACT informieren können.

www.dgsm.de

Die Deutsche Gesellschaft für Schlafforschung und Schlafmedizin (DGSM) bietet auf Ihrer Internetpräsenz fundierte Informationen für Patienten zum Thema „Schlaf“ an. Sie finden dort Ratgeber, Kontakt zu Selbsthilfegruppen sowie einige Buch-Tipps.

www.insas-institut.de

Das insas Institut für Arbeit und seelische Gesundheit in München bietet Unternehmen Hilfe im Bereich Prävention und Intervention bei Burnout und seelischen Erkrankungen.

www.jobundfit.de

Wie kann ich gesunde Ernährung im Arbeitsalltag umsetzen? In diesem Angebot des deutschen Bundesministeriums für Ernährung finden Sie in der linken Navigation unter „Wissenswertes“ konkrete Unterstützung für verschiedene Berufsgruppen – zum Beispiel eine Anleitung für die Ernährung bei Schichtarbeit.

www.kenn-dein-limit.de

Die Deutsche Bundeszentrale für gesundheitliche Aufklärung bietet hier für den Schwerpunkt „Alkohol“ Informationsmaterial und einige aufschlussreiche Selbsttests an.

https://dgkv.info/

Die offizielle Web-Site der DGKV (Deutschsprachige Gesellschaft für kontextuelle Verhaltenswissenschaft). Die DGKV fungiert unter anderem als Fachverband für die Akzeptanz- und Commitment- Therapie in Deutschland, Österreich und der Schweiz. (Bei Erscheinen des Buches noch im Aufbau.)

www.5amtag.de

Hier gibt es Tipps zur Ernährung. Die „Ernährungsoffensive“ beginnt mit fünf Obst- und Gemüseportionen am Tag – auch Schule und Arbeitsplatz kommen hier nicht zu kurz.

Die Autoren

Michael Waadt ist ACT-Therapeut und Leiter des Münchener Instituts für Arbeit und seelische Gesundheit. **Jens Acker** ist Arzt und Spezialist für Diagnose und Therapie stressbezogener Erkrankungen. Er leitet als Oberarzt eine Tagesklinik, die Spezialangebote für Menschen mit depressiven Störungen und Burnout bereithält.